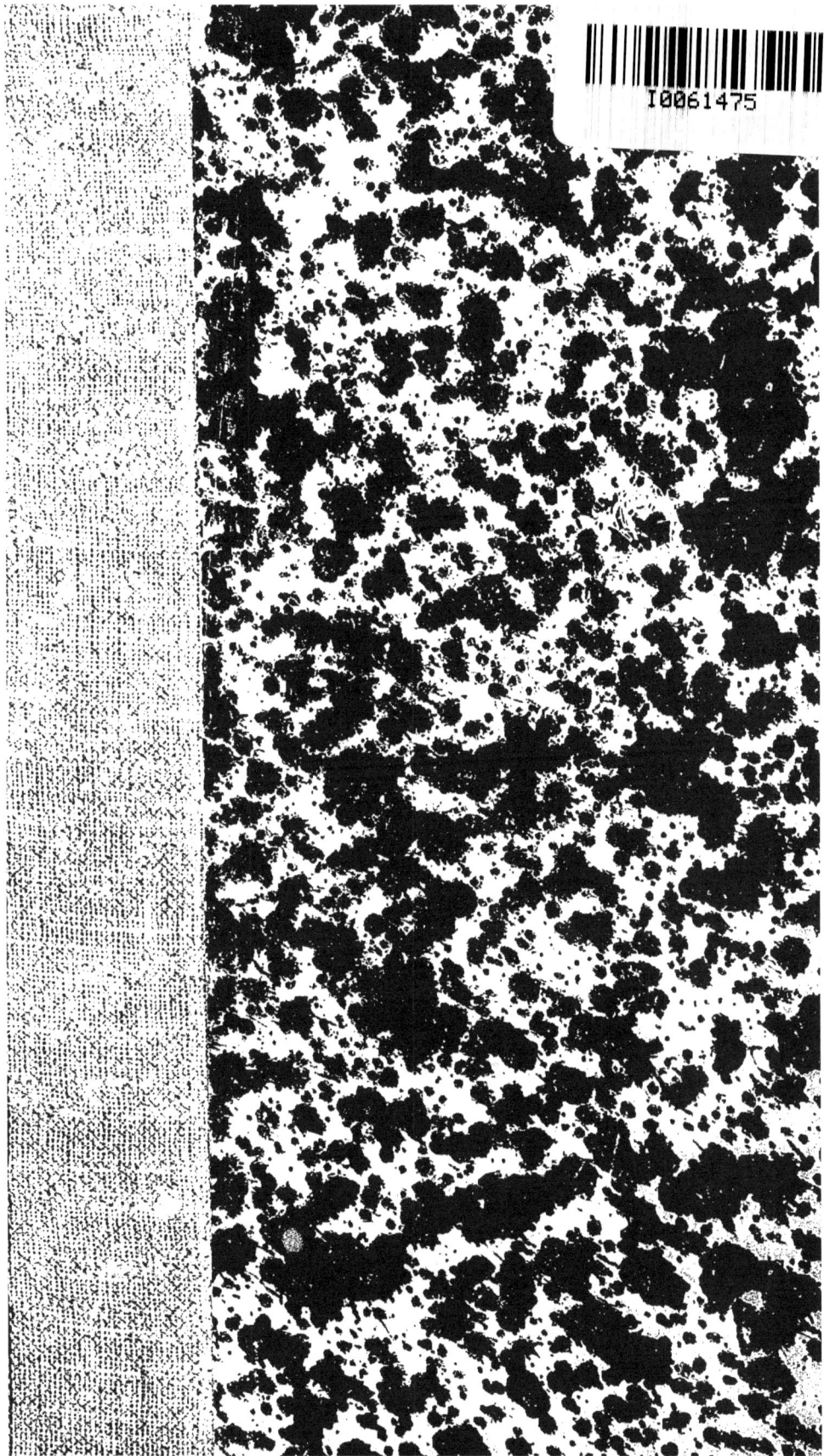

ESSAI

sur

L'ASSISTANCE PUBLIQUE

SON HISTOIRE — SES PRINCIPES
SON ORGANISATION ACTUELLE

PAR

BARTHÉLEMY POCQUET

DOCTEUR EN DROIT

PARIS

A. MARESCQ AÎNÉ, LIBRAIRE-ÉDITEUR

20, RUE SOUFFLOT, 20

—

1877

ESSAI

SUR

L'ASSISTANCE PUBLIQUE

ESSAI

SUR

L'ASSISTANCE PUBLIQUE

SON HISTOIRE — SES PRINCIPES
SON ORGANISATION ACTUELLE

PAR

BARTHÉLEMY POCQUET

DOCTEUR EN DROIT

PARIS

A. MARESCQ AÎNÉ, LIBRAIRE-ÉDITEUR

20, RUE SOUFFLOT, 20

—

1877

©

PRÉFACE.

—

Notre siècle est un siècle de discussion. Il n'est pas de controverse qu'il n'ait soulevée, pas de problème qu'il n'ait tenté de résoudre. Depuis les plus hautes spéculations de la métaphysique jusqu'aux derniers détails de la pratique journalière, il a tout contesté, tout débattu, tout mis en question.

Parmi les problèmes qu'il a vu poser, l'un des plus difficiles peut-être, et certainement l'un des plus importants, est celui que l'on a appelé le *problème de la misère*.

Qu'y a-t-il de plus grave, en effet, et de plus étonnant au premier abord que le fait même de l'indigence? Dans nos sociétés si policées, à une époque signalée par des progrès de tous genres, au milieu même de la civilisation la plus raffinée, des milliers d'êtres gémissent sous le poids du dénûment et de la faim. Quel est donc ce fléau, plus terrible que la guerre et la peste, car il a traversé tous les temps et ravage en même temps tous les peuples?

Sans doute, les sociétés anciennes le connurent comme nous; sans doute, il y eut toujours des malheureux et

des pauvres. Mais, il faut le dire, la misère a pris dans
nos temps un caractère particulier d'intensité et de menace. Concentrée dans les bas-fonds de la société, elle
en mine peu à peu les bases, comme ces animaux qui
rongent petit à petit les fondements d'un édifice, que l'on
voit s'abîmer un jour sans s'être douté du péril.

Il est donc plus que jamais utile et opportun d'étudier
cette question, qui est éminemment une *question sociale*.
Tous les économistes reconnaissent son importance ; et,
comme l'a dit un écrivain célèbre, « elle est aujourd'hui
partout en Europe la grande et fondamentale question ;
toutes les autres viennent en définitive se résoudre dans
celle-là. Elles n'ont de valeur réelle que par leur connexion avec le problème, qui agite et fatigue l'humanité,
de l'amélioration du sort des masses. L'équilibre social,
tant et si vainement cherché de nos jours, qu'est-ce, si
ce n'est la réalisation chez un peuple des conditions de
sa vie, de sa vie physique, de sa vie morale et intellec-
tuelle? Telle est la fin vers laquelle il tend : tout le
reste, purs moyens, pures formes... Si l'on ne peut actuellement remédier à tous les maux, on peut au moins
en diminuer le nombre, en atténuer l'intensité. Et, après
tout, il faut bien qu'on en vienne là, qu'on sorte enfin
de la funeste léthargie de l'égoïsme, si l'on veut préserver la société des effroyables convulsions qui la menacent, si l'on veut qu'elle vive :

« *To be, or not to be, that is the question* [1]. »

Mais s'il n'est pas de question plus grave, il n'en est
pas de plus difficile. Elle touche, en effet, aux principes

[1]. F. de Lamennais, *Politique à l'usage du Peuple, Des Pauvres*, p. 117.

les plus élevés de la philosophie et de l'économie sociale.
La destinée de l'homme sur la terre, l'inégalité des conditions humaines, le rôle de l'État dans la société et les
droits de l'individu, telles sont les thèses que soulève la
Bienfaisance ou la Charité.

Nous devons le dire au commencement de cette étude :
la Charité est pour nous l'un des éléments essentiels de
la vie d'un peuple. Seule, elle peut atténuer cet antagonisme de tous les temps entre la misère et l'opulence, et
combler l'abîme qui sépare ceux qui nagent dans le superflu de ceux qui manquent du nécessaire. Mais comme
elle touche par là aux sentiments les plus intimes et aux
passions les plus vives du cœur de l'homme, elle a soulevé la haine des sophistes. Des gens, chez qui les passions du cœur étaient les complices des erreurs de l'esprit, ont voulu, comme nous le verrons, la défigurer ou
l'abolir, pour la remplacer par des systèmes destructeurs
de toute société.

Pour examiner et résoudre toutes ces questions, que
de connaissances ne faudrait-il pas? Le problème de la
misère est aussi vaste que délicat. Il intéresse à la fois
le jurisconsulte, le philosophe et l'historien.

On ne peut guère comprendre, en effet, l'organisation
actuelle de l'assistance publique sans en avoir étudié
l'*histoire*. Comme toutes les institutions durables, l'assistance a ses racines dans les temps anciens, et l'histoire du passé est indispensable pour éclairer et faire
comprendre le présent.

Puis il est nécessaire de rechercher *les principes* sur
lesquels est fondée la bienfaisance publique, car toute
science qui ne s'appuie pas sur la philosophie est une
science vaine qui repose sur le sable. C'est donc à la

philosophie qu'il faut demander la raison dernière du devoir et du droit de l'assistance.

Après avoir posé ces fondements, il sera possible d'étudier l'*organisation actuelle* des Secours publics, d'en montrer les qualités et d'en faire voir les lacunes et les défauts.

Telle est l'idée qui nous a inspiré, tel est le plan que nous avons suivi. Que cet essai soit imparfait et incomplet, nul n'en est plus convaincu que nous. Nous regrettons surtout de n'avoir pu étudier plus longuement l'histoire si intéressante de la charité dans notre pays. Mais une matière aussi vaste et aussi délicate demanderait le travail de nombreuses années. Quoi qu'il en soit, nous avons surtout tâché d'être clair, et nous serions trop heureux si cet humble travail possède cette qualité, qui ne semble pas être la vertu de prédilection des économistes de notre époque.

Puissions-nous n'être pas resté trop inférieur à la tâche; puissions-nous surtout avoir contribué, si faiblement que ce soit, à faire connaître le sort des pauvres, et à soulager ainsi ces souffrances, que chacun, dans la mesure de ses forces, doit travailler à diminuer et à guérir.

CHAPITRE I.

DES SECOURS PUBLICS A ROME AVANT AUGUSTE.

—

SOMMAIRE

I

Les Romains furent longtemps un peuple de laboureurs et de soldats. Resserrés d'abord dans l'étroite enceinte du *Pomœrium*, ils reculèrent leurs frontières par des combats sans nombre et soumirent peu à peu toutes les nations voisines. Quatre cent quatre-vingts ans de luttes continuelles leur assurèrent enfin la domination de l'Italie entière.

1

Tenus sans cesse en haleine par ces guerres, dont les fortunes diverses mirent plus d'une fois Rome à deux ... de sa perte, ces Romains des premiers âges ... point, on le conçoit, le temps de se laisser amo... par les vices qu'engendre une longue paix. De plus, il leur fallait bien, pour vivre, cultiver cette terre de l'Italie, qui refusa plus tard à leurs bras affaiblis le blé, qu'ils demandèrent à la Sicile et à l'Égypte.

Ces deux nobles professions, d'ailleurs, ne s'excluaient point; la même main maniait aussi bien la charrue que l'épée; et les plus grands citoyens ne rougissaient pas, après avoir combattu les ennemis de la patrie, de revenir labourer eux-mêmes le modeste champ de leurs aïeux. Tout le monde sait qu'il fallut arracher Cincinnatus à sa charrue pour le porter à la dictature, et que Fabricius, de ses mains triomphales, préparait lui-même ses aliments, simples produits d'une terre que lui-même aussi cultivait.

Pendant près de six siècles, lorsque les Grecs s'abandonnaient déjà à de vaines disputes philosophiques, les Romains s'adonnèrent exclusivement à l'agriculture et à la guerre; « ils pratiquèrent cette espèce de philosophie qui ne consiste point en disputes ni en discours, mais dans la frugalité, dans la pauvreté, dans les travaux de la vie rustique et dans ceux de la guerre; ils faisaient leur gloire de celle de leur patrie et du nom romain : ce qui les rendit enfin maîtres de l'Italie et de Carthage[1]. »

La conquête de l'Italie marque en effet pour Rome un moment solennel. Carthage était devant elle. Fallait-il se renfermer dans la péninsule déjà soumise, ou tenter

---

1. Bossuet, *Discours sur l'Histoire universelle*, Part. I, Époq. 8.

l'empire de la mer? Sans doute le premier parti eût été le plus sage; c'était celui du Sénat. Mais déjà un souffle d'ambition et de conquête avait passé sur le peuple de Rome : la lutte fut décidée.

Elle dura soixante-deux ans. On en connaît les phases diverses et le résultat final. Portée d'abord en Italie par le génie d'Annibal, le plus grand capitaine peut-être qui ait jamais paru[1], elle se termina sur les côtes de l'Afrique, où les Romains, instruits par leurs revers mêmes, avaient appris à la porter à leur tour.

La bataille de Zama décida de la fortune des deux peuples et de l'empire du monde. Rome n'avait plus qu'à marcher de conquête en conquête; Carthage vaincue, l'univers ne pouvait avoir d'ennemi capable de lui résister.

Si maintenant l'on jette un regard sur l'organisation sociale de ce peuple, point de vue souvent trop négligé par les historiens, on voit qu'elle est fondée sur la vertu, « ce principe du gouvernement démocratique, principe sans lequel, a dit Montesquieu, la république est une dépouille dont la force n'est plus que le pouvoir de quelques citoyens et la licence de tous[2]. »

La famille romaine, constituée avec cette puissance imposante et sévère que l'on connaît, cultivait elle-même ses champs, et les plus riches ne cherchant pas trop à étendre leurs domaines, la propriété était très-répandue. « Les anciennes mœurs, un certain usage de la pauvreté rendaient les fortunes à peu près égales[3]. » On ne trou-

1. C'est l'opinion de M. Thiers dans sa fameuse comparaison entre Alexandre Annibal, César et Napoléon. Thiers, *Hist. du Consulat et de l'Empire*, tom. XX liv. LXII.

2. Montesquieu, *De l'Esprit des lois*, liv. III, ch. 3

3. Montesquieu, *Grandeur et décadence des Romains*, ch. 4.

vait point de simples particuliers ayant les richesses des
rois, et par contre on en voyait peu manquant du nécessaire. On savait se contenter de cette *aurea mediocritas*,
que chantèrent plus tard des poëtes qui ne la connurent
pas [1]; et il est vrai de dire qu'il y eut un temps où,
dans la classe plébéienne, tout le monde était pauvre,
sans que personne fût indigent.

Certes, ce n'est pas qu'il n'y eût pas dès lors de malheureux. Tant que la faiblesse et le vice existeront sur
la terre, il y aura des déshérités et des pauvres. Déjà
ces malheureux affluaient dans la Ville *(Urbs)*, et les
retraites du peuple sur le mont Sacré et le mont Aventin, à l'occasion des dettes, ne sont peut-être que l'in-
surrection de l'indigence et de la misère.

Cependant le malheur n'attirait encore l'attention du
législateur que dans des cas exceptionnels. Une loi rapportée par Denis d'Halycarnasse [2], et il est vrai par lui
seul, parle d'un secours accordé aux pères de trois enfants. Mais les campagnes fertiles étaient pleines de laboureurs jouissant de cette aisance modeste et sûre que
donne le travail des champs. L'agriculture était encore la
base principale de l'ordre de choses social et politique.
« Les laboureurs romains constituaient le fonds de l'armée et de l'assemblée du peuple ; ce qu'ils avaient conquis, soldats, à la pointe de l'épée, colons, ils le gar-
daient et l'utilisaient par la charrue [3]. »

---

1.   *Auream* quisquis *mediocritatem*
          Diligit, tutus caret obsoleti
          Sordidus tecti, caret invidendâ
                ' Sobrius aulâ.   HORACE, *Odes*, II, 10.

2. Denis d'Halyc., *Ant. Rom.*, III, 21.

3. Mommsen, *Hist. Rom.*, trad. *Alexandre*, tom. II, liv. II, ch. 8.

A Rome même, la dernière classe du peuple n'était pas encore dans cet état de pauvreté permanente et en apparence irrémédiable qui fut plus tard le sien. Sans doute les causes qui amenèrent ce résultat existaient dès lors en germe; mais elles se développèrent surtout à la suite d'évènements et grâce à certaines circonstances qu'il nous faut maintenant examiner.

II

Rome, après la soumission de Carthage, ne pouvait guère s'arrêter dans sa marche victorieuse. Grâce à des guerres heureuses, conduites par des généraux habiles, elle soumit l'une après l'autre la Grèce et la Macédoine, la Syrie et l'Égypte. Scipion Émilien, petit-fils de l'Africain, détruisit et rasa Carthage, dont l'existence, du reste, n'avait été depuis Zama qu'une lente agonie. Douze ans après, le même général donnait encore à sa patrie l'Espagne, en prenant Numance, la seconde terreur de Rome.

Mais si ces conquêtes avaient augmenté la gloire du peuple romain, elles diminuèrent ses vertus, et par suite les causes de sa prospérité. Les richesses gagnées par tant de victoires renversèrent l'ancien équilibre de la société romaine[1]. Pendant les vingt années qui suivirent la bataille de Zama, plus de 150 millions de contributions de guerre furent levés sur les peuples vaincus, et les généraux, après leur triomphe, en versèrent autant dans le trésor public. En une fois, Paul-Émile rapporta

1. Duruy, *Histoire Romaine*, ch. 18.

45 millions, sans compter le butin et les gratifications des officiers et des soldats. On comprend quelle perturbation devait causer tant d'or jeté tout d'un coup dans une société qui ne connaissait ni l'industrie ni le commerce. Alors, comme dit Salluste, « *hebescere virtus, paupertas probro haberi, innocentia pro malivolentia duci cœpit*[1]. »

Les mœurs ne purent y résister, et ce n'est pas sans raison que Juvénal s'écriait avec sa verve mordante et attristée : « Tu demandes d'où viennent ces désordres : une humble fortune maintenait jadis l'innocence des femmes latines; de longues veilles, des mains endurcies au travail, Annibal aux portes de Rome et les citoyens en armes sur les murailles, défendaient du mal les modestes demeures de nos pères. Maintenant la luxure, plus terrible que les armées ennemies, a fondu sur nous, et le monde vaincu s'est vengé en nous donnant ses vices :

« Nunc patimur longæ pacis mala : sævior armis
Luxuria incubuit, victumque ulciscitur orbem.
Nullum crimen abest, facinusque libidinis, ex quo
Paupertas romana perit[2]. »

Ces richesses inouïes et inattendues, arrivant tout d'un coup à l'Italie de toutes les extrémités du monde, y causèrent une véritable révolution économique.

Depuis longtemps déjà la vieille aristocratie romaine n'existait plus que de nom. La plèbe, à la suite de luttes de près de deux siècles, avait conquis l'égalité

---

1. Sall., *Conj. Catil.*, ch. 12.
2. Juvénal, *Sat.* VI, vers 287 et suiv.

dans les magistratures. Pendant les guerres puniques, l'union entre les deux ordres était parfaite et produisit vers le milieu du vi° siècle cette époque qui fut l'apogée de la fortune romaine.

Mais alors au vieux patriciat romain succéda l'aristocratie de l'argent, plus exclusive et plus fière que l'ancienne. Ces richesses, affluant en Italie, furent d'abord concentrées entre les mains de quelques hommes qui avaient été les ouvriers, mais qui furent surtout les exploitants de la victoire. Bientôt même le revenu normal des provinces ne suffit plus. Comme il arrive toujours, la cupidité s'accrut avec la jouissance. On pressura les provinces, on soumit les peuples conquis à des exactions sans mesure et sans nom.

Tout le monde sait les déprédations et la rapacité infâme d'un Verrès, qu'a immortalisées le génie de Cicéron; mais ce qu'on sait moins, c'est que Brutus, « philosophe austère au milieu d'un peuple corrompu, » blâme Cicéron de ce qu'il ne contraignait pas les Salaminiens à payer à un certain Scaptius les intérêts d'une dette à 48 % par an, avec les intérêts des intérêts. Or, ce Scaptius n'était autre que l'agent et le prête-nom de Brutus [1]. Entre ces deux noms, Brutus et Verrès, peuvent être placés à peu près tous les gouverneurs romains.

Puis, après le proconsul ou le propréteur, les publicains. C'étaient des sociétés, composées de chevaliers, qui affermaient les impôts; elles s'appelaient *societates vectigalium*, et étaient reconnues par l'État comme personnes morales [2]. Grâce à cette responsabilité collective

1. Cic., *Ad Atticum, epist.*, V, 21 ; VI, 1.

2. *Des sociétés vectigalium*, par M. E. Durand; ch. 1, sect. 1, art. 2.

et partant peu efficace, leurs membres s'enrichissent en
extorquant des provinces le double de ce qu'ils versent
au Trésor.

Ces chevaliers, qui égalaient en rapacité les magistrats
des provinces, les égalaient bientôt aussi en richesses,
et tous venaient dépenser à Rome les produits de leurs
rapines. Ils y apportaient ce luxe excessif qui engendre
inévitablement la pauvreté, surtout quand il ne vient pas
à la suite de l'industrie et du commerce.

III

Mais ce n'était pas là le seul moyen de faire fortune.
Un second, qui souvent n'était que la conséquence du
premier, était l'envahissement de l'*ager publicus*. L'*ager
publicus* était le territoire enlevé à l'ennemi et qui devenait la propriété de l'État. Ce territoire étant inaliénable
et imprescriptible, on l'affermait aux enchères et à long
terme au moyen de baux emphytéotiques; ou même on
laissait des possesseurs s'y établir, en ne réclamant
d'eux qu'une faible redevance [1]. Ces concessions furent
toujours l'apanage des principaux et des plus riches
citoyens, soit qu'aux enchères ils fussent favorisés par
les censeurs, soit qu'ils fussent plus à même de tirer
parti de ces immenses territoires, le plus souvent incultes et dévastés. Ils se perpétuèrent dans ces terres,
et s'en regardaient, au bout de quelque temps, comme
propriétaires. Toutefois, cette propriété usurpée, illégitime, ne fut jamais reconnue sans contestation; elle

---

1. Giraud, *De la propriété chez les Romains,* liv. II, ch. 1.

eût été fort difficile à manier et à transmettre, si le
préteur, en reconnaissant l'*in bonis* et la *bonorum pos-
sessio*, en créant les interdits, et entre autres l'interdit
de precario, n'était venu au secours des détenteurs du
domaine public [1].

Sur les réclamations du peuple, la loi Licinia (388)
avait fixé à 500 jugères (126 hect. 40 ares) le maximum de
terres publiques que chacun pourrait posséder. Mais elle
fut violée par son auteur lui-même, Licinius, et tomba
vite en désuétude; les enrichis continuèrent à accaparer
le domaine public en Italie et même dans les provinces.

Le peuple réclama, ou plutôt ses tribuns réclamèrent
pour lui une nouvelle division des terres et l'attribution
aux citoyens pauvres d'une partie du domaine public.
Telle est toute la question des lois agraires, souvent mal
comprise et plus souvent invoquée à tort. C'est la lutte
entre le droit du peuple, strict et absolu, et le droit des
possesseurs, vicié dans son principe, mais maintenu pendant des générations, confirmé par l'hérédité ou transmis
par des contrats sans nombre; lutte, en un mot, très-
nuisible dans ses effets, mais fondée sur des principes
de droit et d'équité [2].

Une fausse mesure vint encore augmenter le mal.
Vers l'année 535, la loi Claudia ayant interdit les spéculations mercantiles aux personnes de famille sénatoriale,
d'énormes capitaux refluèrent aussitôt vers les fonds de
terre et hâtèrent encore la substitution des métairies et
des vastes pâtures aux petits labourages [3].

---

1. Savigny, *Traité de la possession en droit romain*, sect. IV, § 2.
2. Niebuhr, *Hist. Rom.*, tom. III, p. 175. — Giraud, *Dr. de prop. chez les Rom.*, liv. II, ch. 2.
3. Mommsen, *Hist. Rom.*, tom. IV, liv. III, ch. 12.

« Ainsi, grâce à la possession de l'*ager publicus*, se
forma une aristocratie nouvelle. Ce ne fut plus le patriciat, cette aristocratie sacerdotale de l'ancienne Rome,
exclusive et despotique, mais patriotique et digne : le
patriciat avait perdu tous ses priviléges, et sauf quelques fonctions religieuses ou quelques distinctions hono-
rifiques, un patricien n'était plus autre chose qu'un
homme qui ne pouvait pas être tribun du peuple. Ce ne
fut pas non plus la noblesse (*nobilitas*), aristocratie de
seconde main, et qui, sans droit exclusif, sans privilége, sans autre titre que ses services et sa gloire, avait
gouverné Rome au temps de sa plus grande paix intérieure et de sa plus grande puissance militaire. Ce fut
l'oligarchie de la fortune, le patriciat des enrichis, le
règne de quelques soldats heureux et de quelques mil-
lionnaires anoblis [1]. »

A côté de ces immenses propriétés *(latifundia)*, tail-
lées dans l'*ager publicus*, ne pouvait guère subsister, on
le comprend, le petit champ et le toit de chaume *(tugu-
rium)* du pauvre colon. Mille causes l'amenaient à se
fondre dans le domaine qui l'entourait, et, qu'il le vou-
lût ou non, il était bien vite absorbé par son riche et
trop puissant voisin.

Mais ce n'est pas tout. Les chevaliers, ici comme toujours à la suite des grands, contribuent comme eux à la
dépopulation de l'Italie. Agents financiers de toute
espèce, ils ont trouvé moyen d'accaparer le commerce
de l'argent, le seul que les Romains estimassent et
connussent. Usuriers sans pudeur, ils prêtent à un taux
énorme et font en peu de temps de colossales fortunes.

1. F. de Champagny, *Les Césars*, tom. I, § 1.

Mais à Rome, où l'on ne connaissait pas ce que nous appelons aujourd'hui la richesse mobilière, les capitaux ne suffisaient pas : il fallait être propriétaire; presque tous les intérêts, en effet, étaient attachés au sol, et la propriété foncière resta toujours la grande force sociale et, pour ainsi dire, l'âme du corps de l'Empire[1]. L'hypothèque vint à propos pour donner à ces créanciers avides un droit réel sur les biens de leurs débiteurs insolvables, et en forçant ceux-ci à vendre leurs immeubles, leur livra cette terre qu'ils convoitaient. Ils arrivèrent par là à se créer dans l'*ager privatus*, la propriété libre, des domaines qui égalaient ou surpassaient ceux que les grands avaient acquis dans l'*ager publicus*.

IV

C'est ainsi que se formèrent ces domaines immenses, ces *villarum infinita spatia*[2], dont le maître ne peut faire le tour à cheval en un jour et voit naître et mourir des fleuves sur ses terres. Rien n'égale l'énergie avec laquelle les auteurs du temps nous dépeignent cette concentration des fortunes; Appien, Sénèque, Varron, Columelle n'ont pas de termes assez forts pour flétrir cet accaparement de provinces entières. « *Verumque confitentibus latifundia perdidere Italiam*, s'écrie Pline le Naturaliste, *jam vero et provincias. Sex domini semissem Africæ possidebant, cum interfecit eos Nero princeps*[3]. »

1. Fustel de Coulanges, *De la prop. fonc. dans l'Emp. rom.* (*Revue des Deux-Mondes*, 15 mai 1873.)
2. Tacite, *Ann.*, III, 53.
3. Pline, *Hist. nat.*, XVIII, 7.

Telles sont les causes qui faisaient dire au tribun Philippe qu'il n'y avait pas en Italie deux mille hommes qui fussent propriétaires [1]. Telles furent celles qui amenèrent la dépopulation de l'Italie et la disparition de cette classe de propriétaires résidants qui fait la force d'un pays. « L'envahissement continuel des petites propriétés par les hommes riches et puissants y détruisit totalement cette classe moyenne, active et industrieuse, qui forme la richesse des empires, parce qu'elle produit toujours plus qu'elle ne consomme [2]. »

Elle avait été pendant longtemps la base de l'ordre social, la nourricière du peuple romain et la pépinière des légions. En disparaissant, elle entraînait l'agriculture dans sa ruine. D'un autre côté, les armées, énervées par des guerres trop faciles et des séjours prolongés chez des peuples amollis, n'étaient plus l'école de l'obéissance et du respect, mais un foyer de corruption et de désordre. Ainsi étaient détruites les deux causes qui avaient formé cette classe moyenne et avaient maintenu pendant tant de siècles la pureté de ses mœurs et son dévouement à la patrie.

La discipline militaire et la culture des champs! Les Romains ne furent pas longtemps sans s'apercevoir de la disparition de ces deux grandes choses, fondement de l'ordre social. « Bientôt la population décrut ; car l'époque où l'agriculture fut le plus florissante en Italie fut aussi celle du plus grand développement de la population libre dans cette contrée. Ces deux ordres de faits ont une connexion intime [3]. » Par suite, les légions

---

1. Cic., *De Off.*, II, 21.
2. Dureau de la Malle, *Écon. polit. des Romains*, liv. III, ch. 22.
3. Dureau de la Malle, *Écon. polit. des Romains*, liv. III, ch. 23.

diminuèrent, on ne trouva plus de soldats, et Tite-Live avoue tristement que Rome, qui levait contre Annibal vingt-trois légions, n'aurait pu, un siècle après, en armer huit[1]. Le mal alla toujours en empirant jusqu'au moment où Rome dut faire appel pour se défendre à ses anciens ennemis et former des légions de barbares.

Les laboureurs disparurent en même temps; qu'on ne pense pas, en effet, qu'ils aient pu entrer au service des grands propriétaires et cultiver leurs domaines. Non, ceux-ci n'en voulaient pas; et ils n'en voulaient pas parce qu'ils avaient les esclaves[2]. La guerre avait jeté dans l'Italie des milliers de captifs; on les achetait pour quelques écus, et on les répandait sur ses vastes *villæ*. Travaillant comme des bêtes de somme, soumis à tous les châtiments, ils n'avaient aucun droit, pas même celui de faire partie des légions. Comment le maître ne les eût-ils pas préférés à ces travailleurs libres, auxquels il ne pouvait qu'affermer ses terres pour un prix minime et que le service militaire lui enlevait dans la force de l'âge?

D'ailleurs bientôt on ne laboura plus. L'esclave cultive mal, et l'élève du bétail rapporta plus que la culture, quelle qu'elle fût[3]; alors les grands transformèrent leurs terres en vastes pâturages où l'on vit errer d'immenses troupeaux gardés par quelques pâtres esclaves, quand ils n'étaient pas envahis toutefois par les brigands et les bêtes fauves[4].

---

1. Tit.-Liv., VII, 25; XLV, 15.

2. Mommsen, *Hist. Rom.*, tom. IV, liv. III, ch. 12.

3. *Idem.*

4. Un ouvrage récent montre que les brigands actuels de l'Italie ont pour véritables ancêtres les pâtres esclaves de l'Empire romain. — *Les Esclaves*

Ce fut le dernier coup porté à l'agriculture : elle disparut de l'Italie, et le peuple romain ne put plus se nourrir lui-même. Il fallut demander aux colonies le blé nécessaire et le faire venir à grands frais. Plus d'une fois ces riches, qui possédaient des terres grandes comme des royaumes, faillirent manquer de pain, et la vie du peuple romain fut, comme dit Tacite, à la merci des flots et des tempêtes [1].

chrétiens depuis les premiers temps de l'Église jusqu'à la fin de la domination romaine en Occident, par M. Allard, 1er livre; Didier, éd., 1876.

[1]. *Vita populi romani per incerta maris et tempestatum quotidie volvitur.* — Tac., *Ann.*, III, 54.

CHAPITRE II.

DES DISTRIBUTIONS DE BLÉ.

—

SOMMAIRE

I. Rome, rendez-vous de tous les malheureux. — Nécessité de pourvoir à leur subsistance.

II. Différentes mesures prises dans ce but.

III. Des distributions de blé. — Leur histoire.

IV. Leur établissement définitif. — Leur réglementation. — Quel était le nombre des indigents?

I

Qu'étaient devenus les colons expulsés de leurs terres par la convoitise des grands et l'usure des chevaliers?

Rome, comme toutes les capitales dans lesquelles la vie afflue aux dépens des provinces, exerçait sur tous, riches et pauvres, une attraction invincible. Pour le riche, c'était le luxe et les plaisirs; pour le pauvre, le remède à ses maux et la réparation des torts qu'il avait subis. Aussi de toutes parts, des provinces, de l'Italie; on accourait à Rome.

Mais que trouvaient à Rome ces colons expulsés de leurs champs? Ils y retrouvaient ce qu'ils fuyaient : les chevaliers et les esclaves, c'est-à-dire l'usure et le travail servile, la ruine et l'oisiveté.

L'usure, portée à un point dont nous ne pouvons même nous faire l'idée,· tyrannisait la plèbe : *maxume fœnoris onere oppressa plebes*, nous dit Salluste. L'intérêt légal étant de 12 % par an, il n'était pas rare de voir les *argentarii* et les particuliers prêter à 40, 48 et même 60 %. Un tel taux devait fatalement amener la ruine de l'emprunteur, surtout lorsqu'il n'avait pas pour se libérer l'espoir et la ressource d'un travail persévérant et rémunérateur.

Or, c'est ce qui arrivait au plébéien. Toute famille riche avait parmi ses esclaves des artisans de toutes sortes, tisserands, ciseleurs, peintres, etc., et n'avait nul besoin de recourir au travail d'ouvriers libres. D'ailleurs, il faut le dire, peut-être n'en eût-on pas trouvé, car le travail manuel était alors singulièrement méprisé; et souvent ces plébéiens, qui ne rougissaient pas de tendre la main à la sportule du patron ou au blé de César, eussent eu honte de manier un instrument de travail, pour un salaire qui cependant les eût fait vivre. C'est ainsi que l'esclavage, base de la civilisation payenne, se retrouve au fond de toutes les institutions et de toutes les misères de l'antiquité.

Ainsi se forma peu à peu cette *plebs urbana* qui ne voulait ni ne pouvait travailler, mais qui voulait vivre. La multiplicité des affranchissements, l'attraction exercée par la Ville-*Urbs* l'augmentaient chaque jour; tous les aventuriers, en effet, tous les criminels y accouraient et en faisaient, pour ainsi dire, l'égout de l'univers :

« *Omnes, quos flagitium aut facinus domo expulerat, hi Romam, siculi in sentinam, confluxerant*[1]. » Bientôt il fallut penser à nourrir cette multitude oisive et affamée ; si l'humanité n'avait pas suffi, le besoin de la sécurité publique eût forcé à s'en préoccuper ; ces gens, en effet, qui n'ont rien à perdre et tout à gagner au changement des choses, sont des artisans perpétuels et toujours prêts de révolutions, de séditions et de désordres. C'est ce que dit encore, avec l'élégante concision qui est le caractère et le charme de son style, l'auteur que nous aimons à citer : « *Semper in civitate, quibus opes nullæ sunt, bonis invident, malos extollunt, vetera odere, nova exoptant, odio suarum rerum mutari omnia student*[2]..... »

II

On tenta divers remèdes ; plusieurs institutions naquirent et plusieurs mesures furent essayées, qui n'avaient en grande partie pour but que de secourir cette classe intermédiaire entre les esclaves et les riches, qui ne pouvait être riche et qui ne voulait pas être esclave.

Cependant toutes ces mesures n'appartiennent pas véritablement à l'ordre des *secours publics*. Les unes sont bien l'œuvre de l'État ; mais elles s'adressent à tous, et non pas seulement aux citoyens pauvres : telles furent les dispositions prises en faveur des débiteurs (*abolition de la contrainte par corps, transactions entre débiteurs et*

1. Salluste, *Conj. Catil.*, ch. 37.
2. Salluste, *Conj. Catil.*, ch. 37.

créanciers), les *lois contre l'usure*, les *colonies militaires*, et, surtout dans le principe, les *lois agraires*. D'autres institutions s'adressent bien aux indigents, mais elles émanent de simples particuliers ; ainsi le *patronage*, qui à cette époque se résumait en la *sportule*, aumône en argent ou en nature que le patron distribuait aux clients qui venaient chaque matin mendier à sa porte[1].

On pourrait peut-être voir un secours public dans l'exemption d'impôts que le Sénat accorda au peuple après l'expulsion des rois, pour l'exciter à se défendre vaillamment contre Porsenna et les Tarquins. Tite-Live, en effet, après avoir dit que les impôts levés furent les droits d'entrée et les contributions pour la guerre, prend soin de nous faire remarquer que par *plebes* il entend seulement les plébéiens pauvres, car il ajoute : « *Ut divites conferrent, qui oneri ferendo essent, pauperes satis stipendii pendere si liberos educarent*[2]. » Il désigne donc clairement les prolétaires, c'est-à-dire, selon la division du roi Servius, la sixième classe du peuple.

III

Mais la seule institution qui se rattache véritablement à l'administration des secours publics, est celle des *distributions de blé*. De tout temps les édiles avaient été chargés à Rome de l'administration intérieure de la ville et de tout ce qui regardait l'alimentation. Plusieurs fois ils vendirent au peuple, à bas prix, du blé ou d'autres

1. Dezobry, *Rome au siècle d'Auguste*, tome I, lettre X.
2. Tit.-Liv., II, 9.

denrées. La première distribution de ce genre remonte à l'année 260 ou 298[1].

Quelquefois même les riches, voulant arriver aux honneurs et flatter le peuple, firent des distributions gratuites; mais ces secours extraordinaires venaient à d'assez longs intervalles et n'apportaient aux indigents que la subsistance de quelques jours.

Ce n'était point là évidemment des secours publics réguliers.

Ce n'est que dans l'année 630 qu'ils furent établis par une loi d'une manière permanente.

Les Gracques avaient voulu venir au secours de cette *plebs rustica*, qui s'en allait, dévorée par des guerres continuelles et dépossédée par les grands. Mais elle n'était pas là, au Forum, pour les soutenir et voter les lois qu'ils proposaient. Ils étaient obligés de s'appuyer sur la plèbe de Rome, la *plebs urbana*, qui n'avait ni les mêmes vertus, ni les mêmes désirs; et, sans doute, tout en réclamant très-haut, elle se souciait peu de quitter les spectacles du cirque et l'oisiveté souvent bien payée du Forum pour aller cultiver la terre sur les frontières menacées par l'ennemi.

Caius Gracchus, esprit plus politique que son frère aîné Tiberius, le comprit, et il voulut intéresser le peuple de Rome à ses vues en proposant, en 628, la *loi Sempronia*. D'après cette rogation, les pauvres de Rome devaient recevoir du blé à 5/6 d'as le *modius* (8 lit. 67 pour environ 0 fr. 07).

En 630, la loi fut votée. Mais elle ne dura pas plus que le tribun qui l'avait proposée, et la mort de Caius,

1. Pline, *Hist. Nat.*, XVIII, 4.

en 632, entraîna l'abrogation de toutes ses innovations.

Cependant, si les lois agraires étaient presque rendues impossibles par les difficultés de l'exécution, il n'en était pas de même de la loi de secours ; quoiqu'abrogée, elle était dans la nature des choses ; le principe de l'institution subsista désormais, et les vicissitudes qu'il éprouva durant soixante ans ne firent que l'ancrer plus profondément dans le droit et les mœurs des Romains.

Dès le tribunat de Marius, un an après, ses collègues proposèrent de la rétablir ; le futur dictateur s'y opposa, et la rogation ne put réussir.

En 653, une tentative semblable de Saturninus n'eut pas un meilleur succès[1]. Mais, en l'an 662, le tribun Livius Drusus, ayant repris la loi frumentaire de Caius, la fit voter de nouveau ; il est vrai qu'elle ne lui survécut pas : Drusus fut tué l'année suivante et sa loi abrogée.

Pendant dix-sept ans le silence se fit sur la proposition. Elle ne reparut qu'en 679, un peu modifiée par les consuls Terentius et Cassius qui la présentaient, et, selon l'usage, lui donnèrent leurs noms[2]. Elle attribuait cinq *modii* de blé par mois à chaque plébéien pauvre.

En 689, un sénatus-consulte, rendu sur l'avis de Caton, donna la première distribution de blé tout à fait gratuite, faite en vertu d'un acte du pouvoir.

Cette mesure ne devait être que passagère, mais elle était trop en faveur de la plèbe pour ne pas devenir permanente ; et cinq ans après, le tribun Clodius proposa et fit voter une loi qui rendait les distributions complètement gratuites. L'abolition du droit de 5/6 d'as par

---

1. Tit.-Liv., *Epit.*, 71, 20.
2. Cic., *In Verr.*, act. II, liv. III, 70.

modius de blé priva la République, dit Cicéron, du cinquième de ses revenus[1] (7 millions de francs environ).

Ainsi étaient définitivement établis les secours publics et les distributions de blé. C'était, on le voit, l'*assistance légale*, le pire de tous les remèdes, car, en sanctionnant le droit à l'assistance, il ne contribua pas peu à augmenter lui-même le nombre des pauvres, c'est-à-dire à aggraver le mal auquel il aurait dû remédier.

IV

Ce sont bien des secours publics, car, pour y être admis, il fallait être citoyen romain, plébéien et pauvre. « Pour avoir le droit de faire graver son nom sur le tableau des pauvres qui recevaient à Rome le blé gratuit, il suffisait de porter le titre de citoyen, qu'on le tînt de la naissance ou de l'affranchissement, et d'avoir atteint sa onzième année[2]. »

Plébéien : on a cherché en vain à contester cette condition en se fondant sur un passage de Cicéron qui dit qu'un consulaire, Pison Frugi, vint pour prendre part à la distribution de blé après la loi de C. Gracchus[3]. Ce fait, loin de prouver que les patriciens étaient admis aux secours, s'explique parfaitement par cette raison que les Pison étaient d'origine plébéienne.

Il fallait aussi être pauvre. C'est ce que semble dire encore Cicéron à propos de la réforme introduite par le

---

1. Cic., *Pro Sextio*, 25.

2. Naudet, *Des secours publics chez les Romains*, Mém. de l'Acad. des Insc. et Bell.-Lett., tom. XIII, part. I.

3. Cic., *Tuscul.*, Q. III, 20.

tribun Octavius [1] (633). Ce tribun fit exclure de la distribution les citoyens qui pouvaient et devaient faire déclaration d'un certain revenu au bureau du cens.

Il n'y avait donc, croyons-nous, que les citoyens romains, plébéiens et pauvres, qui fussent admis à la répartition des secours frumentaires; mais tout homme du peuple indigent pouvait réclamer sa part, même l'affranchi. Et nous savons que beaucoup de maîtres affranchirent leurs esclaves et les firent inscrire sur les registres pour avoir part à la distribution de blé qu'ils pourraient recevoir [2].

Quel était le nombre des indigents? Sur ce sujet, nous sommes réduits à des conjectures; pourtant Cicéron nous fournit quelques indications, il est vrai peu précises, mais cependant précieuses. Il reproche à Verrès d'avoir extorqué à une cité de Sicile 198,000 *modii* de blé; et il ajoute : « *Una civitas ex uno agro plebis romanæ prope menstrua cibaria donare cogitur* [3]; » presque la subsistance des plébéiens pendant un mois.

Or, d'après la loi *Terentia et Cassia*, et les lois qui suivirent, la distribution mensuelle était de cinq *modii* par tête; en divisant par cinq, on obtiendrait le nombre probable des pauvres assistés, c'est-à-dire 39,600; on peut dire 40,000, ou même 50,000.

En effet, la population de Rome était alors, d'après les conjectures les plus probables, de 1,200,000 habitants environ [4]. Sur ce nombre, il y avait à peu près

1. Cic., *De Off.*, II, 21.

2. Dion., Cass., *Hist. Rom.*, XXXIX, 24. — Den. d'Halyc., *Antiq. Rom.*, liv. VI, ch. 24.

3. Cic., *In Verrem*, act. II, liv. III, 30.

4. Desobry, *Rome au siècle d'Auguste*, lettre 73.

450,000 citoyens[1], qui étaient les seuls à avoir des droits, et au premier rang celui de voter au Forum. Or, nous savons que les pauvres nourris par le blé public formaient environ le huitième de la population libre, c'est-à-dire 50 à 55,000. Comme on le voit, ces chiffres concordent à peu près.

Ainsi qu'il est facile de le supposer d'après les causes que nous avons indiquées, ce nombre alla toujours en augmentant; les distributions de blé, faites à Rome aux citoyens pauvres, y attirèrent bientôt tous les fainéants, tous les mendiants, tous les séditieux de l'Italie[2]. De plus, la mesure que Caton fit adopter en 689 tripla le chiffre des bénéficiaires; et César, qui, pour arriver au pouvoir, contribua encore à élever ce nombre, le trouva, pendant sa dictature, porté à 320,000 personnes inscrites au rôle des secours (708).

Mais le dictateur, qui avait consenti à accroître le nombre des frumentaires pour se faire des partisans et assurer sa popularité, prétendait bien, une fois arrivé au pouvoir, mettre de l'ordre dans le gouvernement de la République.

En effet, revenu à Rome en 707, vainqueur de Pompée et maître incontesté du monde, il comprit bien vite les sources de la misère du peuple et il voulut les tarir. D'abord, il obligea les éleveurs de bétail italiques à avoir le tiers au moins des gardiens de leurs troupeaux en hommes nés libres et adultes, arrêtant ainsi du même coup le recrutement du banditisme et rouvrant une car-

1. Tit.-Liv., *Epitom.*, XCVIII, c. 29.
2. Dureau de la Malle, *Écon. polit. des Romains*, liv. III, ch. 21.

rière au prolétariat libre[1]. Il fit aussi distribuer des
secours aux pères de trois enfants, et acheta même des
terres pour les donner aux pauvres. D'un autre côté, il
ordonna de faire le recensement de tous ceux qui recevaient le blé public, non par un simple appel devant le
censeur, selon l'usage, mais par une recherche exacte
et minutieuse faite de rue en rue, et dans laquelle les
propriétaires durent déclarer pour leurs locataires[2].

De 320,000, le nombre des frumentaires fut ainsi
réduit à 150,000, et pour se débarrasser du reste, on
en envoya la plus grande partie dans les colonies. Pour
ces 150,000, le secours devint une institution permanente, et le préteur devait remplacer chaque année les
pensionnaires morts par d'autres que le sort désignerait
entre les pauvres non encore inscrits *(subsortitio)*.

Comme on le voit, s'il y eut avant l'Empire des secours
publics, il n'y eut pas, à vrai dire, de *bienfaisance publique*. Ce n'est que plus tard, vers l'époque des Antonins, et sous l'influence de circonstances dont nous aurons à rechercher les causes, que naquit la *bienfaisance
publique*. Les distributions de blé n'étaient guère inspirées, en effet, que par les calculs de la politique, quand
elles ne l'étaient pas par des sentiments moins nobles.

Nous abordons maintenant l'étude de ces siècles fameux qui, pour être ceux de la décadence romaine, n'en
sont pas moins empreints d'une gloire immortelle, car
ils ont vu la transformation de l'humanité. Et au début
de ces temps nouveaux que pressentait Virgile; au seuil,

1. Mommsen, *Hist. Rom.*, tome VIII, ch. II, p. 150.
2. Appien, *Bell. Civil.*, I, 8; II, 10.

pour ainsi dire, de ce magnifique palais qu'on a appelé l'ère chrétienne, nous trouvons, comme un portique splendide joignant à l'austère beauté de l'antiquité romaine je ne sais quel air d'espérance et de douceur, ce siècle d'Auguste qui, par l'éclat et la grandeur des hommes qu'il a vus naître, a mérité d'être mis au nombre des quatre grands siècles de l'humanité.

CHAPITRE III.

DES SECOURS PUBLICS D'AUGUSTE A TRAJAN.

—

SOMMAIRE

I

« Auguste, héritier de César, n'était pas de cette première race d'hommes qui font les révolutions; il était de
cette race secondaire qui en profite, et qui pose avec
adresse le couronnement de l'édifice dont une main plus
forte a creusé les fondements[1]. »

Plus habile, en effet, et plus politique que César,
Auguste maintint les dehors du gouvernement républi-

---

1. Chateaubriand, *Études historiques*, Étude 1re, p. 120.

cain en concentrant en lui tous les pouvoirs; au lieu d'abolir les magistratures anciennes, il s'en revêtit lui-même, préférant ainsi la réalité du pouvoir à ses vaines apparences. Habitant au Palatin une maison modeste, le maître du monde vécut toujours comme un simple citoyen, et ne rougit pas de flatter la multitude, dont il se disait le serviteur pour en rester le maître.

Toutefois, il faut le reconnaître, cette politique d'Auguste donna au monde, fatigué de l'agitation des guerres civiles, un demi-siècle de paix et de stabilité. L'empereur, en effet, une fois maître du pouvoir, travailla résolûment à fonder ce qu'on pourrait appeler l'organisation de la paix; il vit les plaies de l'Empire et essaya de les guérir; il comprit les vices de l'ordre social et tenta d'y porter remède.

Il commença par raffermir la propriété ébranlée par soixante-dix ans de guerres civiles et par les fréquentes propositions de lois agraires. Le premier parmi les généraux vainqueurs, il ne distribua à ses vétérans que les biens vacants, ou indemnisa les rares colons qu'il priva de leurs terres.

Il s'aperçut bien vite de la cause de la dépopulation de l'Italie, et ne dissimula pas son aversion pour ces magnifiques mais improductives *villæ* qui couvraient des régions entières; il encouragea, au contraire, l'agriculture de toute son influence et de son estime spéciale, et chercha par tous les moyens à maintenir et à rappeler dans l'Italie cette classe de colons et de laboureurs qui avait fait sa force.

Les douceurs de la vie des champs, l'éloge des travaux agricoles sont alors dans toutes les bouches; les poëtes qui entourent le prince, et dont sans doute il in-

spire les chants, célèbrent à l'envi ces plaisirs purs et
tranquilles. Virgile et Horace, dans des vers immortels
qu'on n'a point égalés, font goûter à tous ces sentiments.
Le premier surtout fit sentir aux Romains cette beauté
de la nature sensible, qu'ils ne comprenaient pas encore ; et le second chanta les plaisirs de la campagne
dans des vers trop charmants pour qu'on ne nous par-
donne pas de les rappeler ici :

> « Beatus ille qui, procul negotiis,
>   Ut prisca gens mortalium,
> Paterna rura bobus exercet suis,
>   Solutus omni fœnore.
> Neque excitatur classico miles truci,
>   Neque horret iratum mare ;
> Forumque vitat et superba civium
>   Potentiorum limina [1]..... »

Ce n'était là, il est vrai, que des délassements de let-
trés ; mais au fond de ces vers il y avait une idée, idée
sérieuse et juste ; et ce n'est pas sans raison que l'on a
pu dire que « les *Géorgiques* de Virgile étaient un déli-
cieux pamphlet contre les domaines de luxe et les
grandes propriétés[2]. »

En inspirant l'amour des travaux des champs, Auguste
voulait repeupler les campagnes de l'Italie et diminuer
le nombre de ceux qui vivaient à Rome aux dépens de
l'État dans une oisiveté sans souci et par suite sans
remède. Il songea même un moment à supprimer tout à
fait ces distributions gratuites[3] ; mais il réfléchit que ses

---

1. Hor., *Epod. lib.*, ode II.
2. F. de Champagny, *Les Césars*, tom. I, Aug., § 2.
3. Suét., *In Aug.*, 42.

successeurs ne manqueraient pas de les rétablir, et même
que le premier agitateur venu pourrait, en s'emparant de
ce moyen, se concilier auprès de la multitude une dangereuse popularité. Fidèle toutefois à ses idées premières, il essaya de faire participer aux secours les colons, les marchands et les laboureurs[1], trouvant qu'il
était à la fois impolitique et injuste d'en faire l'apanage
et le monopole des fainéants de Rome.

Auguste avait vu et sondé les maux dont souffrait
l'Empire, et il tentait de les guérir. Y réussit-il? Il est
triste d'avouer que non. Le mal était trop profond et les
remèdes trop insuffisants.

Il aurait fallu, en effet, modifier les fondements mêmes
de la vie sociale.

Nous nous figurons à peine ce qu'était la vie d'un
honnête homme de ce temps-là, vie tout entière de plaisirs et de jouissances. Et quelles jouissances! La recherche du confort allant jusqu'à l'invraisemblable, les
raffinements d'un luxe inouï, la crainte, l'horreur de tout
dérangement, de toute gêne; en un mot, la civilisation
matérielle poussée à un point dont nous ne nous fai-
sons pas l'idée, tels sont les éléments de la vie du riche
Romain. Et cette civilisation matérielle dont nous van-
tons tant les progrès modernes, un chevalier du temps
d'Auguste l'eût traitée de barbarie; à voir nos allures
affairées et inquiètes, notre peu d'entente des jouissances
raffinées du luxe, il nous eût pris pour un peuple d'esclaves! Ah! c'est que nous avons, en dehors et au-dessus de cette civilisation matérielle, un principe de vie
morale que les Romains n'avaient pas; et c'est que nous

---

1. Suét., *In Aug.*, 42.

n'avons pas un principe de mort qui était le fond de leurs institutions : l'esclavage.

L'esclavage est en effet la base de l'ordre social antique; c'est le pivot de la société, sa raison d'être et son explication.

Cette vie de jouissances sensuelles ne se comprend qu'avec le travail servile. A qui pourrait-on demander ces services si minutieux et si futiles, et quelquefois si dégradants et si honteux, sinon à un esclave? Comment ne pas préférer à l'ouvrier libre et salarié cet esclave qui ne coûte rien, une fois acheté, et qu'on fait travailler à coups de fouet? Aussi le nombre de ces *mancipia* se multiplie chaque jour; on est pauvre si l'on n'a que dix, vingt esclaves, et les plus riches en ont quatre cents, cinq cents [1], etc.

Aussi la ville de Rome se remplit de *mancipia;* ils sont plus de 500,000, aussi nombreux que la population libre, et Sénèque avoue que l'on n'osa pas forcer les esclaves à porter un costume spécial pour ne pas faire voir à tous le petit nombre des hommes libres [2].

Mais ces esclaves si nombreux, dont il est de mode et de bon ton d'avoir des multitudes, souvent rendent bien peu de services; leur nombre excessif en fait une propriété coûteuse et improductive; aussi les affranchit-on facilement : pour quelques écus on leur vend leur liberté et on lance dans le monde un nouveau citoyen.

Et voilà ce qui augmente le nombre des frumentaires! Voilà ce qui rendra inutiles les sages mesures d'Auguste! En vain entourera-t-il de restrictions sévères les *manu-*

1. Wallon, *Hist. de l'esclavage dans l'antiquité*, tom. II, part. II, ch. 3.
2. Sénèque, *De Clem.*, I, 24.

missions [1], le nombre des affranchis deviendra de plus en plus effrayant. Cet esclave, en effet, devenu tout d'un coup citoyen, il n'a ni argent, ni moyens de vivre; il a bien tous les droits du *civis romanus*, mais le premier et le seul qu'il réclame, c'est le droit de ne pas mourir de faim, et il s'empresse d'aller se faire inscrire sur les registres des distributions gratuites [2].

Joignez à cette cause si efficace celles que nous avons déjà signalées : le manque de travail pour les ouvriers libres; l'envahissement de Rome par tous ceux qu'y poussent la dépossession, l'injustice et la misère, et vous comprendrez pourquoi le nombre des pauvres secourus par le Trésor augmente chaque jour davantage. Du reste, c'était fatal; c'était le résultat nécessaire qu'a toujours eu et qu'aura toujours la *charité légale;* et puisque nous avons prononcé ce mot moderne, ajoutons-en un autre qui marche inévitablement à sa suite : elle avait engendré le *paupérisme; charité légale* et *paupérisme,* ce sont là, en effet, deux termes corrélatifs dont le second suit nécessairement le premier. Les rapprochements historiques sont rarement exacts, car les termes de comparaison ne sont jamais absolument les mêmes; mais pourtant, comment ne pas remarquer l'analogie frappante entre cette organisation de secours et celle des pays où existe aujourd'hui la charité légale? Tant il est vrai qu'il y a là une erreur sociale qui engendre toujours et partout les mêmes conséquences!

1. Loi Ælia Sentia (757).
2. F. de Champagny, *Les Césars,* tome III, livre III, ch. 1, § 4.

II

César, nous l'avons vu, avait réduit à 150,000 le nombre des frumentaires ; ce nombre alla toujours en grandissant et ne tarda pas à atteindre de nouveau le chiffre de 320,000 auquel le dictateur l'avait trouvé porté. En 728, Auguste révisa les listes de l'annone, mais il fut obligé de maintenir 200,000 pauvres inscrits. Sa surveillance active ne put empêcher cette augmentation, et même comme il avait essayé de ne faire de distribution que tous les quatre mois, le peuple, auquel il avait voulu faire plaisir, se plaignit. Soit difficulté de transporter 20 *modii*, ou quelquefois 40 ou 60, quand il y avait plusieurs enfants, soit défaut d'économie qui amenait la fin des provisions avant l'époque du renouvellement, on réclama l'ordre ancien, qui fut rétabli [1].

Pour avoir part à la distribution, il fallait, nous l'avons dit, être citoyen, plébéien et pauvre ; Auguste admit même les enfants au-dessous de onze ans. Il suffisait de faire constater ces trois conditions par l'administration de la comptabilité, qui se tenait dans les bureaux du *præfectus urbis* et qui gardait le rôle des inscriptions alimentaires. Le droit constaté, on donnait à chacun des gratifiés une petite planchette en bois de troène, appelée *tessera frumentaria*, qu'on allait ensuite présenter aux greniers publics où se faisait la distribution. Le blé était livré par une corporation de mesureurs, sous la surveillance des *duumvirs*, dépendant du

[1]. Suét., *In Aug.*, 40.

préfet de l'annone, qui remplaçaient dans ces fonctions les édiles curules, chargés autrefois de distribuer le blé par quartiers[1].

La ration était de cinq *modii* par personne, ce qui fait à peu près 105 livres romaines (34 kilog. 266), c'est-à-dire 3 livres 6 onces (1 kilog. 142) pour une ration quotidienne, ou au moins 14 onces (380 grammes) par tête, chaque ration étant pour un ménage supposé de trois individus. Cette quantité est suffisante pour vivre[2].

Du reste, l'annone ne fait pas que distribuer gratuitement du blé aux pauvres; comme l'Italie n'en produit presque plus, elle le vend aux riches; et si on donne le blé à 200,000 citoyens, on le vend à tous les habitants riches de la ville et des environs[3].

C'est par là qu'il faut expliquer, croyons-nous, deux passages du Digeste où Paul parle du legs d'une pension frumentaire[4].

Le jurisconsulte assimile la pension à une *militia*, à un office, et dit que si elle a été léguée à une personne qui est morte ensuite, le legs n'en est pas moins valable, parce que c'est une estimation qu'on est réputé avoir voulu léguer.

Les riches prenaient sans doute des abonnements au blé public, pour lesquels on leur donnait des *tesseræ*, qu'ils allaient faire toucher aux greniers de la ville. C'était, pour ainsi dire, une espèce de titre de rente via-

---

1. Suét., *In Aug.*, 40, 41. — Pline, *Hist. Nat.*, XVI, 51. — Dig., loi 10, § 1, *De Vac. et Excus. mun.;* loi 26, *De Excusationibus.*

2. Dezobry, *Rome au siècle d'Auguste*, tome III, lettre 85.

3. Dezobry, *Rome au siècle d'Auguste*, tome III, p. 620, note.

4. *Dig.*, loi 49, § 1, *De Legat.* 2°; loi 87, pr., id. tit.

gère ou perpétuelle sur le grand-livre alimentaire[1]. C'est ce que confirme encore un passage du Code Théodosien, dans lequel on voit que le gouvernement vendit plus tard des abonnements d'huile, comme des *tesseræ frumentariæ*[2].

C'est donc à tort qu'on a vu dans les distributions frumentaires plutôt une pension qu'un secours, et qu'on a pensé que chacun des immatriculés pouvait vendre ou léguer son titre. Cela ne peut s'appliquer qu'aux titres achetés, car il résulte clairement de la disposition de César, rapportée plus haut, et de tout l'ensemble de la législation de l'annone, que la pension des pauvres était viagère et personnelle, et ne pouvait être ni vendue, ni léguée.

Du reste, ce n'étaient pas là les seules gratifications que reçurent les plébéiens; souvent il fallait leur distribuer des *congi ra*, c'est-à-dire des secours extraordinaires en argent ou en nature. Auguste donna ainsi 400, 600 et jusqu'à 800 sesterces (215 fr.) par tête; et même en l'année 725, à son retour de la guerre contre Antoine et Cléopâtre, il donna le quadruple de la pension frumentaire, c'est-à-dire 240 *modii* de blé par personne[3].

On prenait en général pour base de ces distributions les rôles de la pension frumentaire. Mais ces largesses extraordinaires, pas plus que celles qui suivirent et se multiplièrent de plus en plus sous les successeurs d'Auguste, ne sont point de véritables secours publics. Aussi

---

1. Naudet, *Des secours publics chez les Romains*, Mém. de l'Acad. des Insc. et Bel.-Let., tome XIII, p. 64.

2. Cod. Theod., liv. XIX, tit. XXIV, loi 1.

3. Suét., *In Aug.*, 41, 42. — Dio. Cas., *Hist. Rom.*, LIII, 2.

ne parlerons-nous pas des *congiaria* et des *donativa*, ces primes que la peur donnait à l'oisiveté ou que le pouvoir absolu jetait à la licence militaire.

III

Mais il faut maintenant résoudre une question qui ressort de tout ce que nous avons dit : l'Italie ne produisant plus de blé, les provinces devaient fournir la subsistance du peuple romain.

Ce fut toujours, on le comprend, l'une des premières et des plus graves préoccupations des empereurs, de procurer du pain à ce peuple de Rome qui voulait bien qu'on gouvernât le monde en son nom, mais à condition qu'on lui fournît la seule chose qu'il demandât encore : du pain et des jeux, « *panem et circenses*[1]. »

Soit qu'on le vendît aux riches, soit qu'on le donnât aux pauvres, l'empereur seul était chargé d'approvisionner la ville. Examinons un moment l'organisation de ce service, qui était vraiment l'administration des secours publics, puisque ceux-ci se résumaient dans le blé distribué chaque mois.

Jusqu'à la fin de la République, les édiles curules avaient été chargés de tout ce qui regardait la subsistance des citoyens. César y ajouta deux édiles *cereales*, préposés à l'inspection des greniers. En présence de l'importance toujours plus grande que prenaient ces attributions, Auguste créa un fonctionnaire, dont ce fut

---

1. « ..... *Duas tantùm res anxius optat :*
Panem et circenses. »

JUVÉNAL, *Sat. X*, v. 80.

la charge spéciale et unique : le préfet de l'annone,
dignité qui ne cessa qu'avec l'Empire. Le premier fut
C. Turannius, et, fait bien rare dans les hautes fonctions de Rome, il l'était encore trente-quatre ans après
la mort d'Auguste, sous le règne de Claude.

Le préfet de l'annone avait au-dessous de lui les édiles
cereales, dont dépendaient les *duumvirs*, qui présidaient
à la dispensation.

Cette administration était chargée d'acheter le blé dans
les provinces, car les Romains ne surent jamais faire
appel au commerce, mais seulement pourvoir aux besoins
généraux par toutes sortes de dispositions et d'emplois
administratifs, la force en main et la justice menaçante.
Il fallait quelquefois enlever le blé de force aux laboureurs des provinces; ainsi les gens honnêtes et laborieux
devenaient les victimes des oisifs et des mauvais sujets
de Rome[1].

A la vérité, le pouvoir invita d'abord des armateurs
libres à se charger de ce service; l'empereur Claude
leur accorda des avantages considérables : ceux qui con-
struiraient des bâtiments de commerce obtenaient, s'ils
étaient citoyens romains, l'exemption de la loi *Papia
Poppœa;* s'ils étaient Latins, le droit quiritaire; si c'é-
tait des femmes, le droit des mères de quatre enfants.
Pourtant les associations qui s'étaient fondées ne tardèrent pas à tomber sous la dépendance de l'autorité
publique et à être dirigées par elle. C'est ce que prouve
le Code Théodosien, en nous rappelant ce qui avait été
fait par les empereurs plusieurs siècles avant sa rédac-
tion.

---

1. Serrigny, *Droit public et administratif romain,* liv, **I**, tit, **IV**, sect, **2**, § **2**.

Ainsi l'association des naviculaires (*navicularii*), l'une des plus importantes, avait pour mission d'équiper des navires pour aller chercher le blé en Afrique et en Égypte.

Les naviculaires jouissaient de grands priviléges : exemption de corvée pour leurs vaisseaux, de charges municipales, sénatoriales, plébéiennes pour eux-mêmes, immunités s'ils faisaient le trafic, protection spéciale, sous la garantie des peines les plus sévères, contre les exactions des officiers publics et les prévarications des gouverneurs de provinces, et même promotion à la dignité de chevaliers. Leur salaire se composait de quatre centièmes des tributs qu'ils transportaient et d'un *aureus* par 1,000 *modii* [1].

Mais aussi leurs charges étaient considérables. Ils devaient faire les frais de la fabrication et de l'entretien des vaisseaux. Si le mauvais état d'un navire amenait un retard, une avarie, ils en étaient responsables. La déportation et la mort punissaient les détournements et les malversations [2]. Si la cargaison périssait par un naufrage, le naviculaire devait obtenir une sentence d'indemnité, mais c'était quelquefois fort difficile, et dans tous les cas impossible après un an. Valentinien permit même, pour rechercher la vérité, de mettre à la torture la moitié de l'équipage [3].

Soit que ces différentes charges en fussent la cause, soit que l'assujettissement à l'État éloignât les particuliers, la corporation des naviculaires ne se recrutait

1. *Cod. Théod.*, liv. XIII, tit. v, lois 4, 5, 6, 8, 16, 17, 23, 29, 30, 36, 38.
2. *Cod. Théod.*, liv. XIII, tit. v, lois 13, 14, 21, 26, 27, 28, 33, 34.
3. *Cod. Théod.*, liv. XIII, tit. IX, lois 1, 2, 3. — *Cod. Just.*, liv. XI, tit. v, lois 2 et 5.

qu'avec une peine extrême; il fallait la compléter par
des recrues forcées. Pourtant, des dispositions bien rigoureuses empêchaient les naviculaires de quitter leur
métier; quelque subterfuge qu'ils employassent, on les
atteignait et on les ramenait à leur association.

Si l'on ne parvient pas à les saisir eux-mêmes, leurs
immeubles, qui sont grevés d'une hypothèque perpétuelle,
répondent pour eux. Si un naviculaire vend sa maison, l'acquéreur doit succéder à la charge, du moins en
proportion de la valeur de l'immeuble; de même l'acquisition à titre gratuit transmet la charge avec le bien,
même aux femmes. Honorius alla jusqu'à faire le rappel
des propriétés soustraites à cette espèce de servitude
par des aliénations furtives depuis vingt-cinq ans; et,
non content de cette rétroactivité, il recula pour l'avenir le terme de la prescription jusqu'à la cinquantième
année [1].

Tel était, à Rome, le droit des associations attachées
aux subsistances; et elles étaient nombreuses. En effet,
quand le blé était arrivé dans le port d'Ostie, la quantité
en était vérifiée par la corporation des *mesureurs;* celle
des *patrons de greniers* en reconnaissait l'identité et en
délivrait un reçu. Remontant le Tibre dans les bateaux
des mariniers du fleuve, il était versé dans les greniers
de Rome avec les mêmes formalités, et de là, livré à la
corporation des boulangers ou distribué directement au
peuple.

---

1. *Cod. Théod.*, livre XIII, titre V, lois 2, 3, 11, 12, 22, 35; titre VI,
lois 9, 10.

IV

Nous connaissons ainsi les différentes branches, et, pour ainsi dire, les différents services de l'administration des Secours publics; l'empereur Auguste leur donna véritablement leur forme définitive, et nous n'aurons plus désormais qu'à noter les changements qu'ils subirent sous ses successeurs.

Mais, du reste, nous allons bientôt avoir à étudier d'autres institutions qui ne vont pas tarder à surgir du sol renouvelé de l'Empire.

Les empereurs de la Maison d'Auguste ont laissé à l'histoire un triste et sanglant renom : il suffit de citer Tibère, Caligula, Néron, ce monstre dont toujours désormais

« ... le nom paraîtra dans la race future
Aux plus cruels tyrans une cruelle injure [1], »

pour évoquer l'idée de la puissance humaine élevée au dernier degré d'absolutisme et de folie, et de l'amour du sang poussé jusqu'au délire.

De tels hommes, on le conçoit, s'occupèrent peu du bonheur du peuple, et nous pourrions passer sous silence ce premier siècle de notre ère, si l'histoire n'avait gardé le souvenir de quelques sages mesures qui datent de ce temps et se rapportent à peu près à l'assistance publique.

1. Racine, *Britannicus*, acte V, scène 6.

Tibère fut d'abord un sage administrateur, et Tacite lui-même rend justice à la modération de ses premières années[1]. Il veillait avec sollicitude à l'annone et à la subsistance des pauvres; et même il donna à des villes ou à des particuliers, après certaines calamités, des secours qui semblent presque inspirés par une pensée philanthropique. Ainsi, il accorda à des villes d'Asie, ruinées par un tremblement de terre, l'exemption de l'impôt pour cinq ans et un secours considérable en argent.

Les incendies étaient fréquents et terribles à Rome, tant à cause de la hauteur et du rapprochement des maisons, que du manque de moyens de secours; en 36 et 37, le feu consuma les quartiers entiers du Célius et de l'Aventin; Tibère distribua à titre de secours à leurs malheureux habitants des sommes qui montèrent en une fois à 108 millions de sesterces (28,490,000 fr.). Il en fit autant après une inondation.

Ce n'était là, il est vrai, que des dispositions personnelles au prince; mais n'était-ce pas encore une sorte de bienfaisance publique, puisque alors le prince, c'était l'État?

C'est sur les esclaves que l'honnête mais incapable Claude porta son attention et sa pitié.

L'antiquité n'avait rien fait pour l'esclave, ce véritable déshérité des sociétés anciennes. Jeune, il travaillait pour son maître, ou, plus malheureux encore, lui servait de jouet ou de victime dans ses passions infâmes; vieux ou malade, il était jeté dans une île du Tibre appelée, par une dérisoire allusion, l'île d'Esculape.

1. Tac., *Ann.*, IV, 6, 7.

Claude décida que l'esclave, qui par hasard guérirait, serait libre ; et comme les maîtres alors tuaient leurs esclaves au lieu de les exposer, il déclara le maître homicide ; sentence nouvelle et hardie, car en reconnaissant à l'esclave le droit d'aller se jeter aux pieds de la statue de César, elle bornait le pouvoir du maître, jusque-là sans limite [1].

La mort de Néron, successeur de Claude, fut suivie d'une anarchie de deux ans, qui fit passer tour-à-tour sur le trône Galba, Othon et Vitellius.

Sous les trois empereurs qui suivirent, et qui achèvent le 1er siècle, on ne trouve à signaler aucune mesure importante relative à la législation de la bienfaisance publique ; mais c'est sous leur règne que se dessina et s'accentua de plus en plus un mouvement d'esprit qui devait produire le siècle des Antonins, et dont il nous faut maintenant dire quelques mots : nous voulons parler du réveil de la philosophie.

1. Dig., *Qui sine manumissione ad libertatem perveniunt*, loi 2.

CHAPITRE IV.

DES SECOURS PUBLICS DE TRAJAN A CONSTANTIN.

—

I

Par une étrange coïncidence, la philosophie, qui, pendant les guerres civiles et les premières années de l'Empire, avait vécu dans une atonie complète et même était tombée dans un discrédit profond, se releva sous le règne de Néron.

S'il ne se forma pas alors d'école distincte, les esprits élevés et indépendants de l'époque se rallièrent autour de certaines idées communes et admirent un ensemble de données philosophiques découlant de la doctrine de Zénon, qu'on appela pour cela le *néo-stoïcisme*.

Un homme contribua surtout à ce réveil de la philosophie et personnifie en lui la nouvelle doctrine : c'est Sénèque. Ce grand moraliste a justement écrit plusieurs traités sur les devoirs des hommes envers leurs semblables : *De Clementiâ*, *De Beneficiis;* nous ne pouvons pas ne pas en dire quelques mots.

La doctrine du Portique était, comme on sait, une philosophie toute morale. Ne voyant dans l'homme que la raison, elle plaçait le bien dans la perfection de la raison humaine, et le mal dans la déviation, les vices de la raison. Tout le reste, jouissance ou douleur, doit être indifférent au sage, et ainsi, au nom de la raison, on proscrit la compassion et la pitié.

« *Quid sit misericordia?* dit Sénèque. *Plerique enim ut virtutem eam laudant et bonum hominem vocant misericordem. At hæc vitium animi est. — Misericordia est vitium pusilli animi ad speciem alienorum malorum succidentis. Itaque pessimo cuique familiarissima est. — Misericordia est ægritudo animi..... Sapiens non miseretur* [1]..... »

La miséricorde est un vice de l'âme; le sage est sans pitié! C'est bien là cette vieille philosophie stoïque, fondée sur l'orgueil, et demandant à l'homme, sous prétexte de vertu, de fouler aux pieds les besoins du corps comme les affections du cœur; méconnaissant ainsi cette aspiration légitime et innée vers le bonheur, qui fait le fond de la nature humaine.

1. Sén., *De Clem.*, liv. II, ch. 4 et 5.

Une telle morale était, on le comprend, destructive de toute bienfaisance publique et même privée. Mais, hâtons-nous de le dire, par une contradiction étrange dont nous chercherons le mot tout-à-l'heure, le philosophe, qui affirmait ainsi les principes de la morale stoïcienne, enseignait d'un autre côté les devoirs des hommes entre eux, et s'élevait dans cet ordre d'idées à des conceptions inconnues de l'antiquité.

Sénèque, en effet, formula plus nettement qu'on ne l'avait jamais fait avant lui les devoirs de l'homme envers l'homme; s'élevant à la conception de l'unité et de l'égalité native de tous les humains, il en conclut qu'ils sont tous de même nature[1], et il ajoute, chose étonnante pour un païen, même les esclaves. Non-seulement il condamne les combats de gladiateurs, mais il admet des devoirs réciproques de secours et d'assistance. « Il faut tendre la main au naufragé, montrer la route au voyageur qui s'égare, partager son pain avec celui qui a faim. *Præcipimus ut naufrago manum porrigat homo, erranti viam monstret, cum esuriente panem suum dividat.* — Il faut faire l'aumône, non pas avec ostentation et hauteur, non pas dans l'intérêt de celui qui donne, mais dans l'intérêt de celui qui reçoit, en prenant garde de l'humilier. Bien plus, il faut secourir non-seulement l'ami, mais l'inconnu, mais l'ingrat, mais un ennemi même[2]. »

Ce sont là des idées que l'antiquité n'avait jamais connues. Les philosophes de la Grèce eux-mêmes, plus éclairés et plus humains, ne les enseignèrent pas; et à

---

1. *Natura nos cognatos edidit : membra sumus corporis magni.* Sén., ép. 95.
2. Sén., *De Benef.*, passim, ép. 95.

Rome, si l'on n'en était plus au temps où Plaute pouvait dire :

« Lupus est homo homini, non homo ; cum, qualis sit, non novit[1], »

Cicéron résumait encore les devoirs de l'homme envers ses semblables dans ces deux mots : « *Fundamenta justitiæ : ut ne cui noceatur, deinde ut communi utilitati serviatur*[2]. » Les anciens Romains ne voyaient que la cité ; pour eux l'homme était peu de chose, le citoyen, tout.

Certes, cette contradiction est étrange ; et si nous avançons plus loin dans la suite des temps, nous voyons que, sans parler de l'école pythagoricienne représentée par Plutarque, la morale stoïcienne s'épura encore avec Épictète, qui, dans l'ordre des idées, est le successeur immédiat de Sénèque.

Si l'indifférence stoïque y est encore posée en principe, combien les devoirs envers nos semblables n'y sont-ils pas tracés en termes précis et éloquents : les hommes sont tous fils de Dieu, et par suite ils sont tous frères. La *fraternité humaine*, voilà le grand mot que Sénèque lui-même n'avait pas prononcé et qu'Épictète écrit et commente. « Quand je secours un homme, dit-il, ce n'est pas cet homme que je secours, c'est l'être humain que je secours en lui : Οὐ τὸν ἄνθρωπον, ἀλλὰ τὸ ἀνθρώπινον τετίμηκα[3]. » Idée simple et fondamentale en fait de bienfaisance, et pourtant idée méconnue par l'an-

1. Plaute, *Asinaria*, act. II, scèn. 4.
2. Cic., *De Off.*, I, 10.
3. Épict., *Frag. apud Stob.*, CIX.

tiquité, qui n'imposait à l'homme de devoirs qu'envers un parent ou un ami, mais non envers tout homme, par cela seul qu'il est homme.

Le moraliste va plus loin encore : il loue la pauvreté volontaire et prêche la philanthropie : « *Non paupertas molestiam facit, sed cupiditas; neque divitiæ a metu liberant, sed ratio. Si igitur rationem tibi comparaveris, neque divitias concupisces, neque paupertatem incusabis.* »
— « Οὐδὲν χρεῖσσον μεγαλοφροσύνης, καὶ ἡμερότητος, καὶ φιλανθρωπίας, καὶ εὐποιίας [1]. »

Évidemment Épictète, qui proclame si haut l'égalité des hommes, devait condamner l'esclavage; et sa morale eût été sans reproche, si elle n'eût, hélas! péché par la base; car il la fonde sur l'égoïsme du sage (ἀπάθεια), et, par la négation de l'immortalité de l'âme, il ne lui donne aucune sanction future, ni par suite aucune raison d'être sur la terre [2].

Telle est la philosophie qui marqua l'époque des Antonins et qui, avec Marc-Aurèle, s'assit sur le trône des Césars. Quels en furent, au point de vue de la bienfaisance, les résultats pratiques? C'est ce que nous devons rechercher.

II

Mais auparavant il faut essayer de nous rendre compte d'une autre doctrine, d'une autre influence qui depuis quelque temps s'était levée sur le monde, et qui, aux

1. Épict., *Frag. apud Stob.*, XXV, LI.
2. Épict., *Entretiens*, liv. III, ch. 22, 23; liv. IV, ch. 7. — *Les Entretiens d'Épictète*, traduits par V. Courdaveaux, préf., p. 16.

yeux des païens, grandissait d'une manière inexplicable.

La deuxième année du règne de Claude, quarante-trois ans après la mort, à Jérusalem, d'un juif nommé Jésus, un homme arrivait à Rome qui s'appelait Pierre.

Et cet homme prêchait une doctrine étrange. Il disait que son Maître était un Dieu venu pour sauver le monde, et il répétait après lui : « Il a été dit : Vous aimerez votre prochain et vous haïrez votre ennemi ; et moi je vous dis : Aimez vos ennemis, faites du bien à ceux qui vous haïssent. Ne faites pas vos bonnes œuvres pour être regardés des hommes, autrement vous n'en recevrez pas la récompense de votre Père qui est aux cieux. Lors donc que vous donnerez l'aumône, ne faites pas sonner la trompette devant vous, comme font les hypocrites, dans les synagogues et dans les rues, pour être honorés des hommes. Je vous le dis en vérité, ces gens-là ont reçu leur récompense. Mais que votre main droite ignore ce que fait votre main gauche, afin que votre aumône soit dans le secret, et que votre Père qui voit tout vous en donne la récompense [1]. »

Cette doctrine semble se heurter contre tous les intérêts et toutes les passions : au pauvre, elle défend d'envier la fortune et les biens du riche ; au riche, elle prescrit de donner volontairement au pauvre ; à l'esclave, elle prêche la soumission et l'obéissance ; au maître, la liberté et l'affranchissement.

Mais aussi elle enseigne que tous les hommes ont été *créés* par Dieu, qu'ils sont par suite tous frères et qu'ils doivent s'aimer les uns les autres ; elle affirme l'immortalité de l'âme, l'existence d'une vie future et éternelle

---

1. S. Matthieu, ch. V, v. 43, 44, 46 ; ch. VI, v. 1, 2, 3, 4.

qui doit être la sanction du bien ou du mal accompli
sur la terre, la réparation des inégalités et des injustices
du temps.

La nouvelle religion, prêchée librement dans les rues
et sur les places, fit en peu de temps de rapides progrès ;
ses partisans furent bientôt en butte à la haine des
païens, qui ne les voyaient jamais assister au culte des
dieux ; et Néron ayant jugé à propos de rejeter sur eux
l'idée qu'il avait eue d'incendier la ville, la première
persécution commença. Le grand nombre des martyrs
prouve le grand nombre des chrétiens ; déjà ils s'étaient
répandus dans toutes les classes de la société, mais surtout parmi les petits et les pauvres, car le Christ et ses
disciples, au rebours des philosophes qui n'avaient pour
le vulgaire, incapable de les comprendre, que le plus
profond mépris, s'étaient tout d'abord adressés à ces
déshérités du siècle.

C'est alors aussi que la philosophie se releva à Rome
et que ses docteurs enseignèrent une morale plus pure.
Doit-on voir là un reflet du christianisme? C'est ce dont
il n'est guère permis de douter, et c'est ce que reconnaissent presque tous les historiens. « Une cause secrète
et continue répandait la pitié dans l'univers ; le monde
ne voyait pas la source de ce changement, elle se
cachait dans les retraites obscures du christianisme
naissant, elle était entretenue par les soins, par la charité de ces hommes nouveaux qui recueillaient les esclaves infirmes rejetés par leurs maîtres, les enfants
exposés par leurs parents, les pauvres mourant de faim
à la porte des Trimalcions de Rome [1]. »

---

1. Villemain, *De la philosophie stoïque et du christianisme*, p. 62.

4

Il est impossible que les moralistes romains n'aient pas connu les principes de la religion nouvelle, et, puisque nous avons parlé de Sénèque, il semble certain qu'il s'est inspiré de l'enseignement de saint Paul; on retrouve dans ses écrits des pensées et des textes chrétiens, et il est fort probable même que le philosophe eut avec l'apôtre des relations directes et suivies [1].

Du reste, qu'avons-nous besoin de ces rapprochements? Deux doctrines paraissent en même temps : l'une forme un tout complet, elle sait ce qu'elle ordonne et pourquoi elle l'ordonne, elle a sa philosophie et sa morale, ses dogmes et ses préceptes clairs, nets, précis; l'autre découvre péniblement quelques lambeaux de vérité mêlés à des erreurs si grossières qu'elles font sourire; évidemment la seconde a dû s'inspirer de la première et s'éclairer de ses rayons.

« Nous pouvons en être sûrs, c'était la prédication chrétienne, qui de bien loin, par bien des intermédiaires, par bien des échos plus ou moins fidèles, par bien des bouches de philosophes, de moralistes et de rhéteurs, par bien des Sénèques, bien des Épictètes, bien des interprètes inexacts et involontaires, était montée jusqu'au Palatin. C'était la parole d'un Paul, d'un Jean, d'un Clément, prononcée tout bas au fond de quelque réduit creusé dans le tuf des catacombes, qui de là s'était répétée dans la rue, dans la boutique, dans l'école, dans le gynécée, dans la maison du riche, dans le palais du prince. Et Trajan l'idolâtre, Trajan le per-

---

1. On a écrit sur ce curieux point d'histoire de nombreuses dissertations. Voir surtout : *Saint Paul et Sénèque*, par M. Fleury. — M. Wallon (*Hist. de l'Escl.*, tom. III, part. III, ch. 4, p. 42) et Troplong (*Infl. du Christ.*, ch. 4, p. 78) croient à l'influence du christianisme sur Sénèque.

sécuteur, Trajan le soldat ambitieux et corrompu dans
ses mœurs, Trajan obéissait, sans le savoir, à Celui qui
avait dit : Laissez venir à moi les petits enfants[1]. »

III

Voyons donc quelles furent ces mesures de Trajan,
conformes sans doute à la politique et à l'utilité sociale,
mais inspirées aussi, nous le croyons, par un sentiment
de bienfaisance et d'humanité.

Et, remarquons-le en passant, ces sentiments, si
communs aujourd'hui, étaient alors si inconnus aux
Romains qu'ils n'avaient même pas de mots pour les
exprimer. *Humanitas* ne voulait guère dire que politesse
et bonnes manières, et *charitas*, amitié, plaisir des relations sociales. Le christianisme changea ces significa-
tions, il apporta au monde ce mot de *charité*, qui, par
une alliance d'idées bien remarquable, signifie à la fois
l'amour dû à nos semblables et le secours, l'aumône
que nous leur donnons dans leurs besoins.

Quand les empereurs faisaient des largesses au peuple,
ils s'étaient jusque-là fort peu préoccupés des enfants,
par la raison très-simple qu'ils n'avaient rien à craindre
d'eux. Trajan semble partir d'un principe tout contraire,
et c'est ce qui fait la nouveauté et le caractère particulier
de ses dispositions; non-seulement il admet aux libéralités de Rome les plus jeunes enfants, mais il étend ces
mesures à l'Italie, et il veut en faire une institution
durable.

1. F. de Champagny, *Les Antonins*, tome I, liv. II, ch. 3.

Nerva, il est vrai, l'avait précédé dans cette voie, mais Trajan déploya dans l'organisation de ces secours un zèle si grand qu'il peut en être regardé comme le véritable fondateur. C'est d'ailleurs à son règne que se rapportent les deux inscriptions dont la découverte a jeté sur ces fondations un jour si nouveau et si intéressant.

La première de ces *Tabulæ alimentariæ*, et la plus importante, fut découverte en 1747 par des paysans italiens, aux environs de Macinesso, non loin de Plaisance, sur le territoire de l'ancienne ville de *Velleia*. C'est une table de cuivre gravée en l'an 104, qui porte une très-longue inscription dont voici le titre [1].

OBLIGATIO·PRAEDIORVM·

OB·II·S·DECIENS·QVADRAGINTA·

QVATVOR·MILLIA·VT·EX·INDVLGENTIA·

OPTIMI·MAXIMIQVE·PRINCIPIS·

IMP·CAES·NERVAE·

TRAIANI·AVG·GERMANICI·DACICI·PVERI·

PVELLAEQVE·ALIMENTA·ACCIPIANT·LEGITIMI·

N·CCXLV·IN·SINGVLOS·II·S·XVI·N·F·II·S·

X̅L̅V̅I̅I̅·XL·N·LEGITIMAE·N·XXXIV·SING·

II·S·XII·N·F·II·S·I̅V̅·DCCCXCVI·

SPVRIVS·I·

II·S·CXLIV·SPVRIA·I·II·S·CXX·

SVMMA·II·S·L̅I̅I̅CC·

QVAE·FIT·VSVRA·⊐—⊏·SORTIS·SVPRA·

SCRIBTAE·

1. Elle occupe vingt-quatre pages in-4° dans l'ouvrage de M. E. Desjardins, *De Tabulis alimentariis*.

Quel était donc le moyen employé par Trajan pour assurer aux enfants des villes d'Italie des secours qui ne leur fussent pas ravis ou qui ne fussent pas dilapidés?

L'empereur aurait pu confier ces fonds, avec mission de les distribuer, à l'administration de chaque ville; mais, nous dit Pline, « *Numeres reipublicæ summam, verendum est ne dilabatur. Des agros? Ut publici, negligentur* [1]. » Il aurait pu donner des fonds de terre, mais bientôt ils eussent été incultes, comme l'étaient les terrains de l'État.

Par une ingénieuse combinaison, Trajan prête à de simples particuliers, à des propriétaires ruraux, une somme considérable, garantie par une hypothèque au moins décuple, et à charge par les emprunteurs d'employer l'intérêt, fixé à un taux fort minime, à l'entretien des enfants pauvres de la ville.

Par ce moyen, le prince donnait à sa fondation la sûreté d'un contrat entre particuliers, la garantie de la justice civile et la perpétuité d'une rente immobilière.

Ainsi, d'après le *principium* de la table de Velleia, l'empereur avance 1,044,000 sesterces (261,000 fr.), devant produire, au taux très-modique alors de 5 %, un intérêt annuel de 52,200 sest. (13,050 fr.), destinés à nourrir 281 enfants pauvres du territoire de Velleia.

Ces 281 enfants comprennent 245 enfants mâles légitimes, qui doivent recevoir chacun 16 sest. (4 fr.) par mois, ce qui fait 47,040 sest. par an; 34 filles légitimes recevant 12 sest. (3 fr.) par mois, en tout 4,896 sest. par an; plus 144 sest. par an pour un garçon illégitime,

---

[1]. Pline, *Epit.*, liv. VII, ép. 18.

et 120 pour une fille illégitime, ce qui fait exactement 52,200 sest., intérêt à 5 % de la somme prêtée.

Le prêt est fait à 51 propriétaires et garanti par une hypothèque sur des domaines ruraux, dont la longue énumération remplit tout le reste de l'inscription.

De plus, la septième colonne de la table contient une seconde obligation : pour un capital de 72,000 sest. on s'engage à payer par an 36,000 sest. qui doivent servir à l'entretien de 18 garçons légitimes et d'une fille illégitime. C'est donc en tout 1,116,000 sest. (279,000 fr.), dont le revenu, 55,800 sest. (13,950 fr.), doit faire vivre 300 enfants.

L'intérêt devait être remis par ces propriétaires à des magistrats spéciaux, soumis à une organisation hiérarchique. Dans chaque cité était un *quæstor alimentorum*, choisi parmi les personnages ayant rempli les plus hautes fonctions, et chargé de répartir les secours entre les enfants. Au-dessus, probablement dans chaque région, se trouvaient les *curatores* ou *procuratores alimentorum*, qui obéissaient à leur tour au *præfectus alimentorum*, placé immédiatement au-dessous de l'empereur.

Ce dernier fut supprimé après Trajan, et les *procuratores* devinrent les premiers de la hiérarchie.

L'inscription de Bénévent, ou plutôt des *Ligures Bæbiani*, date de l'an 101; elle est moins complètement lisible. On y voit qu'un capital de 401,800 sest. est avancé à 66 propriétaires, et doit produire 10,045 sesterces au taux, encore plus minime cette fois, de 2 1/2 %. Ce revenu est destiné à l'entretien d'enfants des deux sexes, dont il est impossible de déchiffrer le nombre.

Cette table reproduit absolument les dispositions de celle de Velleia; de plus, elle indique que cette fondation est la neuvième faite par l'empereur; ce qui, depuis l'année 97, date de l'adoption de Trajan, ferait à peu près deux fondations semblables par an. D'après cela, en tenant compte du territoire de Velleia, on a pu conjecturer que Trajan a dû prêter ainsi à la propriété foncière 13,113,000 f., produisant un revenu de 655,650 f., qui pouvait assurer l'existence de 14,000 enfants environ.

Cette mesure devait avoir deux résultats excellents : encourager la culture trop délaissée, et repeupler l'Italie en secourant les enfants pauvres, que leurs parents abandonnaient ou faisaient mourir avec une facilité que nous ne comprenons plus. Remarquons-le en effet : ce n'est plus là ces distributions légales qui rendent le travail inutile et sont une nouvelle cause de misère; non, le secours est donné à des enfants, *pueri puellæque*, à des enfants nés de parents libres, à des enfants légitimes, toutefois en y ajoutant, par un sentiment de pitié, quelques enfants de naissance irrégulière; de plus, le secours est assez bien proportionné pour assurer à peu près la subsistance de chaque enfant, sans dispenser ses parents de travailler pour lui fournir les autres choses nécessaires à la vie. Il faut reconnaître que ces mesures excellentes sont admirablement combinées, et c'est sans trop d'exagération qu'un auteur moderne a pu dire, dans un langage d'une tournure antique, que de nos jours la bienfaisance n'avait peut-être rien produit de meilleur : « *Nihil apud recentiores, ne hodierno quidem die apud nos, quanquam, publicæ liberalitatis consecratrix eadem et socia, sanctissima religio maxima beneficia in cives egenos contulit, ista veterum institutione melius excogitatum fuisse mihi videtur*[1]. »

Ces sages et libérales mesures nous font comprendre les inscriptions et les médailles qui relatent les actions de grâces rendues à l'empereur par les jeunes garçons et les jeunes filles *Ulpiens*, car, par une sorte d'adoption touchante et jusqu'alors sans exemple, le prince, non content d'assurer la vie des enfants de l'Italie, avait voulu leur donner son nom et prouver ainsi la sollicitude particulière qu'il avait pour eux.

Cette fois, certes, l'empereur méritait ces louanges ; d'autant plus que les grands, comme il arrive toujours, ne tardèrent pas à vouloir l'imiter. Le premier, et peut-être le meilleur d'entre eux, Pline le jeune, dans une lettre fort curieuse, destinée sans doute, comme toutes les autres, à une publicité plus étendue et plus durable que celle d'un petit cercle d'amis, nous raconte ses propres libéralités et le moyen qu'il employa pour les assurer à sa ville natale[2]. C'est, du reste, le même que celui dont s'était servi Trajan, sauf que Pline se grève lui-même de la rente.

Ayant promis à la ville de Côme 500,000 sest. pour servir à l'entretien des enfants pauvres, il mancipe à l'agent du fisc municipal *(actor publicus)* un fonds d'une valeur beaucoup plus grande, puis il se fait céder le même fonds par un contrat de louage perpétuel, aux termes duquel il s'oblige à payer à la ville un revenu annuel de 30,000 sest.[3] Comme cette somme est bien

---

1. Ernest Desjardins, *De Tabulis alimentariis*, pars II, cap. I, § 5.

2. Pline, *Epit.*, liv. VII, ép. 18, et aussi I, 8 ; II, 5 ; V, 7.

3. Les champs ainsi loués par les villes à perpétuité s'appelaient *agri vec-*

inférieure à celle que peut produire le fonds, qui d'ailleurs est un fonds italique, et comme tel exempt d'impôt, on peut être sûr qu'il ne manquera jamais de maître pour le faire valoir. « Je sais bien, ajoute l'excellent homme avec ce ton de vanité modeste qui lui est familier, je sais bien que j'ai ainsi plutôt aliéné une partie de mon patrimoine que fait un simple don ; mais il faut préférer le perpétuel au viager et l'utilité publique à l'intérêt privé. »

D'après les chiffres de l'inscription de Velleia, Pline pouvait assurer ainsi l'existence de 180 enfants. Il est probable que les libéralités de ce genre se multiplièrent, soit qu'on les fît par donation entre vifs ou par testament, car nous voyons au Digeste que, d'après une décision de Septime-Sévère et Caracalla, les legs faits pour l'entretien des enfants, *ad alimenta puerorum*, devaient être soumis à la *loi Falcidia*, c'est-à-dire respecter la quarte légitime, les sommes devaient être placées sur des débiteurs solvables et le gouverneur de la province devait y veiller [1].

C'est toujours, comme on le voit, la même pensée, pensée excellente, et qui par suite devait produire des résultats durables, mais pensée qui devait paraître bien extraordinaire aux vieux Romains, et qui prouve l'ordre d'idées nouveau dans lequel le monde commençait à entrer.

---

tigales. Dig., *Si ager vectigalis, id est emphyteuticarius, petatur*, loi 3, pr. — Ce contrat ne différait guère du contrat d'emphytéose ; les deux termes s'employaient l'un pour l'autre ; mais au temps de Pline le premier était seul usité.

1. Dig., *Ad legem Falcidiam*, loi 89, pr., liv. XXXV, tit. II.

IV

Les successeurs de Trajan suivirent en effet son exemple. Adrien maintint les libéralités de son prédécesseur, et même il augmenta le chiffre de la pension annuelle; il régla aussi différents points qui avaient été omis par lui. Ainsi, l'âge où devaient cesser les secours fut fixé à 18 ans pour les garçons et 14 ans pour les filles, faveur singulière, puisque la puberté, c'est-à-dire la fin de l'enfance, arrivait à 14 et 12 ans[1].

Antonin, qui mérita le surnom de *Pius*, et qui porte sur sa physionomie cette expression *d'humanité*, si rare chez les païens et surtout chez les Césars[2], ne pouvait manquer de marcher sur ces traces. Après des inondations, des incendies, il distribua gratuitement des secours aux nécessiteux, mais surtout « il était de la *piété* impériale de marcher dans la voie que Trajan avait ouverte à la bienfaisance du prince, et d'accroître ces fondations alimentaires qu'on pourrait appeler la *bonne œuvre* de ce siècle-là[3]. » Antonin en établit de nouvelles en mémoire de Faustine, sa femme, et nous avons des médailles des années 150, 160, 161, où les *pueri et puellæ Faustiniani* rendent grâces à l'empereur qui les nourrit.

Avec Marc-Aurèle monta sur le trône ce stoïcisme transformé qui avait su allier aux vieux et âpres dogmes de la morale du Portique un principe nouveau, principe de justice, de compassion et d'amour fraternel.

1. Dig., *De alimentis vel cibariis legatis*, loi 14, § 1, liv. XXXIV; tit. 1.
2. J.-J. Ampère, *L'Empire romain à Rome*, tome II, chap. 10.
3. F. de Champagny, *Les Antonins*, tome II, liv. IV, chap. 1.

« L'esprit du prince philosophe reste enfermé dans la
doctrine stoïque, mais son âme s'en échappe et veut
aller au-delà [1]. » « Fais le bien à tous, sois utile à tous,
dit-il dans ces *Pensées* qu'il n'écrivait que pour lui-
même : Πρὸς ἑαυτόν, mais qui sont dignes de la postérité; aime tous les hommes du fond du cœur. Supporte
même le méchant; aie pitié de lui. Venge-toi d'un ennemi en ne lui ressemblant pas : c'est le propre de
l'homme d'aimer même ceux qui l'ont offensé [2]. » Et
Marc-Aurèle remercie sa mère de lui avoir enseigné la
bienfaisance, et les dieux de ce que l'argent ne lui a
jamais manqué pour secourir un pauvre.

Évidemment, un tel empereur ne pouvait faire que
continuer l'œuvre commencée par son père adoptif, et
nous ne sommes pas surpris d'apprendre qu'il inaugura
son règne en augmentant le nombre des enfants pauvres
secourus en Italie et qu'il introduisit beaucoup d'améliorations dans l'administration des Secours publics [3]. Quelles
furent au juste ces mesures? Nous ne le savons pas, et
cette fois encore nous n'avons guère pour nous rensei-
gner que les médailles qui attestent la reconnaissance
des *pueri alimentarii* envers le prince qui, à diverses
époques marquantes de son règne, fit en leur faveur des
fondations importantes.

Ainsi, Marc-Aurèle, qui abolit aussi les combats de
gladiateurs, avait à un double titre le droit d'élever à la
Bienfaisance ce temple qui devait dignement, quoique
un peu tard, remplacer celui que les vieux Romains
avaient dédié à *Jupiter prædator*.

1. C. Martha, *Les Moralistes sous l'Empire romain*, Marc-Aurèle, p. 262.
2. Marc-Aurèle, *Pensées*, ch. XX, 1 et 4.
3. Capitolin, 11, *in M.-Anton.*

Telles furent les dispositions prises par les Antonins
en faveur des malheureux, dispositions inspirées par une
philosophie toute nouvelle, qui s'inspirait elle-même,
tout l'indique, d'une doctrine inconnue. La religion
chrétienne, en effet, avait cessé d'être persécutée; elle
put, pendant quelque temps, répandre librement ses enseignements et ses bienfaits; elle arriva même jusqu'aux
pieds du trône, et rien n'est plus curieux et plus touchant que de voir les philosophes chrétiens Justin et
Athénagore adresser leurs apologies à Antonin, Marc-
Aurèle et Commode, augustes, vainqueurs des Armé-
niens et des Sarmates, et, *ce qui vaut mieux, philosophes.*

« Ainsi la charité chrétienne, qui, en notre temps,
laisse des traces encore dans les âmes d'où la foi s'est
retirée, semble de même l'avoir devancée parmi les ténèbres du paganisme, comme cette douce lumière qui
précède et qui suit l'éclat du jour[1]. »

Malheureusement cette époque, qui fut l'apogée de
l'ère impériale, devait trop tôt finir, et le monde vit,
avec une sorte de stupeur, succéder sans transition à
Marc-Aurèle Commode, Caracalla et Héliogabale. Ces
monstres semblèrent vouloir prouver aux peuples que la
race des Nérons n'était pas éteinte, car c'est à ce temps
peut-être qu'il faut reporter les plus grands excès de la
corruption romaine « et ces saturnales du pouvoir qui
épuisèrent tout ce que la tyrannie peut inventer et l'espèce humaine souffrir[2]. »

Après avoir étudié rapidement, plus rapidement même
que nous n'aurions désiré, l'époque antonine, nous pas-

1. H. Wallon, *Histoire de l'esclavage dans l'antiquité,* t. III, part. III, ch. 4.
2. Villemain, *Du Polythéisme,* p. 23.

serons encore plus brièvement, et pour cause, sur le
iiie siècle, qui fut vraiment celui de la décadence romaine.

Commode ne vit rien de mieux à faire que de s'attribuer la rente des fondations pieuses faites par ses prédécesseurs, et Pertinax, qui lui succéda, trouva un
arriéré de neuf ans que pendant son règne de quelques
mois il n'eut pas le temps de solder[1].

Sous Septime-Sévère et Caracalla (193-217), quelques
inscriptions relatent des fonctionnaires préposés aux aliments[2] *(præfectus alimentorum)*; et nous savons que le
premier ajouta aux distributions de blé qui continuaient
toujours à Rome une distribution d'huile; de plus, il
laissa en mourant du blé pour sept ans, à 75,000 *modii*
par jour.

Alexandre-Sévère, instruit par sa mère Mammée, qui
elle-même avait reçu les enseignements d'Origène,
répara dignement les folies d'Héliogabale. On peut dire
que le sort des malheureux fut toujours une de ses
principales préoccupations. Il établit des impôts sur le
luxe et fit des lois contre l'usure; lui-même prêtait à
un taux très-modique (4 %) à de petits débiteurs, qui
s'acquittaient avec les produits de leur culture.

Il remplit aussi les greniers publics, mais c'est surtout
des enfants qu'il s'occupa. Il adoucit la puissance paternelle, abolit le droit de vie et de mort sur les enfants,
et déclara que l'exposition et le refus d'aliments seraient
assimilés à l'infanticide. Il continua et releva, cela va
sans dire, les fondations alimentaires des Antonins;

1. Capitolin, *In Pertinace*, IX.
2. Orelli, 1207.

Lampride nous rapporte, et de nombreuses inscriptions
attestent qu'il établit en l'honneur de sa mère des *pueri*
et des *puellæ Mammœanæ* [1].

Enfin, et c'est encore là une des formes de l'assistance
publique, et même l'une des plus parfaites, puisqu'elle
s'adresse à l'âme, Alexandre-Sévère ouvrit des écoles
gratuites pour les enfants de familles indigentes, ou
leur fournit des places, qu'il payait lui-même, dans les
écoles des grammairiens et des rhéteurs.

Après Alexandre-Sévère la décadence se précipite; et
les empereurs, qu'un caprice des soldats élève ou ren-
verse, n'ont ni la volonté ni le temps de s'occuper des
pauvres.

Des médailles de la chrétienne Otacilia, femme de
l'empereur Philippe (244-249), qui fut peut-être chrétien
lui-même, semblent lui attribuer des fondations de bienfaisance.

Aurélien (270-275) modifia les distributions de Rome :
d'un soulagement pour la faim, il voulut faire une jouissance pour la sensualité; au lieu de blé en nature, il
donna au peuple des couronnes de pain de fleur de
farine, couronnes perpétuelles que l'on recevait tous les
jours, et qui étaient même, paraît-il, transmissibles par
héritage. C'était vraiment montrer une faveur bien
grande pour la plèbe de Rome; ce fut, du reste, la
dernière. Pendant les dix années qui suivirent, les empereurs, chefs militaires, ne firent guère que rester au
milieu des légions, dispensatrices et maîtresses du pouvoir, et Dioclétien porta à la Ville le coup de grâce en
allant établir à Nicomédie le siége de l'Empire. Il n'y a,

---

1. Lampride, cap. 57.

du reste, sous son règne de vingt ans, aucune mesure de bienfaisance à signaler.

Passons donc rapidement sur ces dernières années de l'Empire, qui ne sont marquées que par des guerres intestines et les soulèvements des légions, et arrivons à Constantin, sous le règne duquel nous verrons s'exercer la vraie bienfaisance, dégagée de toute idée parasite.

CHAPITRE V.

DE LA CHARITÉ CHEZ LES CHRÉTIENS.

—

SOMMAIRE

I. L'antiquité, qui admit l'esclavage et les combats du cirque, ne connut jamais la charité.

II. C'est l'Église qui l'a créée et qui a réhabilité le travail.

III. Des oblations et de la collecte. — Les diacres et les diaconesses. — L'Église n'a jamais secouru que ceux qui ne pouvaient pas travailler.

I

Nous avons dit qu'une nouvelle religion s'était levée sur le monde, et qu'elle avait été assez puissante ou assez parfaite pour jeter sur la philosophie païenne comme un reflet de ses enseignements. Voyons donc quelle était cette religion, et demandons-lui ce qu'elle-même avait fait pour les pauvres. Examinons un moment ses principes et sa doctrine et la manière dont elle les pratiquait. Aussi bien il nous est indispensable de les connaître, puisqu'elle inspira toutes les mesures de bienfaisance que nous aurons désormais à étudier, et fut

5

vraiment la créatrice, nous pouvons le dire dès maintenant, de la charité publique.

Sans doute l'antiquité, l'antiquité grecque surtout, connut ces sentiments de compassion et de pitié qui résident au fond du cœur de l'homme et sont parmi les éléments mêmes de sa nature; mais ce qu'elle ne connut jamais, c'est cette bienfaisance active qui, non contente de donner au mendiant dont la vue importune, va chercher les malheureux pour les secourir, cette bienfaisance prévoyante qui crée des institutions et bâtit des palais pour les malades et les pauvres.

Sans doute il y eut dans les temps anciens de généreux sentiments, de belles et bienfaisantes actions; mais aussi que de théories insensées et cruelles, même, il est triste de le dire, dans les écrits des philosophes et des esprits les plus éclairés. « La philosophie antique, au milieu de ses mérites, eut le tort impardonnable de rester froide devant les maux de l'humanité. Renfermée dans le domaine de la spéculation, au profit de quelques hommes d'élite, elle fut une occupation ou un amusement de l'intelligence, jamais une tentative énergique et courageuse pour réformer en grand la société et l'arracher à ses habitudes de corruption et d'inhumanité. C'est qu'elle manqua de la vertu qui inspira particulièrement le christianisme : la charité[1]. »

Térence, il est vrai, se faisait applaudir quand il s'écriait sur la scène romaine :

« *Homo sum, humani nil a me alienum puto;* »

---

[1]. Troplong, *Influence du Christianisme sur le droit civil des Romains,* ch. I, p. 57.

mais Juvénal, plus sincère sans doute, disait crûment :

« *Paupertas..... ridiculos homines facit.* »

Aussi que d'institutions contre la raison et contre la nature; que de coutumes sauvages au milieu de la civilisation la plus raffinée!

Qu'il suffise de citer ici l'esclavage et les combats de gladiateurs, ces deux grandes iniquités de la société païenne.

L'esclavage, ce fondement de l'ordre social ancien, ce fait général admis par tous les grands esprits de l'antiquité[1], et qui pourtant viole les premiers principes du droit naturel en méconnaissant les droits et la fin de l'homme, qui ne peut pas être l'homme, mais qui est Dieu.

Et les combats du cirque, cette effroyable perversion du sens moral de l'homme, spectacles innommés, où l'homme, devenu plus cruel que les animaux, se repaissait des jours entiers de voir la chair vivante palpiter sous la dent des bêtes affamées; jeux sanglants où le gladiateur, abattu sur l'arène, implorait en vain la clémence; il voyait la main blanche des matrones romaines s'étendre vers lui renversée, et le redoutable « *pollice verso* » lui signifiait qu'il n'avait plus qu'à mourir avec grâce.

Après cela, avec un tel mépris de la vie humaine, comment s'étonner de ne pas trouver dans toute l'antiquité un seul asile pour les malades, les enfants, les vieillards?

1. Aristote, *Politique*, liv. I, ch. 2, § 14 et 15.

L'*ergastule*, où les esclaves dormaient les pieds passés dans des entraves de fer, en attendant que le fouet du *villicus* vînt les réveiller ; le *spoliaire*, espèce d'antre creusé sous le cirque, où l'on traînait le soir avec des crocs les corps des combattants tombés sur l'arène, après les avoir d'abord percés d'un fer rouge pour voir s'ils vivaient encore, et où de tout jeunes gladiateurs, pour s'exercer, les achevaient à coups d'épée et à coups de pieds..... Voilà les hôpitaux de l'antiquité !

II

C'est alors que parut la nouvelle religion et qu'elle vint donner au monde le précepte de la charité, c'est-à-dire de l'amour ; son divin auteur, en effet, l'a résumée lui-même en ces mots qui la contiennent tout entière :

« *Diliges Dominum Deum tuum ex toto corde tuo, et in tota anima tua, et in tota mente tua.*

Hoc est maximum et primum mandatum.

Secundum autem simile est huic : Diliges proximum tuum sicut teipsum.

In his duobus mandatis universa Lex pendet et Prophetæ[1]. »

Et encore ces paroles admirables du sermon sur la montagne, si étranges alors, tant répétées depuis, et qui devaient produire dans le monde une révolution :

« *Beati pauperes, quia vestrum est regnum Dei.*

Beati qui nunc esuritis, quia saturabimini. Beati qui nunc fletis, quia ridebitis...

_____

1. Saint Matthieu, XXII, 37, 38, 39, 40.

Veruntamen væ vobis divitibus, quia habetis consolatio-
nem vestram.

Væ vobis qui saturati estis, quia esurietis. Væ vobis qui
ridetis nunc quia lugebitis et flebitis.

Sed vobis dico qui auditis : Diligite inimicos vestros,
benefacite his qui oderunt vos.

Benedicite maledicentibus vobis et orate pro calumnian-
tibus vos...

Et prout vultis ut faciant vobis homines, et vos facite
illis similiter[1]. »

Ainsi, la première parole de cette doctrine étrange
était : Bienheureux les pauvres, bienheureux ceux qui
ont faim et ceux qui pleurent. Malheur aux riches, car
ils ont leur bonheur en ce monde.

Mais, hâtons-nous de le dire, la nouvelle religion ne
bouleversa pas la société; voulant avant tout refaire
l'homme, elle lui enseigna tout d'abord ses devoirs; elle
n'édifia point le devoir sur le droit, mais le droit sur le
devoir. Elle ne dit pas aux esclaves : Armez-vous, jetez-
vous sur vos maîtres, tuez-les! Et pourtant il lui eût
été bien facile de le dire et à eux de le faire. Mais elle
dit aux maîtres : Ces esclaves sont vos frères, respectez-
les, aimez-les, affranchissez-les!

. Ainsi, tout en posant le devoir de l'assistance envers
les pauvres, elle n'ébranla pas la propriété ni le travail;
mais, au contraire, elle garantit la première et réhabilita
le second.

Il est vrai, les premiers Pères de l'Église semblent
prôner une sorte de communauté de biens, ou, si l'on
veut, de *communisme*, qui trouva sa réalisation exacte

---

1. Saint Luc, VI, 20, 21, 24, 23, 27, 28, 31.

dans l'*agape* des premiers chrétiens et la vie en commun des anciens cénobites; communisme, il faut le dire, qu'on pourra toujours prêcher sans danger, car il est volontairement choisi et suppose trop de vertus pour devenir jamais général.

Mais la propriété, avec ses principes fondamentaux et ses conséquences légitimes, y est nettement affirmée, et si l'on peut dire que les Pères paraissent rappeler avec une sorte de regret la communauté primitive des biens, ils la rappellent au riche pour qu'il secoure le pauvre, mais jamais au pauvre pour qu'il dépouille le riche.

Quant au travail, on sait de quel mépris il avait été entouré dans la société ancienne : les esclaves seuls travaillaient. La religion nouvelle, qui tendait à l'affranchissement des esclaves[1], devait relever le travail; il était, en effet, la conséquence directe de ses dogmes : la peine de la chute originelle de l'homme et la condition de son mérite futur.

Il était aussi conforme à l'économie sociale. De quoi auraient vécu, en effet, ces milliers d'esclaves affranchis tout d'un coup, s'ils n'avaient pas pu ni dû se livrer au travail manuel? Aussi rien n'égale l'énergie avec laquelle les premiers chefs des chrétiens combattent l'oisiveté orgueilleuse des riches païens, et saint Paul, qui travaillait de ses mains pour donner l'exemple, va jusqu'à dire : Celui qui ne veut pas travailler n'a pas le

---

1. Nous ne pouvons nous arrêter sur l'histoire de l'abolition de l'esclavage; mais est-il besoin de dire que pour nous l'esclavage n'a été détruit que par l'influence de la religion chrétienne? C'est là une vérité historique que M. Havet a en vain cherché à obscurcir, mais qui est démontrée irrévocablement depuis les beaux travaux de MM. Wallon, Troplong, de Champagny, Allard.

droit de manger; « *si quis non vult operari, nec man-*
ducet [1]. »

Mais le travail ne suffit pas, il faut y ajouter la charité; il y aura toujours, en effet, des gens qui ne pourront travailler, il y aura toujours des malheureux et des
pauvres.

La charité est fondée sur le double principe de la fraternité humaine et de la récompense à acquérir dans une
vie future. Plus parfaite que la pitié qui, au fond, ne
voit que son intérêt, que la bienfaisance même, qui n'a
en vue que l'intérêt des malheureux, la charité renferme
un nouvel élément qui est toujours le même : l'amour.
Non-seulement il faut secourir le malheureux, mais il
faut l'aimer. Ah! c'est bien là un précepte nouveau,
mandatum novum, car il substituait à l'amour de soi, à
l'égoïsme, ce vice fondamental de notre nature et de la
société païenne, l'amour des autres, le renoncement de
soi-même, qui devaient être la source de tant de mer-
veilles de dévouement et d'abnégation.

La charité fut toujours la vertu capitale du christianisme, et « la foi nouvelle, dit un juge éclairé, en tirait
une grande part de sa puissance. C'est l'aveu que devait
faire plus tard l'empereur Julien, dans la lettre célèbre
où, pour réhabiliter le polythéisme, il lui prescrivait
l'imitation de la charité chrétienne. Ces maudits Galiléens, écrivait-il au grand pontife Arsace, outre leurs
pauvres, nourrissent les nôtres, qu'on voit manquer de
nos secours. Cette charité que le christianisme garda
toujours comme sa marque indigène, dont il se servit
pour adoucir les mœurs féroces du moyen âge, et qu'il

---

1. Saint Paul, II, *Ad Thess.;* III, 10.

a mise au fond même de la civilisation moderne, seul il la possédait dans l'origine. Ce soin des malheureux, cette application à les secourir et à les améliorer, cette vertu de la compassion, devenue de nos jours une des sciences de la société civile, seul il en avait alors la pratique et la pensée [1]. »

III

Après avoir recherché les principes fondamentaux de la charité chrétienne, voyons maintenant quels furent ses résultats pratiques.

Les premiers chrétiens, on le sait, vécurent dans une communauté parfaite : nul n'était pauvre parmi eux; tous ceux qui étaient possesseurs de champs ou de maisons les vendaient et en déposaient le prix aux pieds des apôtres. Ceux-ci le distribuaient entre tous, à chacun selon ses besoins [2].

Le symbole le plus touchant de cette communauté primitive était l'agape, repas fraternel où le maître s'asseyait à côté de son ancien esclave; leçon sublime d'égalité que les païens, incapables de la comprendre, traitaient de folie.

Bientôt avec le temps et l'accroissement du nombre des chrétiens cette communauté devint impossible; l'inégalité reparut, et avec elle les pauvres qu'il fallut songer à secourir.

1. Villemain, *Tableau de l'Éloquence chrétienne au IVe siècle, saint Jean Chrysostôme*, p. 177.
2. *Act. Apost.*, II, 44, 45; IV, 34, 35.

Les *oblations*, les offrandes, toujours volontaires, que
l'on apportait aux apôtres et plus tard aux évêques, et
la *collecte*, reste d'un usage judaïque, qui eut lieu de
tout temps parmi les chrétiens, étaient les ressources
des pauvres. Mais bientôt les apôtres ne purent suffire
à leur tâche, et ils demandèrent aux fidèles de leur
désigner sept d'entre eux dignes de se consacrer au
service des pauvres; car *servir les pauvres était un
honneur* dans l'Église, et ces mots suffisent pour faire
sentir le chemin parcouru depuis les temps païens. Sept
hommes furent désignés, dont nous avons les noms et
dont Étienne fut le premier. Ce furent les premiers
diacres [1]. Ils étaient spécialement destinés à aller porter
des secours de toute nature aux pauvres, aux vieillards,
aux malades et aux infirmes. Tous gens, il faut le remarquer, *ne pouvant pas travailler*. Le travail, en effet,
était prescrit aux chrétiens par leur religion même; avec
quelle rigueur, nous l'avons vu; c'était pour eux une
obligation de conscience, et c'eût été commettre une
faute que de vivre aux dépens de la charité de leurs
frères quand leurs ressources ou leur travail pouvaient
leur suffire. C'était au contraire un honneur, non-seulement de ne rien demander, mais d'augmenter de son
superflu le fonds commun de la charité. Aussi au premier rang des indigents secourus étaient la veuve, l'or-
phelin, le prisonnier, puis l'étranger, le malade, le
pauvre.

Bientôt les diacres eux-mêmes ne suffirent plus à distribuer aux malheureux les offrandes des fidèles; d'un
autre côté, on s'aperçut bien vite que les femmes étaient

1. *Act. Apost.*, VI, 2, 3, 4, 5, 6.

merveilleusement propres à ce ministère de dévouement :
on créa les *diaconesses;* c'étaient, nous dit saint Paul, des
veuves de soixante ans au moins, mariées une seule fois,
ayant élevé leurs fils, puis ayant assisté les malheureux
et accompli toutes sortes de bonnes œuvres[1].

Ainsi, pendant les trois premiers siècles, les évêques,
successeurs des apôtres, recueillaient des aumônes et
des dons qui formaient le trésor de l'Église, et qui
servaient à secourir *à domicile* les pauvres et les malades; c'est là le caractère propre de la charité à cette
époque.

Chaque église possédait ses diacres et ses diaconesses
soumis à l'évêque. La ville de Rome était divisée en
sept régions; dans chacune un diacre était chargé de
veiller à l'entretien des pauvres et de distribuer des aliments, dans une maison destinée à cet effet, à tous
ceux qui étaient inscrits sur le registre appelé « cata-
logue des pauvres[2]. »

Du temps du pape Corneille, qui mourut le 14 septembre 252, l'église de Rome nourrissait ainsi quinze
cents veuves, infirmes ou pauvres, et secourait au loin
les indigents de toutes les églises.

Mais ces pauvres, nous ne saurions trop le répéter,
étaient ceux qui ne pouvaient pas travailler. « Procurez
de l'ouvrage aux ouvriers, dit saint Clément; pour ceux
qui n'ont aucun métier, cherchez-leur d'honnêtes occasions de gagner le nécessaire. Faites des aumônes à
ceux qui sont *incapables de travailler*[3]. »

---

1. Saint Paul, Ire à *Timothée*, V, 9, 10.
2. Saint Jean Chrysost., Homél. 21.
3. Saint Clément, *OEuvres*, épît. 1re.

Les persécutions ne ralentirent point ce zèle charitable, elles ne firent, au contraire, que le stimuler, et
l'on connaît la touchante histoire du diacre Laurent,
qui, après avoir promis au préfet de Rome de lui livrer
les richesses dont il avait la garde, lui présenta « *nume-
rosissimos pauperum greges,* » en lui disant : Voilà les
trésors de l'Église.

Enfin, trois siècles après sa fondation, l'Église vit
succéder à la persécution de Dioclétien, l'une des plus
longues et la plus sanglante de toutes, une ère de tranquillité qui lui permit d'organiser sans obstacles ses
œuvres de charité.

CHAPITRE VI.

DE L'ASSISTANCE CHRÉTIENNE SOUS CONSTANTIN
ET SES SUCCESSEURS.

SOMMAIRE

I

La bataille du pont Milvius, qui donna l'Empire à
Constantin, fut aussi la cause de sa conversion au christianisme; trois mois après (janvier 313) il publiait le
célèbre édit de Milan, qui mit le culte chrétien sur le

pied d'une égalité complète avec l'ancien culte de Rome.

L'empereur, disciple de la religion nouvelle, la favorisa personnellement; il s'inspira de ses préceptes; et ce n'est pas aller trop loin que de dire que « l'avènement de Constantin plaça son point d'appui principal, ostensible, direct, sur le christianisme; ce furent les évêques, les Pères de l'Église et les conciles qui donnèrent l'impulsion réformatrice et accélérèrent sa marche[1]. »

Mais il ne faut pas l'oublier, si le christianisme était dans les lois, il n'était pas encore dans les mœurs; la majorité des populations soumises à la domination de Rome était restée païenne; l'empereur lui-même ne laissa pas assez adoucir son caractère impétueux par les principes d'une religion toute de charité, et la fin de son règne fut ternie par des taches que la postérité ne lui a point pardonnées.

De là des anomalies qui, au premier abord, semblent étranges : après des louanges excessives, on a fait à ce règne des reproches exagérés; il ne mérite sans doute ni les unes ni les autres, car, à ces époques de transition, les circonstances semblent plus fortes que les hommes, qui sont souvent impuissants à les diriger; et d'ailleurs il faut le dire : « indulgente pour l'audace heureuse de la jeunesse des peuples, la postérité n'a ni attrait ni justice pour les efforts ingrats de leur décrépitude[2]. »

Quoi qu'il en soit, c'est de cette époque que date cette union de l'État et de l'Église qui soulevait déjà et sou-

---

1. Troplong, *Influence du Christianisme sur le droit civil des Romains*, ch. V, p. 111.

2. A. de Broglie, *L'Église et l'Empire romain au IVe siècle*, tome II, ch. 7.

lève encore de si graves et délicates questions. Dès le
règne de Constantin cette alliance fut troublée par l'hé-
résie d'Arius, et sous ses successeurs elle amena des
situations curieuses et fit naître des controverses d'un
haut intérêt, dont nous n'avons pas du reste à retracer
l'histoire.

Il y eut au moins un point sur lequel l'Église et le
Pouvoir furent toujours d'accord, une doctrine qui heureusement les trouva toujours réunis, des institutions
qu'ils créèrent et développèrent en commun : ce sont
justement celles qui nous occupent en ce moment : la
doctrine de la charité, les institutions de la bienfaisance
publique. Recherchons donc ce que l'Église et l'État,
alliés ensemble dans ce noble but, firent en faveur des
pauvres.

La charité, nous l'avons dit, était la vertu par excellence du christianisme; aussi l'Église, délivrée de ses
entraves, se donna, si l'on peut dire, libre carrière; ne
se contentant pas de l'assistance à domicile qui, avait été
la seule possible pendant le temps des persécutions, elle
créa, avec l'appui du Pouvoir, des établissements durables où les malheureux furent secourus et soignés.

« La difficulté était d'organiser un vaste système de
bienfaisance qui offrît incessamment des secours, non-
seulement aux enfants, mais aux vieillards invalides,
aux malades, aux pauvres incapables de vivre de leur
travail, en un mot à tous les nécessiteux. « Familiarisés
que nous sommes avec un pareil système, maintenant
établi partout, nous n'y voyons rien que de naturel et
de simple; à peine y distinguons-nous quelque mérite.
Mais supposons un instant que de semblables établissements n'existent pas, transportons-nous par l'imagina-

tion à cette époque où l'on n'en avait pas même la première idée, quelle continuité d'efforts ne faudra-t-il pas
pour les établir et les organiser? [1] »

Ce fut là le vrai commencement de la bienfaisance
publique; jusque-là, en effet, les mesures prises par les
empereurs, qui s'en rapprochaient davantage et que
nous avons étudiées, avaient toutes été inspirées au
fond par une arrière-pensée politique. Ce but se révèle
même dans les fondations de Trajan qui, tout en secourant les enfants pauvres, devaient arriver à repeupler
l'Italie. Il y avait bien quelque philanthropie, mais il y
avait aussi la crainte de ceux qu'on secourait ou le
désir de se les rendre utiles. Ce qui le prouve, c'est que
l'on ne voit aucune institution en faveur des infirmes,
des malades ou des vieillards. Et, en effet, pourquoi les
secourir : qu'avait-on à craindre d'eux; à quoi pou-
vaient-ils être utiles?

On a dit que ces établissements étaient moins nécessaires à l'antiquité et qu'elle y suppléait par une pratique plus large de l'hospitalité, une notion plus stricte
des devoirs de la famille, enfin par l'esclavage. Il est
vrai que les conditions du travail n'étaient plus alors
les mêmes qu'aujourd'hui; les travailleurs étaient pour
la plupart des esclaves appartenant à un maître qui devait en prendre soin. Mais la bienfaisance privée suffi-
sait-elle donc à remplacer la bienfaisance publique qui
n'existait pas? Nous ne le pensons pas. C'est une illu-
sion, en effet, de croire que les malheureux étaient
alors moins nombreux qu'ils ne le sont aujourd'hui,
et si développée que fût l'hospitalité, elle ne pou-

---

1. Balmès, *Le Protestantisme comparé au Catholicisme*, tome II, ch. 33.

vait suffire à recevoir et soigner les malades et les
infirmes.

Et si, d'après Columelle, le devoir du père de famille
était de faire panser dans l'infirmerie domestique *(valetu-
dinarium)* l'esclave qui tombait malade ou se blessait en
travaillant [1], combien de maîtres étaient fidèles à remplir ce devoir? Hélas! nous voudrions qu'il fût moins
facile de prouver que ce ne devait être qu'une infime
minorité.

On l'a dit dans une phrase demeurée célèbre : « Si
les anciens n'avaient point d'hôpitaux, c'est qu'ils avaient,
pour se défaire des infortunés, deux moyens : l'infanticide et l'esclavage [2]. » Ce mot, nous le savons, a été
taxé d'exagération; mais, pour nous, il nous semble
bien rapproché de la vérité. Ce que nous avons dit de
la situation des esclaves suffirait à le prouver, et nous
allons voir tout-à-l'heure que, quant à l'infanticide, les
faits sont également loin de le démentir.

II

C'est, en effet, par les enfants qu'il convient de com-
mencer l'étude des établissements hospitaliers que ce
siècle a vus naître.

Les anciens n'eurent jamais une notion bien exacte
de l'inviolabilité de la vie humaine; ne voyant dans
l'homme que le corps et non l'âme, ils respectaient peu
l'existence des enfants. Les Grecs avaient admis une

1. Columelle, tome XI, ch. I ; cité par M. de Gérando, *De la Bienfaisance
publique,* tome IV, liv. III, ch. I, art. Ier

2. Châteaubriand, *Génie du Christianisme,* tome II, liv. VI, ch. 13.

sorte d'infanticide légal, et l'on sait que Platon lui-
même conseille d'exposer les enfants contrefaits ou nés
de parents trop âgés. A Rome aussi, l'organisation si
puissante de la famille reposait sur le pouvoir absolu du
paterfamilias; maître de tout, il l'était même de l'existence de ses enfants, sur lesquels il eut longtemps un
droit de vie et de mort.

Aussi quand, pour un motif quelconque, on ne voulait pas conserver un enfant, on le faisait mourir, on le
vendait, ou on l'abandonnait dans un lieu public. Ces
faits, qui nous paraissent si horribles, sont malheureusement incontestables; ils se renouvelèrent pendant toute
l'antiquité, mais c'est surtout sous l'Empire que la coutume d'exposer les enfants se généralisa [1].

Que pouvaient devenir ces pauvres petits malheureux,
jetés ainsi à la merci de la pitié publique? Sans doute,
ils étaient quelquefois recueillis et élevés par des personnes compatissantes; Pline l'atteste, et même, ayant
un jour consulté Trajan sur les droits personnels de ces
enfants, l'empereur répondit que ceux, nés de parents
libres, dont l'origine serait prouvée, seraient remis en
liberté, sans même être tenus à rémunérer plus tard par
leurs services l'hospitalité qu'ils auraient reçue dans
leur bas âge [2]. Mais le plus souvent, ces enfants péris-
saient misérablement, ou, par un sort plus triste encore
peut-être, devenaient la proie de spéculateurs odieux
qui les livraient à l'esclavage ou à la prostitution.

---

1. Si l'on pouvait douter de cet usage barbare, il suffirait de jeter un coup-
d'œil sur les peuples païens d'aujourd'hui où il existe encore. Dans son
Voyage autour du Monde, M. de Beauvoir l'a constaté en Chine : tome II,
Java, Siam, Canton, p. 138-140.

2. Pline, *Épit.,* liv. x, ép. 71, 72. — *Cod. Just., De Ingen. manum.,* loi 2.

Les premiers Pères de l'Église s'élevèrent avec une énergique indignation contre l'abandon des enfants, et l'influence du christianisme ne tarda pas à se faire sentir. Dès le II⁰ siècle, le jurisconsulte Paul disait : « J'appelle meurtrier, non-seulement celui qui étouffe l'enfant dans le sein qui l'a conçu, mais encore celui qui l'abandonne, celui qui lui refuse des aliments, celui qui l'expose dans un lieu public, comme pour appeler sur sa tête la pitié qu'il lui refuse lui-même[1]. »

Malgré cela on continuait d'exposer les enfants, et un siècle après Tertullien s'écriait : « Les lois vous défendent l'infanticide; mais de toutes les lois il n'en est pas une qui soit plus facilement et plus impunément éludée. » Et il ajoutait ailleurs avec son âpre énergie : « Parmi tant d'hommes qui m'entourent et qui ont soif du sang des chrétiens, parmi ces intègres magistrats si rigoureux envers nous, combien y en a-t-il qui n'aient pas donné la mort à leurs enfants, qui ne les aient pas fait périr de faim, de froid, ou livrés aux chiens?...[2] »

A l'époque de Constantin, la coutume d'exposer ou de vendre les enfants, qui avait diminué dans les classes élevées en même temps que la puissance paternelle avait été ramenée à ses justes limites, persistait encore chez les classes pauvres, pour lesquelles, il est vrai, la misère pouvait être une excuse. C'était en effet, dans ces temps troublés, une charge bien lourde qu'une nombreuse famille; avec la rigueur impitoyable que le fisc mettait à percevoir l'impôt, la vente d'un des enfants n'était souvent pour le père qu'une triste et dernière ressource.

---

1. Dig., De Agnosc. et alend. liberis, loi 4.
2. Tertullien, Ad Gentes, I, 15; Apol. IX.

Aussi, deux ans après sa conversion (315), Constantin, ému de cette situation, voulut y porter remède. Dans un édit remarquable il promit des secours aux pères de famille indigents ; il décida que le père qui présenterait son enfant nouveau-né, en déclarant qu'il n'avait pas le moyen de l'élever, recevrait immédiatement les aliments et les vêtements dont il aurait besoin. Le fisc et le trésor particulier du prince devaient pourvoir à cette dépense [1].

Quelques années après, l'empereur étendait cet édit aux provinces d'Afrique ; il ordonnait aux proconsuls et aux agents du fisc de soulager les pères de famille dont ils constateraient l'indigence, et d'ouvrir les greniers publics, même le Trésor, à ceux qui, pressés par la misère, seraient contraints de vendre leurs enfants ou de les donner en gage.

C'était faire preuve d'une généreuse initiative, mais c'était aller trop vite et trop loin. Cette première application d'une sorte de charité légale, qui avait contre elle et la pénurie du fisc et la misère croissante du peuple, ne pouvait réussir. Comme il arrive toujours en pareil cas, les mœurs l'emportèrent sur les lois, et en 329 Constantin fut obligé de permettre de vendre, dans l'extrême misère, l'enfant nouveau-né au moment où il sortait du sein de sa mère ; il réservait, il est vrai, au père la faculté de le racheter plus tard [2]. En limitant ainsi le droit de vendre l'enfant nouveau-né, Constantin supprima un des principaux modes de recrutement de l'esclavage ; depuis longtemps d'ailleurs il avait renouvelé et sanctionné les lois des empereurs païens contre

---

1. Cod. Théod, liv. XI, tit. XXVII, lois 1 et 2.
2. Cod. Just., De Patrib. qui filios suos dist., loi 2.

le meurtre des enfants, qu'il assimila pour la première
fois au parricide[1].

L'avortement fut aussi défendu et puni comme un
crime ; « on doit en effet aux philosophes chrétiens d'a-
voir éclairci ce point essentiel que le fœtus, dans le sein
maternel, est déjà uni à l'âme, ce que la philosophie
stoïque ne voulait point admettre[2]. » Mais Constantin
n'osa pas interdire l'exposition, aussi le nombre des
enfants abandonnés diminua peu. En 331, l'empereur
invita les étrangers à se charger d'élever ces enfants, et
pour les y engager, il leur conféra le droit d'en disposer,
même à titre d'esclaves, après qu'ils les auraient nourris
et élevés[3]. »

Il y avait là, toutefois, une question délicate et qui
semble embarrasser singulièrement les empereurs : il
paraissait bon de stimuler ainsi l'intérêt personnel à
prendre soin de ces enfants ; mais, d'un autre côté, il
était bien dur et même bien injuste d'en faire les esclaves
de ceux qui les recueillaient, et d'obliger le père, pour
retrouver son fils abandonné, à le racheter à prix d'or.

Voulant diminuer le nombre des expositions, les empereurs Valentinien II, Valens et Gratien décidèrent que
le père ou le maître qui aurait *exposé* un enfant lui
appartenant, perdrait tout droit de le revendiquer par la
suite ; car il l'a ainsi livré à la mort, tandis que celui
qui l'a recueilli a fait preuve de miséricorde ; nul ne
peut, en effet, dire sien celui qu'il a abandonné en dan-

---

1. *Cod. Just.*, *De his qui parentes vel liberos occid.*, loi 1. — *Cod. Théod.*,
liv. IX, tit. xiv, loi 1 ; tit. xv, loi 1.

2. *La divinité de l'Église manifestée par sa charité*, par le card. Baluffi,
ch. 5.

3. *Cod. Théod.*, liv. V, tit. vii, loi 1.

ger de périr : « *Nec enim suum quis dicere potuerit,
quem pereuntem contempsit* [1]. »

Si l'enfant a été *vendu* par son maître, il en sera encore de même; s'il l'a été par son père, celui-ci peut le racheter moyennant une certaine indemnité.

Mais, en somme, c'était là réparer un mal par un autre et punir un crime par une injustice.

Aussi plus tard on abolit le droit de propriété accordé à celui qui avait recueilli un enfant abandonné [2]; et enfin Justinien déclara que l'enfant exposé soit à l'église, soit sur une place publique, deviendrait en toute hypothèse, et par cela seul, un homme libre, car, dit-il, « il ne faut pas supposer qu'un calcul mercantile se mêle à l'accomplissement d'un devoir de charité [3]. »

C'était certes la meilleure solution ; mais sans doute il arriva ce qu'avait craint Constantin : on ne recueillit plus les enfants délaissés. Hélas! l'homme est ainsi fait qu'on trouve au fond de ses meilleures actions une part d'intérêt personnel. Justinien, d'ailleurs, oubliait que le pouvoir civil n'a point compétence pour exciter la charité privée; l'Église seule peut le faire, parce que seule elle peut s'adresser aux consciences et réclamer des dons volontaires. Elle le fit.

Elle avait déjà engagé, au nom de la charité et en vue d'une récompense future, à recueillir les enfants abandonnés [4]; plus tard, les évêques de chaque église furent chargés d'élever ces enfants, et Justinien, dans sa No-

---

1. *Cod. Just.*, *De Infant. exposit.*, loi 2.

2. *Cod. Théod.*, liv. III, tit. III, loi 1.

3. *Cod. Just.*, *De Infant. exposit.*, lois 3 et 4.

4. Conc. Vasense (442), Canon IX : *De expositis collectis quid sit observan-dum*. Coll. Labbe.

velle CLIII, invite les préfets des provinces à se joindre
aux évêques pour veiller ensemble à l'accomplissement
de ce devoir de charité[1].

C'est sans doute de cette époque que datent les
premiers établissements fondés en faveur des enfants
pauvres et délaissés, qui furent appelés *Brephotrophia*
et *Orphanotrophia* pour les orphelins. Les directeurs de
ces asiles, nommés *orphanotrophi*, étaient comme les
tuteurs de ces enfants et les curateurs de ces adoles-
cents, mais ils n'étaient pas tenus à rendre des comptes,
« car il serait injuste d'inquiéter ces personnes, qui
élèvent pour l'amour de Dieu, avec une affection toute
paternelle, ces enfants privés de leurs parents et dépourvus de tout moyen de vivre[2]. »

III

Si la misère forçait souvent les père et mère à vendre
leurs enfants, elle devait, on le comprend, peser d'un
poids bien lourd sur les classes inférieures, d'autant
plus que les affranchissements, en multipliant le nombre
des ouvriers libres, avaient opéré une révolution dans
les conditions du travail. Au premier moment, beaucoup d'esclaves affranchis ne voulurent ou ne purent pas
trouver d'occupation; ils virent sans doute dans la charité chrétienne un moyen de vivre sans peine, et ils
préférèrent demander à la mendicité le pain de chaque

1. Imp. Just., *Novel.* CLIII, cap. 1.
2 *Cod. Just.*, *De Episcopis et clericis, et orphanotrophis et brephotrophis*,
loi 52.

jour. L'Église se montra sévère pour ces faux pauvres
que rien n'empêchait de travailler; et saint Ambroise dit
positivement : « Le prêtre surtout (chargé des aumônes
de l'Église) doit être prudent, clairvoyant, sobre d'aumônes, pour que le patrimoine du pauvre ne passe pas
aux escrocs[1]. »

De leur côté, les empereurs Valentinien et Théodose
interdirent aux hommes valides la mendicité; ceux qui
en faisaient métier devenaient, s'ils étaient esclaves, la
propriété du dénonciateur; et s'ils étaient de condition
libre, ils lui étaient livrés à titre de colons pour cultiver ses terres[2]. « La rigueur du prince n'était point
contraire à l'esprit de la religion nouvellement associée
à l'Empire, car elle n'atteignait que les vagabonds et les
fainéants qui tentaient de dérober aux vrais pauvres une
part illégitime des ressources de la charité, tantôt en
excitant la pitié par un étalage de haillons théâtralement
disposés, tantôt en se donnant pour des personnes respectables victimes d'accidents funestes; toutes les ruses
du métier étaient en effet déjà connues[3]. » Justinien se
contenta d'astreindre au travail les mendiants valides de
Constantinople[4].

Mais il y a une autre classe de malheureux dont la
misère est plus facile à constater, et dont l'Église et le
Pouvoir se préoccupèrent également : ce sont les malades.
Les diacres les avaient secourus à domicile dans les premiers siècles; mais bientôt, avec le développement des

1. Saint Amb., *De Offic. minist.*, liv. II, ch. 16.

2 *Cod. Just.*, *De Mendicantibus validis*, loi unique.

3. Naudet, *Des Secours publics chez les Romains;* Mémoires de l'Acad. des
Insc. et Bel.-Let., tom. XIII, p. 83, 84.

4. Imp. Just., *Novel.* LXXX, cap. V, § 1.

mœurs chrétiennes, la liberté de l'Église et aussi la diminution de la charité privée, il fallut songer à réunir les malades pour les soigner en commun; c'était rendre la tâche à la fois plus facile et plus efficace.

De tout temps l'hospitalité avait été connue et pratiquée; elle était, pour ainsi dire, la vertu par excellence de l'antiquité. Le christianisme n'avait garde de la combattre, il lui donna au contraire un essor nouveau; et le chrétien put voyager par tout l'Empire, sûr d'être accueilli en tous lieux par des frères, auxquels il lui suffisait de montrer *la tessère de l'hospitalité*.

Après les persécutions, la réception des hôtes fut placée dans les attributions spéciales de l'évêque; plusieurs conciles proclament cette obligation, qui devint même, paraît-il, avec l'accroissement du nombre des voyageurs, une charge assez lourde. On conçoit en effet que des évêques comme saint Chrysostôme et saint Augustin, partagés entre les soins de l'administration de leurs églises et les travaux de l'éloquence ou les plus hautes spéculations de la métaphysique, n'avaient guère de temps à donner aux milliers de pèlerins qui traversaient leurs villes. Aussi les évêques ne tardèrent pas à faire bâtir auprès de l'église une maison pour les étrangers. Cette maison, appelée *Xenon* ou *Xenodochium*, était administrée par un prêtre désigné par l'évêque. On y recevait sans distinction les voyageurs, les pauvres, les malades, les infirmes; mais bientôt il parut nécessaire d'élever pour ces derniers des bâtiments spéciaux où l'on pût plus facilement leur donner les soins nécessaires. Telle est l'origine des hospices et hôpitaux, telle est aussi celle de leurs noms, car ces asiles séparés pour les malades gardèrent le nom des maisons destinées d'abord aux *hôtes* en général : *hospes, hospitia;* hôpitaux, hospices.

Le premier hôpital, uniquement destiné aux malades, fut établi à Rome par une femme pieuse appelée Fabiola. Descendant, comme son nom l'indique, de l'une des plus illustres *gentes* de la vieille Rome, Fabiola consacra son immense fortune à faire bâtir un asile qu'elle appela : *Villa languentium,* et qui fut le premier *nosocomium* établi en Occident. « *Et in pecuniam congregatam usibus pauperum præparavit, et, prima omnium,* νοσοχομειον *instituit, in quo ægrotantes colligeret de plateis et consumpta languoribus atque inedia miserorum membra foveret* [1]. »

Cette patricienne ne craignait pas de recueillir elle-même les malades et de les soigner de ses mains; elle put même réunir autour d'elle plusieurs de ses nobles amies, qui se livrèrent comme elle à ce ministère sublime de la charité chrétienne. « N'est-ce pas un admirable spectacle, s'écrie l'éminent auteur que nous aimons à citer, de voir les héritières des noms les plus glorieux de Rome idolâtre, les filles des Scipion, des Marcellus, des Camille, se consacrant aux œuvres de la charité et sacrifiant leurs trésors, leur beauté, leur jeunesse, pour secourir des malades et des pauvres; comme si, par une digne expiation, la Providence eût voulu faire sortir les plus humbles consolatrices de l'humanité du milieu de ces familles dont la gloire avait opprimé le monde [2]. »

Sainte Paule, l'illustre amie de saint Jérôme, distribua tous ses biens aux malades et aux infirmes, et échangea

1. Sanct. Hyeron., *Epist.* 84, *Ad Oceanum.*

2. Villemain, *Tableau de l'Éloquence chrétienne au IV° siècle,* saint Jérôme, p. 329.

l'or de ses palais contre une cabane de la Judée[1]. Le
laïc Pammaque, son gendre, établit lui-même à l'em-
bouchure du Tibre, à Ostie, un hospice dont on vient
de retrouver les fondations.

L'Orient n'était pas en retard dans cette lutte de la
charité; il avait déjà vu s'élever ce superbe et immense
palais que saint Basile avait bâti près de Césarée pour
les pèlerins et les malades. On l'appelait du nom de son
fondateur, *la Basiliade*, et les historiens nous disent
qu'il était grand comme une ville. A l'appel de l'éloquent
évêque de Césarée, le riche était venu lui offrir son
superflu, et le pauvre même une partie de son nécessaire; grâce à ces aumônes, les bâtiments destinés
d'abord à être une maison pour les voyageurs, *xenodochium*, s'étaient agrandis; bientôt l'on y ajouta des hôpitaux pour les malades, *des ateliers pour les pauvres sans
ouvrage*, des hospices pour les infirmes et même pour les
lépreux, que leur contagion faisait repousser de partout.

Mais les meilleures actions attirent souvent des controverses et des ennuis. En voyant les développements
immenses de son œuvre, les ennemis de saint Basile
l'accusèrent d'épuiser en folles dépenses les ressources
des églises de la Cappadoce. Il se contenta d'envoyer au
gouverneur de la province, Hippias, une justification
calme et modérée où il disait : « L'empereur nous a
permis d'administrer nous-mêmes nos églises; quels
dommages leurs biens ont-ils donc reçus de notre conduite? Quelle injustice y a-t-il à construire des asiles
pour les pèlerins et les voyageurs, des hospices pour les
malades qui viennent y chercher la santé, à leur donner

---

1. Sancti Hyeronimi, *Epist.* 86, *Ad Eustochium.*

ce qui leur manque : des gens pour les soigner, des médecins, des transports et des guides[1]. » Cette apologie eut un plein succès; succès important, car la Basiliade tirait son principal revenu des terres dont l'empereur Valens avait doté l'église de Césarée.

Saint Chrysostôme imita saint Basile; il fonda à Constantinople de nombreux hôpitaux, il leur donna une règle commune et précise; enfin sa charité était si grande qu'il soutenait à lui seul plus de 3,000 pauvres. Du reste, tous les indigents recevaient des aliments dans ces *maisons communes pour les pauvres*, appelées dans l'Occident *Diaconia*, dans l'Orient *Ptochotrophia*, où les diacres leur fournissaient, comme aux premiers temps du christianisme, tout ce qui leur était nécessaire[2].

IV

Si nous passons maintenant au dernier âge de la vie, nous voyons que des asiles spéciaux avaient été ouverts aux vieillards; on les appelait les *Gerontocomia;* malheureusement la charité chrétienne, qui agissait beaucoup, écrivait peu; nous ne connaissons point l'administration ni les règlements intérieurs de ces refuges de la douleur; et même, de toutes les œuvres qu'elle fonda pour venir en aide au malheur, c'est à peine maintenant si nous savons les noms.

1. Sancti Basilii, *Epist.* 94, tom. III, p. 268, éd. Gaume.
2. Ducange, *Glossaire*, v° *Diaconiæ*.

V

Nous avons ainsi parcouru la série des bienfaits que
le christianisme répandit sur les différents âges de l'humanité souffrante; en face de ces magnifiques efforts,
une question se pose, question pratique et importante :
des œuvres aussi considérables ne pouvaient vivre au
jour le jour et devaient avoir des ressources assurées.
Le trésor de l'Église, d'abord formé de la simple collecte faite parmi les fidèles, s'était accru peu à peu et
comprenait maintenant des propriétés immobilières parfois fort étendues. Souvent, en effet, des personnes charitables faisaient aux églises des dons importants ou leur
léguaient en mourant des portions de leur fortune. Ces
biens formaient, depuis Constantin, la propriété légale
des églises, jouissaient même de certains priviléges et
étaient administrés par l'évêque, qui les employait à
l'entretien du culte et au soulagement des pauvres.

Mais quand les établissements fondés en faveur des malheureux devinrent plus importants et plus nombreux, on
voulut créer pour ceux-ci un patrimoine spécial, distinct
de celui de l'Église, qui fût vraiment, comme on l'a dit
plus tard, *le patrimoine des pauvres*. Au premier abord,
les jurisconsultes firent quelque difficulté, ne voyant là
que des *personnes incertaines* [1]; mais les empereurs inter-
vinrent et reconnurent cette propriété, qu'ils assimi-
lèrent à la propriété ecclésiastique; ils lui accordèrent
les mêmes priviléges et les mêmes exemptions. Les legs

---

1. F. de Champagny, *La Charité chrétienne dans les premiers siècles de
l'Église*, IIᵉ part., ch. 3, § 3.

faits aux pauvres furent validés, et l'évêque eut le droit
de les recevoir en leur nom; il fut, en effet, l'administrateur suprême des biens des pauvres; mais, chargé
déjà de la gestion des propriétés de l'Église, souvent
défenseur de la cité, il ne put suffire à sa tâche et dut
fréquemment s'adjoindre un coadjuteur, un prêtre qui
eut pour fonction spéciale d'administrer, sous son autorité, les biens donnés aux indigents. Ce prêtre, qui était
en même temps le tuteur des orphelins, fut appelé *l'économe des pauvres;* le Code de Justinien nous apprend
que saint Zotique fut le premier revêtu, à Constantinople, de ces attributions charitables [1].

Les propriétés des pauvres, comme celles de l'Église,
furent déclarées inaliénables, sauf dans des cas exceptionnels, et alors, par une inspiration touchante, on
appelait quelquefois les pauvres eux-mêmes à consentir
à l'aliénation. Les legs faits aux pauvres ne furent pas
soumis à la *loi Falcidia;* les donations qui avaient un
but charitable étaient dispensées de l'insinuation quand
elles étaient inférieures à 500 *solidi;* l'église ou l'établissement gratifié pouvait pendant *cent ans* réclamer
l'objet mobilier ou immobilier qui lui avait été donné,
vendu ou légué [2].

---

1. *Cod. Just., De Sacros. eccles.,* lois 14, 15, 16, 17, 19, 22.
2. *Cod. Just., De Episc. et cleric.,* lois 21, 28, 35, 46, 49. — *Imp. Just., Novel.* VII, XLVI, LIV, ch. 2; CXX.

CHAPITRE VII.

DES SECOURS PUBLICS JUSQU'A LA FIN DES EMPIRES
D'ORIENT ET D'OCCIDENT

—

I

Après avoir vu ce que fit en faveur des malheureux l'Église secondée par le Pouvoir, il convient de se demander ce que fit le Pouvoir seul et livré à lui-même. Aussi bien devons-nous rechercher ce que devint alors l'institution que nous avons dit se rapprocher davantage de la bienfaisance publique : les distributions de blé.

A Rome, elles subsistèrent toujours et elles montèrent encore à 200,000 *modii* (17,342 hectol.) par an. Des lois assez nombreuses aux Codes Théodosien et Justinianéen s'en occupent encore, et sous les titres : *De canone frumentario urbis Romæ*, *De annonis civilibus*, règlent différents points de détail. Les révolutions qui bouleversèrent l'Empire durant la seconde moitié du IIIe siècle empêchèrent souvent les flottes de blé d'arriver d'Égypte et d'Afrique. Constantin, pour prémunir autant que possible le peuple de Rome contre la famine, remit en vigueur les priviléges que nous connaissons. Plus tard, Valentinien ordonna qu'au lieu de vingt pains grossiers pesant 50 onces, chaque citoyen reçût gratis 36 onces de pain blanc[1] (environ 1 kil.).

Mais Rome n'avait plus la première place dans l'attention des peuples et les préoccupations des empereurs, depuis que Constantin avait jeté sur les bords du Bosphore les fondements de la ville qui porte son nom. Parmi les choses qu'il transporta, quelquefois sans grand discernement, dans cette cité créée de toutes pièces, furent quelques-uns des plus tristes priviléges de l'ancienne capitale des Césars. Constantinople existait depuis deux ans à peine que déjà l'on y faisait des distributions de blé qui montèrent jusqu'à 80,000 *modii* (6,937 hect.) par an. Certes, l'empereur, dans ce cas, avait moins en vue une idée de bienfaisance que le désir d'attirer du monde et de faire bâtir dans la ville qu'il fondait; et en effet, il attribua le secours non aux personnes, mais aux maisons, de sorte que ceux qui n'avaient pas d'habitation ne pouvaient pas le recevoir, et ceux qui la cédaient abandonnaient avec elle le droit au secours : « *Ædes sequantur annonæ*[2]. » C'est à peine si l'on peut voir là un

---

1. *Cod. Théod.*, lib. XIV, tit. XVII, loi 5.
2. *Cod. Théod.*, lib. XIV, tit. XVII, lois 1, 12, 13.

acte d'assistance, car, évidemment, ceux qui n'avaient pas de maison étaient ceux qui auraient eu le plus besoin de secours, et pour recevoir le blé public, il fallait, pour ainsi dire, être capable de s'en passer.

Constance, pour se venger d'une émeute, diminua de moitié la quantité de blé distribuée; mais cette disposition fut abolie par ses successeurs. Théodose augmenta la distribution, et Marcien la porta à 125 *modii* par jour [1].

Les distributions gratuites de vivres produisirent du reste à Constantinople le même effet qu'à Rome; loin de prévenir le paupérisme, elles ne firent que l'augmenter, et le titre *De Mendicantibus validis* suit immédiatement au Code ceux qui traitent des distributions de blé, comme pour indiquer que la mendicité était le seul produit engendré par ces générosités sans raison.

Justinien s'aperçut, mais trop tard, des inconvénients de l'existence de la population oisive, famélique et dangereuse, attirée dans les murs de Constantinople au grand détriment de l'agriculture des provinces [2]; il fut même obligé de prendre des mesures rigoureuses pour en débarrasser sa capitale; il ordonna que les mendiants valides, s'ils étaient esclaves, fussent ramenés à leurs maîtres; s'ils étaient libres, qu'ils fussent reconduits dans les provinces ou les villes d'où ils étaient sortis, et enfin que le reste fût employé aux travaux publics [3]. L'institution de Constantin fut tout à fait supprimée par l'empereur Héraclius, en 662.

1. Cod. Just., *De Annonis civilibus*, loi 2.
2. Serriguy, *Droit public et administratif romain*, tit. II, sect. 2, § 2.
5. Imp. Just., *Novel. Const.* LXXX, cap. 4 et 5.

7

Nous avons ainsi retracé le tableau de l'assistance publique sous les empereurs chrétiens; il ne nous reste plus qu'à noter différentes mesures moins importantes qui furent prises par les empereurs jusqu'à la fin des deux Empires d'Orient et d'Occident.

II

Auparavant, il faut rappeler que l'empereur Julien rompit un moment, par son retour au paganisme, l'alliance du pouvoir et de la religion chrétienne. Il fit presque renaître le siècle des persécutions, et la charité ne fut pas une des dernières choses auxquelles il s'attaqua. Il révoqua les dons accordés par Constantin et annula les libéralités faites en faveur des pauvres.

Mais Julien, qui avait été chrétien, savait bien que la charité était l'une des grandes armes et l'une des vertus réservées de la religion du Christ. Il voulut l'imiter, il voulut créer des hospices et des moines païens; il n'y réussit pas. Et s'il était besoin de prouver que le christianisme peut seul engendrer la charité et l'abnégation qu'elle suppose, rien ne le montrerait mieux que la lettre découragée envoyée par le puissant empereur à Arsace, pontife de Galatie. Cette épître, nous l'avons déjà vu, rend un magnifique hommage à la charité chrétienne : « Que ne tournons-nous les yeux, s'écrie Julien, vers ce qui a grandi la secte impie des chrétiens, c'est-à-dire leur bienveillance envers les voyageurs, les soins qu'ils donnent à la sépulture des morts et la pureté qu'ils simulent? Je pense, en vérité, que nous devons suivre ces exemples... Ces maudits Galiléens, outre leurs pauvres,

nourrissent aussi les nôtres, qu'on voit manquer de nos
secours [1]. »

Bientôt, sous le règne de Valentinien et de Valens, la
charité reprit un nouvel essor.

Ces deux empereurs confirmèrent une institution excellente qui existe, ou plutôt qui devrait exister encore aujourd'hui : celle c.., médecins gratuits chargés de donner
des secours aux pauvres. Tirant peut-être son origine de
ce fait qu'autrefois les temples d'Esculape étaient pourvus de lits où les malades étaient reçus et soignés par
les prêtres du dieu de la médecine, cette institution per-
sista, paraît-il, dans les municipes romains ; les empereurs, notamment Valentinien, Valens, Théodose et Arca-
dius, assurèrent l'existence de ces médecins, qui purent,
sans autre préoccupation, se livrer entièrement au soin
des pauvres ; ils devaient même ne demander aucun
paiement à leurs malades ; ils pouvaient seulement en
recevoir quelque présent, quand ceux-ci étaient guéris et
en bonne santé [2].

III

Théodose réunit pour la dernière fois sous sa main
les deux Empires d'Orient et d'Occident. Chrétien fer-
vent et convaincu, inspiré d'ailleurs par les conseils de
saint Ambroise, il ne pouvait que favoriser les développements de la charité chrétienne. Cet empereur, qui fut,
si l'on peut dire, l'Auguste du Bas-Empire, dont Con-

1. Julian. imp., *Epist.*, *Ad Arsac.*, epist. 49.
2. *Cod. Just.*, *De Profes. et Medicis*, loi 9. — *Cod. Théod.*, *eod. tit.*, lois 8,
9, 13.

stantin avait été le César, dut apporter en cette matière,
comme en toutes les autres, l'esprit d'ordre et de prudence qui était un des caractères de son génie.

Comme dispositions de détail, nous savons seulement
qu'il envoya lui-même et en son nom, directement de
Macédoine à Rome, un convoi de blé pendant une disette,
et le Sénat reconnaissant décerna une statue au souve-
rain de l'Orient[1]. Dans un autre ordre d'idées, le Code
auquel il a donné son nom nous rapporte qu'il réglementa l'institution des diaconesses. Quelquefois ces
femmes étaient portées à frustrer leurs héritiers naturels; Théodose ordonna de les choisir à l'âge de 60 ans
seulement; il ne leur permit de disposer que de leurs
revenus, et voulut qu'elles se déchargeassent de l'administration de leurs biens et fissent nommer un curateur
à leurs enfants mineurs. Cependant cette mesure lui
paraissant un peu sévère, il leur permit deux mois après
de disposer de leurs meubles[2].

Théodose partagea l'Empire entre ses deux fils, Arca-
dius et Honorius. Celui-ci, qui lui succéda sur le trône
d'Occident, s'honora par une mesure d'humanité : il
abolit les combats de gladiateurs; le pape Anastase les
défendait en même temps au nom du pouvoir religieux,
et ces luttes barbares cessèrent définitivement.

Le règne de Théodose avait été un vif, mais dernier
reflet de la grandeur romaine; la fin de l'Empire d'Occident n'était plus dès lors, en effet, qu'une question de
temps. L'Italie se dépeuplait et s'affaiblissait de plus en

---

1. A. de Broglie, *L'Église et l'Empire romain au IVe siècle*, IIIe partie,
tom. II, ch. 6.

2. *Cod. Théod.*, liv. XVI, tit. II, lois 27, 28.

plus; à Rome même, la détresse du fisc avait forcé de
réduire les distributions de blé; aussitôt le nombre de la
population avait diminué.

Aux frontières les barbares avançaient de tous côtés;
poussés vers Rome par une force invisible, ils semblaient
vouloir s'approcher tour-à-tour de ce centre de lumière
pour y chercher la puissance qui devait adoucir leurs
mœurs et former des peuples nouveaux.

Incapables de leur résister, les faibles successeurs des
Césars remportèrent pourtant quelques victoires qui
n'opposèrent qu'une digue d'un instant à cette inondation d'hommes; enfin, en 476, le roi des Hérules,
Odoacre, mit fin pour toujours à l'Empire d'Occident en
fondant le royaume barbare d'Italie.

IV

Grâce à sa situation, grâce aussi à une infusion plus
complète dans ses veines appauvries de sève chrétienne
et civilisatrice, l'Empire d'Orient devait résister dix
siècles à l'invasion.

Mais nous ne suivrons pas pendant ce temps l'histoire
souvent fastidieuse du Bas-Empire; au point de vue
spécial qui nous occupe, cette époque ne vit guère en
effet que continuer et bientôt s'affaiblir de plus en plus
les œuvres de bienfaisance dont nous avons essayé d'es-
quisser les commencements.

L'empereur Justinien admit et résuma dans les Codes
qu'il fit élaborer les différentes dispositions prises sur
ce sujet par ses prédécesseurs; dans les Novelles qui
sont son œuvre et que nous avons citées, il réglementa

certains points qui ont été mentionnés en leur lieu.

Les successeurs de Justinien ne se firent remarquer que par leurs vaines querelles et leur incapacité, qui amenèrent la ruine de l'Empire d'Orient; aussi avons-nous hâte de laisser de côté les petitesses et les lâchetés du Bas-Empire pour étudier l'histoire de la bienfaisance dans notre pays. Cette étude, outre l'intérêt qui s'attache toujours à la recherche des institutions du passé, aura de plus pour nous l'attrait d'une histoire nationale, puisque la France fut toujours au premier rang dans l'histoire de la charité comme dans celle de la civilisation.

CHAPITRE VIII.

DE LA CHARITÉ PUBLIQUE EN FRANCE JUSQU'AU XVIᵉ SIÈCLE.

—

SOMMAIRE

I. Réveil de la charité après les grandes invasions. — Législation des conciles. — Les évêques et les moines.

II. Époque de Charlemagne. — Rôle de l'Église. — Législation des Capitulaires.

III. La féodalité. — Les monastères. — Saint Louis.

IV. L'assistance judiciaire et la médecine gratuite.

I

Les grandes invasions qui amenèrent et suivirent la chute de l'Empire romain bouleversèrent l'Europe, détruisirent les gouvernements et interrompirent toutes les législations.

Parmi les institutions qui se relevèrent le plus vite après la tourmente et qui surgirent les premières, quand les peuples eurent repris un peu de stabilité, furent celles destinées à secourir les malades et les pauvres.

Nous savons, en effet, que le roi Childebert, fils de Clovis, fonda à Lyon un hôpital où étaient reçus les voyageurs et les malades. Cette fondation est rapportée dans les actes du v⁰ concile d'Orléans (549), qui en loue le roi et son épouse Ultrogothe, et défend en même temps d'aliéner les biens affectés à cet hôpital; si quelqu'un le fait, « *ut necator pauperum irrevocabili anathemathe feriatur* [1]. » (Canon 15.)

L'Église avait embrassé du premier coup la mission de civilisation et d'apaisement qu'elle avait à remplir, et elle s'était mise à l'œuvre sans hésiter; comme l'a dit un auteur illustre, aussi impartial que compétent : « Du iv⁰ au xiii⁰ siècle, c'est l'Église qui a marché la première dans la carrière de la civilisation . [2] » Et encore : « Ce fut un immense avantage que la présence d'une influence morale, d'une force morale, d'une force qui reposait uniquement sur les convictions, les croyances et les sentiments moraux, au milieu de ce déluge de force matérielle qui vint fondre à cette époque sur la société. Si l'Église chrétienne n'avait pas existé, le monde entier aurait été livré à la pure force matérielle. L'Église exerçait seule un pouvoir moral. [3] »

Aussi ne trouve-t-on guère à cette époque que la législation des conciles.

Le ii⁰ concile d'Orléans, en 512, prescrit à l'évêque de fournir le vivre et le vêtement aux pauvres et aux infirmes, « *qui, debilitate faciente, non possunt suis manibus laborare* [4]. »

---

1. *Acta Concil.*, Labbe, II, col. 1143.
2. Guizot, *Histoire de la civilisation en France*, tome I, XII⁰ leçon.
3. Guizot, *Histoire de la civilisation en Europe*, ii⁰ leçon.
4. *Acta Concil.*, Labbe, II, col. 1008.

C'est aussi ce que recommande le ııᵉ concile de Tours, en 567, qui pose, le premier, le principe de l'assistance communale : « *Ut unaquæque civitas pauperes et egenos incolas alimentis congruentibus pascat secundùm vires; ut tam vicani præsbyteri quàm cives omnes suum pauperem pascant : quo fiet ut ipsi pauperes per civitates alias non vagentur*[1]. » (Canon 5.)

Dix ans auparavant, le ıııᵉ concile de Paris avait défendu, sous les peines les plus graves, de détériorer, de détruire ou de dérober les biens des pauvres.

On pourrait citer une foule de décisions d'autres conciles rendues dans le même sens et pour le même objet.

Enfin, un concile de Clermont, en 549, et un concile de Lyon, en 583, avertissent l'évêque de se charger des lépreux de la ville, de leur donner le vivre et le couvert[2], de manière à les empêcher de vaguer au dehors; ce qui prouve, quoi qu'on en ait dit, que la lèpre était une maladie fort ancienne et existait en Europe bien avant les croisades.

Les évêques ne manquaient pas de se conformer à ces prescriptions, et tous les auteurs reconnaissent qu'ils déployèrent dans leurs diocèses un zèle admirable pour le soulagement des malheureux.

« En 510 saint Césaire, qu'on peut appeler le Fénelon des temps barbares, habilla et nourrit une multitude de Francs et de Gaulois, prisonniers des Goths, et paya leur délivrance avec le trésor de son église, disant qu'il ne fallait pas garder un métal insensible au détriment des créatures humaines qui souffraient.

---

1. *Acta Concil.*, Labbe, III, col. 338.
2. *Acta Concil.*, Labbe, III, col. 486.

C'est aux évêques qu'appartient la gloire d'avoir fondé les hôpitaux, et tout porte à croire que, dans les Gaules, le premier établissement de ce genre est dû à saint Césaire. Les villes épiscopales en furent aussi dotées les premières, et en 816 le règlement d'Amalaire impose aux évêques français l'obligation d'annexer des hospices aux cathédrales et de leur assurer des ressources suffisantes. Tous ceux qui étaient faibles ou qui souffraient dans ces âges où la faiblesse était toujours opprimée par la force; tous ceux que la dureté des temps avait dépossédés se plaçaient sous le patronage des églises et vivaient de leur pain [1]. »

Mais l'Église n'avait pas seulement ses conciles et ses évêques pour tracer les règles de l'administration de la charité, si l'on peut s'exprimer ainsi; elle avait encore ses moines qui enseignaient aux malheureux, par l'exemple, l'amour du travail et le respect de la pauvreté.

« Contre la barbarie victorieuse il fallait autre chose que les créatures efféminées aux mains de qui s'était perdu l'Empire; il fallait produire en quelque sorte par l'action d'une discipline rigoureuse, par le triomphe de l'esprit sur la chair et par le lien de communauté, une race nouvelle et sainte, la milice de l'Évangile, qui, dans un siècle où régnait la force, rendît à l'âme son essor, restaurât la conscience et y affermit le respect du droit par la menace des vengeances divines. La multitude des pauvres qu'engendraient les désordres de la guerre s'encourageait à la résignation et à la patience en voyant surgir de tous côtés ces pieuses colonies où l'on dédai-

---

1. Ch. Louandre, *L'Église et les Évêques de Paris*, *Revue des Deux-Mondes*, 1er août 1851.

gnait assez les fêtes de la vie et les splendeurs de la
jeunesse pour s'ensevelir dans une retraite oubliée, et
pour embrasser avec joie une loi d'obéissance absolue et
de dénûment volontaire. Chose remarquable ! d'une part,
ce vœu de pauvreté évangélique, ayant pour suite nécessaire le travail libre, adoucissait les maux de l'esclavage
et lui préparait une condition moins dure; de l'autre,
cette règle du travail religieusement acceptée relevait la
culture délaissée pour les armes, et faisait entreprendre
comme une œuvre bénie de vastes défrichements au milieu des contrées épuisées par la guerre ou ruinées par
la conquête [1]. »

Les monastères distribuaient aux pauvres d'abondantes
aumônes; la grande abbaye de Cluny en secourait 17,000
chaque année; presque toutes même comptaient parmi
leurs dignitaires les *infirmiers des pauvres*. « Sans doute
on peut facilement imaginer, au sein de notre expérience
moderne, des moyens plus intelligents et plus efficaces
de soulager l'indigence, et surtout de la prévenir; mais
comment ne pas garder et avouer une reconnaissance
fidèle à ceux qui, pendant si longtemps et avec une si
inépuisable munificence, ont accompli tous les devoirs
de la charité et de la fraternité chrétienne selon la mesure des lumières de leur temps? [2] »

---

1. A. Monnier, *Histoire de l'Assistance*, ouvrage couronné par l'Académie
française, ch, III, p. 185.

2. Montalembert, *Les Moines d'Occident*, Introduction, ch. IV.

II

L'ordre et la régularité que Charlemagne essaya d'introduire dans l'administration contribuèrent encore au développement des institutions charitables. Les conciles continuèrent durant cette période à s'occuper des pauvres, à surveiller et réglementer l'organisation des secours. Ainsi notamment, le concile de Tours, en 813, porta plusieurs canons sur ce sujet : « *Ut peregrini et pauperes convivæ sint episcoporum* (can. 6). *De sublevandis pauperibus qui a potentioribus opprimuntur* (can. 44), etc. »

Le concile d'Aix-la-Chapelle, en 816, s'exprime ainsi : « *Sed et prælatorum debet vigilare industria ne eum cui hospitale pauperum committitur, res pauperibus deputatas in aliquo minuere, aut his quasi beneficiario munere concessis sinant uti; quod a prælatis quibusdam, curam pauperum parvipendentibus, fieri comperimus[1].* » (Can. 141.)

Les hôpitaux se multipliaient autour des cathédrales et des monastères; quand on faisait bâtir un temple à Dieu, on y joignait presque toujours l'habitation des pauvres; et on lui donnait le nom touchant d'*Hôtel-Dieu*, comme si Dieu lui-même leur offrait l'hospitalité.

C'est ainsi que saint Landry érigea à ses frais, en l'an 800, l'Hôtel-Dieu de Paris, près de la cathédrale, au même emplacement où il est encore aujourd'hui. L'ancien hôpital a renfermé jusqu'à 4,000 malades; maintenant, il n'en contient plus que 7 à 800, et le

---

1. *Acta Concil.*, Labbe, IV, col. 1021 et 1144.

nouvel asile que l'on construit à la même place ne recevra plus que 4 à 500 lits.

Les pauvres ne furent pas oubliés non plus par le pouvoir civil, et la forte main de Charlemagne s'étendit jusqu'aux plus infimes et aux plus déshérités de ses sujets. Les Capitulaires portent la trace et nous ont gardé le souvenir des marques de sollicitude données par l'empereur aux malheureux et aux pauvres. Et certes ils en avaient besoin à une époque où la force était tout, et où le droit, pour ainsi dire, ne comptait pour rien.

Un grand nombre de chapitres des Capitulaires sont intitulés : *De pauperibus non opprimendis;* l'empereur y défend de dépouiller le pauvre du peu qui lui reste et de le priver de sa liberté; douze Capitulaires portent sur ce sujet : « *Pauperes non opprimentur a potentioribus.* » Ainsi : « *Ut nullus absque justitiâ pauperem et inopem expoliare præsumat.* » Et encore : « *De pauperibus, viduis et pupillis injuste oppressis, ut adjuventur, et releventur* [1]. »

Il déclare prendre sous sa protection spéciale, comme ils sont sous celle de Dieu lui-même, les veuves, les orphelins, tous les faibles; il veut qu'ils jouissent de *la paix légale :* « *Ut viduæ, orphani et minus potentes sub Dei defensione et nostro mundeburde pacem habeant, et eorum justitias adquirant.* » — « *Ut ecclesia, viduæ, orphani, vel minus potentes pacem rectam habeant. Et ubicùmque fuerit infracta, sexaginta solidis componatur* [2]. »

Il prescrit aux comtes de prendre soin des pauvres de

---

[1]. *Capitularia reg. franc.*, éd. Baluze, 1er Capit. de 809, c. 12; 5e Capit. de 800; Capit., lib. I, c. 115, etc., etc.

[2]. *Capitul.* de Baluze, lib. VI, c. 217; Capit. de 788, c. 2; Capit. de 797, c. 1, etc., etc.

leur territoire; il leur recommande d'examiner et de juger leurs causes avec une équité et une diligence toutes particulières : « *Pauperum causæ primo audiantur... Ut comites orphanorum et viduarum et pauperum et omnium qui in eorum ministerio permanent, et de causa quacumque ad eos venerit querela, plemissimâ et justissimâ deliberatione diffinire decertent et, sicut rectum et justum est, itâ agant* [1]. »

Charlemagne confirme les décisions des conciles et charge les évêques et les prêtres de pourvoir à l'entretien et au soulagement des pauvres; c'est à la fois leur honneur et leur devoir; les évêques doivent veiller d'une façon plus générale à la distribution des secours et à l'administration du patrimoine des pauvres, qui est confondu avec celui de l'Église; les prêtres tiendront des tables où les pauvres seront toujours admis; les monastères leur offriront un lieu de refuge et des moyens de vivre. Et plus tard Charles-le-Chauve ajoutait, dans un Capitulaire de 877, que le pouvoir civil veillerait lui-même à l'accomplissement de ces devoirs : « *Ut hospitalitem ante omnia diligant (præsbyteri), et ut viduarum, peregrinorum, orphanorum atque infirmorum curam et sollicitudinem habeant. — Volumus omnes scire quod qui Christi et Ecclesiæ pecunias auferunt, resque ejus fraudant, rapiunt, vastant vel diripiunt, homicidæ ante Deum esse deputantur, quia res pauperum, quos Ecclesia pascere debet, diripiunt* [2]. »

---

1. *Capitul.* de Baluze, Capit. de 801, c. 26; Capit., lib. II, c. 6; lib. III, c. 83.

2. *Capitul.* de Baluze, *Capit. Herardi*, cap. 18; Capit., lib. VI, c. 430; lib. I, c. 77; Add. III, c. 1; Add. IV, c. 143. — *Capitul. Carol. Calv.*, tit. XI, cap. 1; tit. XXXVIII, c. 1; tit. XLVII, c. 10.

Mais en même temps l'on voit poindre dans les Capitulaires quelques-uns des principes qui forment aujourd'hui la base de l'organisation des secours publics. Ainsi, celui de l'assistance locale ou communale : « *Suos pauperes quæque civitas alito; pauperem suum unusquisque nutriat,* » disent les Capitulaires; le pauvre et le malade doivent trouver un asile dans les xénodochies qui sont destinées à les recueillir, et les *leudes* ou *fidèles* doivent nourrir sur les revenus de leur bénéfice les pauvres qui sont sur leurs domaines : « De mendicis discurrentibus : *De mendicis, qui per patrias discurrunt, volumus ut unusquisque fidelium nostrorum suum pauperem de beneficio aut de propriâ familiâ nutriat et non permittat alicubi ire mendicando; et ubi tales inventi fuerint, nisi manibus laborent, nullus eis quicquam tribuere præsumat* [1]. »

D'un autre côté, par une conséquence logique du même principe, il est interdit aux pauvres de vaguer à travers le pays; on ne doit point donner l'aumône à l'indigent valide qui refuse de travailler de ses mains; enfin, les leudes ont le droit de réprimer les mendiants vagabonds.

Louis-le-Débonnaire ordonna par son Capitulaire d'Aix-la-Chapelle, en 816 (Capit. de 816, c. 4, Bal., I, 564), que dans les lieux riches, les deux tiers des donations faites à l'église par les fidèles serviraient à l'usage des pauvres, l'autre tiers à l'usage des prêtres; et que dans les lieux moins riches, les pauvres et les prêtres partageraient également entre eux... Partout la part du pauvre était réservée dans les revenus ecclésiastiques, et

---

1. *Capitul.* de Baluze, 5e Capit. de 806, cap. 10; Capit. de 793, cap. 1; Capit. de 813, c. 11 et 12.

lorsqu'elle ne suffisait pas, elle devait être accrue des autres fonds dont le clergé avait la disposition [1].

III

Avec la fin du règne de Charlemagne, commence dans l'histoire de la charité une période d'obscurité dont il faudrait de longs travaux et de patientes recherches pour dissiper les ténèbres.

La féodalité rendait à la fois impossible et inutile toute mesure de législation générale. Le territoire était divisé en une multitude de fiefs. Tous les hommes pauvres et valides étaient entrés au service d'un seigneur auquel ils avaient juré foi et hommage, et qui leur avait promis en retour aide et protection. « Le seigneur prenait ainsi la place de la commune, il en exerçait les droits et en supportait les charges. »

Les invalides, tous ceux qui n'étaient pas capables de faire la guerre, entraient dans les asiles de plus en plus nombreux qui entouraient les églises et les monastères. « On peut aisément présumer, en effet, dit un historien compétent, que le système des hospices et maisons charitables fit alors des progrès de plus en plus considérables... C'est dans les villes épiscopales et près des grands centres monastiques que les pieux établissements continuaient toujours à subsister et à grandir [2]. »

Ils étaient pour la plupart le résultat de fondations

1. *Cartul. de Notre-Dame de Paris*, par M. Guérard, Préf., p. XI.
2. *Histoire de la Charité*, par Léon Gautier, profess. à l'École des Chartes, p. 28.

faites par des particuliers. Muratori nous rapporte un
grand nombre de ces actes de donation en faveur des
pauvres, de 759 à 1197[1].

Parmi les causes de l'immense popularité dont jouis-
sait alors le clergé, et que M. Guérard a si bien analy-
sées dans sa magnifique publication du *Cartulaire de
Notre-Dame de Paris*, l'une des plus efficaces fut certainement cette protection des faibles et des pauvres que
l'Église revendiqua toujours comme une partie de sa
mission. Les pauvres avaient toujours au moins le quart,
souvent le tiers et quelquefois la moitié des revenus
ecclésiastiques. L'Église, en prenant à sa charge et pour
ainsi dire chez elle les veuves, les orphelins et généralement tous les malheureux, ne pouvait manquer de les
avoir sous sa dépendance; mais ce qui devait surtout lui
gagner le cœur de ses nombreux sujets, c'est qu'au lieu
d'être humiliée ou embarrassée de leur cortége, elle s'en
faisait honneur et proclamait que les pauvres étaient ses
trésors. Elle couvrait aussi de sa protection les affranchis,
et frappait d'excommunication le seigneur et le magistrat qui opprimaient l'homme faible ou sans défense.
Lorsque des veuves ou des orphelins étaient appelés en
justice, l'évêque ou son délégué les assistait à la cour
du comte et empêchait qu'on ne leur fît aucun tort[2].

Les monastères étaient même souvent établis dans un
but exclusivement charitable; ils offraient aux malheureux, aux voyageurs, des secours de toute nature. C'est
le témoignage que rend un auteur protestant : « Sur les
bords de la rivière qu'aucun pont ne traversait encore;

---

1. Muratori, *Ant. Ital.*, dissertation 37.
2. *Cartulaire de Notre-Dame de Paris*, par M. Guérard, Préface, ch. 18.

dans la vallée profonde où le voyageur pouvait être surpris par la nuit; sur le sommet de la montagne où le
repos et des aliments sont indispensables, la bienfaisance
avait établi de bonne heure des maisons où le pèlerin
qui passait d'un pays à l'autre était sûr de trouver un
refuge. L'hospice du Mont-Cenis a été fondé par Louis-
le-Débonnaire; celui du Mont-Saint-Bernard existait
déjà. » Et plus loin : « Vers la fin du xiie siècle fut
fondé par Guy, de Montpellier, l'Ordre des Frères Hospitaliers, consacré exclusivement au soulagement des
malades. Ils devaient prodiguer toutes sortes de secours
charitables, soulager ceux qui avaient faim, revêtir les
pauvres, soigner et consoler de toute manière les malades [1]. »

Le xiie siècle marque une sorte d'affaiblissement ou
de ralentissement dans l'élan de la charité; mais au
xiiie siècle la charité prend un nouvel essor, des *Maisons-Dieu* s'élèvent en grand nombre dans toute la
France. C'est de cette époque que le savant Muratori a
dit : « En admettant que notre siècle ait l'avantage de
la piété et des bonnes mœurs sur les siècles de fer du
moyen âge, il ne peut soutenir la comparaison avec eux
pour la libéralité envers les pauvres [2]. »

Le roi saint Louis fonda lui-même un grand nombre
d'hôpitaux et agrandit l'Hôtel-Dieu de Paris. On sait aussi
qu'il établit en faveur des aveugles la maison de refuge
appelée hôpital des Quinze-Vingts, nom qui lui vient de
ce qu'elle était destinée à trois cents pensionnaires.

---

1. F. Hurter, *Des institutions et des mœurs de l'Église au moyen-âge,*
tome II, ch. 21.

2. Muratori, *Ant. Ital.*, dissert. 37, pr.

Mais il sévit en même temps contre ceux qui mendient et qui peuvent travailler. « Tout fainéant, disent les *Établissements*, qui n'ayant rien et ne gagnant rien fréquente les tavernes, doit être arrêté, interrogé sur ses facultés; banni de la ville, s'il est surpris en mensonge, convaincu de mauvaise vie. »

Quelques années plus tard, l'affranchissement des serfs par Philippe-le-Bel rendit une multitude de bras au travail libre; « mais tous ne pouvaient, ne savaient ou ne voulaient pas être employés. Les calamités qui accablèrent la France, les guerres, les maladies, les disettes, l'anarchie, multiplièrent les pauvres, diminuèrent les ressources, encouragèrent les désordres. La charité s'affaiblissait, les revenus du clergé étaient diminués; transformés en bénéfices, ils étaient réservés aux titulaires, et quelquefois étaient envahis par les seigneurs laïques; les pauvres qu'ils avaient servi à entretenir allaient au hasard solliciter d'autres ressources. La guerre entre les pauvres et les riches éclata plus d'une fois par le soulèvement des premiers; elle se produisit dans l'explosion de la Jacquerie [1]. »

Dans les villes, on voyait des troupes de mendiants que leur nombre et l'enchevêtrement des rues étroites et tortueuses protégeaient contre la police; refusant obstinément de travailler, ils importunaient pendant le jour, par des plaintes hardies et des plaies simulées, la pitié des passants qu'ils dévalisaient pendant la nuit.

La peinture et le roman ont immortalisé cette *Cour des Miracles* où se réfugiaient tous les bandits de Paris,

---

1. De Gérando, *De la Bienfaisance publique,* tome IV, IVᵉ partie, liv. I, ch. 2, art. 1ᵉʳ, § 1ᵉʳ.

« cité de voleurs, hideuse verrue à la face de Paris,
égout d'où s'échappait chaque matin et où revenait crou-
pir chaque nuit ce ruisseau de vices, de mendicité et de
vagabondage, toujours débordé dans les rues des capitales ; ruche monstrueuse où rentraient le soir avec
leur butin tous les frelons de l'ordre social ; hôpital
menteur où le bohémien, le moine défroqué, l'écolier
perdu, les vauriens de toutes les nations, Espagnols,
Italiens, Allemands ; de toutes les religions, juifs, chrétiens, mahométans, idolâtres ; couverts de plaies far-
dées, mendiant le jour, se transfiguraient la nuit en brigands : immense vestiaire, en un mot, où s'habillaient
et se déshabillaient à cette époque tous les acteurs de
cette comédie éternelle que le vol, la prostitution et le
meurtre jouent sur le pavé de Paris[1]. »

C'est contre cette plaie des mendiants valides, toujours combattue et toujours renaissante, que nous allons
voir les rois de France épuiser toutes les sévérités de
leur pouvoir.

La plus ancienne ordonnance de ce genre est celle du
roi Jean, de février 1350. Dans les trois jours, tous ceux
qui étaient trouvés « oiseux ou joüans aux dez ou mandians » devaient être emprisonnés pendant quatre jours ;
en cas de récidive, « mis au pillory, » et la troisième
fois « signez au front d'un fer chaud et bannis desdits
lieux. »

De plus, le roi engageait les curés et les moines à
dire dans leurs sermons que « ceux qui voudront donner
aumosnes n'en donnent à nuls gens sains de corps et de
membres, n'à gens qui puissent besongne faire dont ils

---

1. Victor Hugo, *Notre-Dame de Paris*, liv. II, ch. 6.

puissent gaigner leur vie; mais les donnent à gens aveugles, méhaignez et autres miserables personnes [1]. »

C'est l'application de la doctrine constamment professée par l'Église.

IV

L'ordre chronologique, qui nous est imposé par le plan que nous avons suivi, nous amène à deux dispositions d'un genre tout différent, où l'on peut voir l'origine de l'assistance judiciaire et de la médecine gratuite. Ce sont deux ordonnances de Charles V, datées de 1364 et 1370.

La première oblige les avocats et procureurs à donner gratuitement leurs conseils aux plaideurs pauvres : « Que à telles et pour telles povres miserables personnes, nosdites gens, quand les cas y écherront, facent pour Dieu leurs requestes et pieces, et les oyent diligemment et les delivrent briefment. » (Art. 6.)

La seconde enjoint aux chirurgiens de Paris de panser gratuitement les pauvres non admis dans les hôpitaux.

Le xve siècle n'offre à signaler aucune disposition importante relative à la bienfaisance publique; le Pouvoir s'occupait plus alors de réprimer les excès de la mendicité que de diminuer par des mesures directes et préventives le nombre des malheureux. A vrai dire, tous les efforts tentés pour le soulagement des pauvres étaient concentrés dans la charité privée, qui avait multiplié les fondations et créé dans ce but des asiles de toutes sortes. Les papes et les conciles encouragèrent toujours

---

1. *Anciennes lois françaises*, coll. Isambert, Ordonnance de 1350.

les distributions d'aliments et de vêtements aux malheureux. Aussi un grand nombre de ces donations étaient-
elles faites au clergé séculier et régulier, qui était chargé
avec ces ressources de secourir les pauvres.

Mais la plupart de ces asiles étaient desservis par une
foule de petits Ordres religieux, de règles et de noms différents, qui subirent la décadence des xv° et xvi° siècles;
et ce fut là justement l'une des causes qui amenèrent
l'introduction de l'élément laïque dans l'administration
de la charité, comme nous allons le voir dans le chapitre
suivant.

CHAPITRE IX.

DE L'ASSISTANCE PUBLIQUE EN FRANCE DU XVI⁵ SIÈCLE JUSQU'A LA RÉVOLUTION FRANÇAISE.

—

SOMMAIRE

I

Le nombre des pauvres semble avoir pris aux xvi⁶ et xvii⁶ siècles un accroissement considérable qui était loin de répondre malheureusement à une augmentation pro-

portionnelle dans la quotité et le nombre des secours.
Des troupes de mendiants parcouraient le royaume et
affluaient surtout à Paris, où ils formaient, comme'nous
l'avons vu, des associations dangereuses pour l'ordre
public et la tranquillité des habitants.

Les rois sont alors sans cesse préoccupés de ce mal,
et ils tentent par tous les moyens d'y porter remède.
Nous devons analyser brièvement ces ordonnances suc-
cessives.

Après avoir publié le 7 mai 1526 une Déclaration portant commission au prévôt de Paris de saisir les vagabonds, gens sans aveu, mendiants valides, etc., Déclaration qui fut bientôt reconnue insuffisante, François I
donna le 30 août 1536 l'édit intitulé : *Edict sur le faict
de la justice dans le duché de Bretagne et sur l'abrevia-
tion des procez*, qui semble, malgré son titre, avoir une
portée générale. Les mendiants valides devaient être
contraints à « labourer et besongner pour gaigner leur
vie [1]. »

Mais sans doute cette mesure, dont l'application est
si difficile aujourd'hui et devait l'être bien plus encore à
cette époque, n'eut pas un très-grand résultat pratique,
car le 16 janvier 1545 une Déclaration, datée de Saint-
Germain-en-Laye, ordonnait aux prévôt et échevins de
Paris d'employer aux travaux publics les plus nécessaires
à la ville les mendiants valides, sans distinction de sexe.
« Les premiers et plus clairs deniers de la ville » seraient

---

1. Un paragraphe de cet édit (ch. III, art. 5) étend aux trois villes de
'ancien duché de Bretagne, Rennes, Nantes et Vannes, ces dispositions, ainsi
que celles précédémment prises par les rois de France au sujet des mendiants.

L'art. 30, ch. Ier, prescrit aussi d'y appliquer l'assistance judiciaire, établie
par Charles VIII.

consacrés à solder ces mendiants qui, du reste, devaient être surveillés sévèrement et pouvaient être contraints au travail par la force.

Deux ans après, Henri II confirmait cette ordonnance par l'édit du 9 juillet 1547. Il divisait les pauvres en trois catégories : les mendiants valides devaient être employés aux travaux de Paris, et étaient mis en demeure de s'y rendre sous les peines les plus sévères ; les infirmes et les malades sans feu ni lieu devaient être distribués dans les hôpitaux, hôtels et Maisons-Dieu de la vicomté de Paris ; enfin, les pauvres domiciliés et incapables de se suffire par leur travail restaient à la charge des paroisses ; ils devaient être inscrits sur un rôle fait par les curés, vicaires ou marguilliers, et recevoir en leurs maisons l'aumosne raisonnable.

Mais Henri II devait tenter une réforme beaucoup plus importante et une innovation plus grave, dont le principe, du reste, avait été déjà posé par le roi son père dans ses Lettres patentes du 6 novembre 1544.

L'édit du 13 février 1551, enregistré au Parlement le 26 suivant, fait d'abord remarquer « que les questes et aumosnes que l'on voulait recouvrer par sepmaine en chacune paroisse sont tant diminuées et est la charité de la pluspart des plus aisés manans et habitans de nostredite ville tant refroidie qu'il est malaisé et impossible de plus continuer l'aumosne desdits pauvres, que l'on a accoustumé de leur distribuer par chacune sepmaine, chose qui nous vient à très-grand regret et deplaisir [1]. »

---

1. *Recueil général des anciennes lois françaises*, par Isambert, tome XIII, n° 195.

Puis il ajoute que des commissaires désignés par le Parlement rechercheront ce que chacun des habitants de la ville voudra « liberalement donner et aumosner, par chacune sepmaine, pour aider à la nourriture et entretenement des pauvres. » Le chiffre des contributions volontaires sera porté au Parlement, qui taxera chacun selon ses offres et facultés, et cette taxe, à son tour, sera perçue, comme un autre impôt, par toute voie de droit.

C'était, comme on le voit, une sorte de charité légale, mais charité légale dont les inconvénients étaient atténués et mitigés par cette disposition assez bizarre qui faisait proposer par les habitants eux-mêmes le montant de leur contribution, fixée ensuite définitivement, et probablement plus souvent augmentée que diminuée par le Parlement.

Cette espèce de taxe des pauvres fut généralisée dans tout le royaume en 1566 par l'art. 73 de la célèbre ordonnance de Moulins sur la réforme de la justice, et surtout par un édit de mai 1586, portant que pour conjurer les maux de la famine qui sévissait alors et empêcher les mendiants d'accourir à Paris, chaque ville devra, « soit par contribution des habitants ou autrement, et par le meilleur ordre et règlement qu'il sera advisé, nourrir et entretenir ses pauvres, sans qu'ils puissent vaguer ni eux transporter de lieu en autre. »

Cet édit confirme donc le principe de l'assistance communale et du domicile de secours.

Le Parlement prit sa mission au sérieux, et, entre autres, deux arrêts remarquables, rendus à un siècle de distance, le 20 février 1650 et le 30 décembre 1740, règlent l'application de cette taxe qui pesait sur les trois Ordres et fut perçue à peu près exactement jusqu'à la Révolution.

Déjà pendant la famine de 1587, un arrêt du Parlement du 15 juillet 1587 avait ordonné de percevoir d'avance la taxe de trois ans, et en même temps de renvoyer de la ville, sous peine du fouet, tous les mendiants qui s'y étaient réfugiés depuis dix-huit mois.

II

Les ordonnances que nous avons citées pendant cette seconde moitié du xvi⁵ siècle ne sont pas les seuls actes de cette époque qui aient trait à l'assistance publique. On en trouve un grand nombre d'autres qui ont même un caractère plus pratique, plus essentiellement charitable, car ils ont pour objet la création et l'administration des hôpitaux.

Ainsi en 1536, l'année même où paraissait l'édit qui voulait contraindre les mendiants au travail, François I donnait des Lettres patentes établissant l'hôpital des Enfants-Dieu ou Enfants-Rouges, destiné d'abord aux enfants légitimes délaissés de leurs père et mère, décédés à l'Hôtel-Dieu. En 1540 et 1542, de nouvelles Lettres royales réglaient l'élection des gouverneurs de cet hôpital et abolissaient les conditions restrictives posées pour l'admission des enfants abandonnés.

De nombreux abus s'étaient introduits dans l'administration des hôpitaux.

Trop souvent, entre les mains des ecclésiastiques chargés de les diriger, les maisons hospitalières se convertissaient en bénéfices. Le concile de Vienne (1312) avait voulu réprimer ces abus et avait appelé des laïques pour diriger les hôpitaux. Le pape Clément V, dans une Constitution célèbre, avait confirmé ces dispositions.

Mais, d'un autre côté, grâce à l'influence du régime féodal, ces établissements, sous la gestion des laïques, tendaient à se convertir en fiefs, et plus tard virent naître d'autres désordres que les rois, par des ordonnances répétées, tentent de réprimer et de détruire.

Un édit du 19 décembre 1543 peint avec vivacité les abus des administrateurs des hôpitaux : « Incurieux de leurs charges, ces gouverneurs ne resident aucunement sur les lieux, baillent les fruits et revenus desdites maladreries à ferme, delaissent les edifices en ruines et decadences, chassent et estranglent les pauvres malades et lepreux, ou leur font tel et si mauvais traitement qu'ils sont contraincts d'abandonner le lieu et se rendre mandians par les villes et villages, retournant à la communauté et frequentation des hommes, et font plusieurs autres alienations de revenus, biens et heritages desdites maladreries à leurs enfans, parents ou amis, et autres infinis abus [1]. »

Pour remédier à ces maux, François I attribue aux juges royaux « soyent baillifs, seneschaux, prévosts, chastelains ou autres, » la surveillance des maladreries et léproseries, avec faculté de destituer les administrateurs ; il leur ordonne de désigner, pour diriger chaque maladrerie et sous l'autorité du grand aumônier, « deux personnages bons bourgeois, de probité et fidélité, resseans et solvables. »

Un an après, le 15 janvier 1545, le roi étend ces dis-

---

1. *Recueil des anciennes lois françaises*, par Isambert, tome XII, n° 378.

positions à tout le royaume et s'élève encore avec amer-
tume contre ces abus persistants. « Comme nous soyons
deuëment advertis, dit-il, que les hospitaux fondez en
nostre royaume ayent esté mal administrez par cy-de-
vant, et sont encore de pis en pis gouvernez, tant par
leurs administrateurs que prélats de nostre royaume, et
aultres qui doivent avoir l'œil sur iceulx, » il est ordonné
aux juges de visiter les hôpitaux, de s'enquérir de leurs
revenu, estat et réparation des lieux, du nombre des
lits, faire du tout bon et entier procès-verbal, désigner
des administrateurs des comptes en règle, et d'envoyer
le tout aux procureurs généraux des Parlements, qui
pourront citer devant eux les administrateurs et les sus-
pendre en cas de besoin.

Cet édit royal, comme il arrive toujours de ceux qui
tendent à réformer des abus, mécontenta beaucoup de
gens; le clergé et les seigneurs se crurent à la fois
atteints dans leurs prérogatives et réclamèrent. Le Parlement soutint la royauté dans la noble lutte qu'elle
avait entreprise, et l'édit fut enregistré, malgré les oppositions et réclamations adressées au Parlement [1].

Mais les baillis n'avaient pas peut-être l'autorité nécessaire ; ils rencontrèrent des résistances sourdes, venant
souvent de personnes d'un rang élevé, et les administrateurs ne se rendirent point devant les Parlements. François I ne se décourage pas : l'année suivante (1546), nouvel édit.

« Desirans de tout notre cœur, dit le roi, pour le dëu
et acquit de notre conscience, l'entiere et parfaicte exe-
cution de nostrédict edict de point en point, selon sa

---

1. Arrêt d'enregistrement du 15 février 1545.

forme et teneur, ordonnons que les juges accomplissent
la visite des hospitaux prescrite par l'edict de 1545, sur
peine de suspension de leurs estats et offices; et de
nommer dans le délai d'un mois des commissaires chargés d'administrer les revenus des hospitaux. »

La même année, on trouve encore une Déclaration
réglementaire du 20 juin 1546 sur la réforme des hôpitaux.

Puis, cinq ans après la mort de François I, son fils
et successeur, Henri II, reprenait la lutte. Un édit du
12 février 1553 institue une Commission nouvelle, composée de onze conseillers au Parlement, chargée de « procéder à l'entière et parfaite réformation et règlement desdits hospitaux, Hostels-Dieu, aumosneries, maisons d'hospitalité et autres lieux pitoyables. » Pour cela, tous pouvoirs sont donnés à la Commission de contraindre les
administrateurs « par toutes voyes et manières deuës et
raisonnables » (art. 1er). Et comme les juges, baillifs,
seneschaux avaient été négligens d'exécuter ce qui leur
était commis et mandé par les lettres antécédentes, il
leur est enjoint, dans un mois à compter du jour de la
publication des présentes, « de satisfaire au contenu
desdites lettres, et icelles exécuter de point en point,
sans pour ce demander aucun salaire et ce sur peine de
suspension de leur estat... et d'envoyer les procez-ver-
baux demandés au procureur général[1]... »

Le principal et peut-être le seul résultat de cette dernière partie de l'édit fut la réorganisation de l'administration de l'hôpital de la Trinité, à Paris, que nous fait
connaître un édit de règlement de juin 1554. « Les

---

1. *Anciennes lois françaises*, coll. Isambert, tome XIII, n° 285.

gouverneurs et administrateurs de cet hôpital, destiné à l'éducation des enfants pauvres, durent être nommés par le Parlement de Paris sur une liste double de présentation faite par l'avocat et par le procureur général. Tous les maîtres de métiers de Paris furent autorisés à avoir un apprenti au-delà du nombre fixé par leurs statuts, à la condition de le prendre parmi les enfants pauvres élevés à l'hôpital de la Trinité[1]. »

Cependant les abus continuaient et les dilapidations allaient, selon l'énergique expression des ordonnances, « jusqu'à défrauder les pauvres de leur deüe nourriture. ».

En 1561, pendant la minorité du roi Charles IX, Michel de l'Hospital prépara un édit remarquable, dont nous devons citer les principales dispositions; on y retrouve, en effet, cet esprit de fermeté, cette raison pratique qui distinguaient l'illustre chancelier; cet édit semble même avoir servi de type et de modèle à l'organisation actuelle de l'administration charitable.

Tous les hôpitaux seront administrés par des gens solvables, d'une probité notoire et *résidens*, au nombre de deux au moins; ils seront élus tous les trois ans par tous ceux qui pourraient exciper d'un droit de patronage quelconque sur l'hôpital; et s'il n'y en a pas, par les communautés des villes, bourgades et villages.

Une indemnité pour *vivre et vestiaire* seulement sera arbitrée et taxée par les juges des lieux, sans que la somme puisse jamais excéder celle de 720 livres tournois par an, à ceux qui seront chargés de faire le service

1. Dareste, *Histoire de l'Administration en France*, tome I, ch. VII, sect. **2**, § **2**.

divin et d'administrer les sacrements aux pauvres. Toutefois exception est faite en faveur des établissements religieux, auxquels les administrateurs fixeront et distribueront une certaine somme pour leur nourriture en commun et vestiaire seulement.

Les administrateurs *doivent recevoir et traiter* humainement et gracieusement les pauvres malades, sans aucune distinction de lieux ou d'infirmités. Les juges des lieux doivent dresser un état des ressources des établissements charitables, du nombre des lits, et en faire un procès-verbal qu'ils enverront dans les trois mois au chancelier, à peine de destitution.

Les administrateurs doivent demander des comptes à leurs prédécesseurs, et ils doivent eux-mêmes rendre compte chaque année de leur gestion aux patrons de l'hôpital, aux supérieurs ecclésiastiques ou aux magistrats du lieu [1].

Ces dispositions furent encore rappelées et confirmées pas l'art, 73 de la célèbre ordonnance de Moulins (1566), que nous avons déjà citée; mais, malgré tout, il est douteux qu'elles aient produit tout l'effet et tout le bien qu'on en pouvait attendre.

Les États-Généraux, réunis à Blois en 1576, avaient formulé des plaintes assez nombreuses, et entre autres au sujet des établissements hospitaliers; l'ordonnance de 1579 y fit droit; son art. 65 est ainsi conçu : « Et sur les plaintes que nous avons reçues de la mauvaise administration qui se fait ordinairement ès hospitaux et maladreries de nostre royaume : nous enjoignons à tous nos officiers, sur peine de suspension et privation de

1. *Anciennes lois françaises*, coll. Isambert, tome XIV, n° 19.

leurs estats, faire procéder, observer et exécuter les édits
faits pour ce regard par les rois nos prédécesseurs, même
celui de l'an 1561... » Et l'article se termine par cette
disposition significative : « Ne pourront désormais estre
establis commissaires au regime et gouvernement des
fruicts et revenus desdites maladreries et hospitaux, autres que simples bourgeois, marchands ou laboureurs, et
non personnes ecclésiastiques, gentilshommes, archers,
officiers publics, leurs serviteurs ou personnes par eux
interposées [1]. »

Le clergé protesta contre cette exclusion, motivée, il
faut le dire, par les abus qu'il avait laissé s'introduire
dans l'administration des hôpitaux; mais il ne put obtenir que de continuer à être chargé de la direction des
maisons de charité qu'il soutenait de ses propres ressources. C'est ce que lui accorde une ordonnance de
février 1580 (art. 10), qui ne fut encore enregistrée par
le Parlement qu'avec des réserves expresses [2].

La fin du xvie siècle ne nous offre guère, dans l'ordre
d'idées qui nous occupe, que des actes établissant des
fondations spéciales. Citons des Lettres patentes de
Henri III (octobre 1576), qui établirent à Paris un hôpital pour les pauvres honteux, et d'autres, plus générales, du 14 août 1585, qui attribuent aux baillis et
juges ordinaires la connaissance des contestations relatives aux revenus des hôpitaux.

---

1. *Anciennes lois françaises*, coll. Isambert, tome XIV, n° 103.

2. Enregistré au Parlement..... sauf que le 10° article aura lieu sans déroger
à l'édit des hôpitaux. *Arrêt du 5 mars 1580.*

III

Le xviiᵉ siècle fut fécond en mesures charitables. Nous devons maintenant retracer brièvement l'histoire des dispositions législatives de cette époque et des institutions qu'elle a vu naître.

Mais auparavant il convient de rappeler ici le réveil si frappant de la charité catholique. Déjà en 1547, le concile de Trente, qui sanctionna toutes les réformes nécessaires, recommandait aux évêques de veiller à ce que les administrateurs des hôpitaux s'acquittassent de leur charge « *fideliter et diligenter;* » et il rappelait, en la confirmant, la Constitution du concile de Vienne que nous avons déjà citée : « *Curent Ordinarii ut hospitalia quæcumque a suis administratoribus, quocumque illi nomine censeantur, etiam quomodolibet exemptis, fideliter et diligenter gubernentur; constitutionis concilii Viennensis, quæ incipit :* « *Quia contingit* » *forma servata; quam quidem constitutionem eadem sancta synodus innovandam duxit et innovat, cum derogationibus in ea contentis* [1]. »

Quelques années après paraissait saint Vincent-de-Paul, à qui son amour des pauvres inspirait ces prodiges qui sont admirés de tous les amis de l'humanité, à quelque parti ou religion qu'ils appartiennent.

Avec ce coup d'œil de génie que lui donnait la charité, saint Vincent-de-Paul comprit qu'une des grandes

---

1. *Concile de Trente, Sessio VII, Decretum de reformatione,* canon 15. — *Acta Concil.,* Labbe, tome X, col. 58.

causes de la décadence avait été la diversité et la multiplicité des Ordres charitables, et il voulut les remplacer
tous par cet Ordre sublime des Filles de la Charité dont
l'admirable organisation a résisté à tous les orages et
fait encore aujourd'hui son succès et sa fécondité.

Citons aussi la création des dames de l'Hôtel-Dieu
(religieuses de Saint-Augustin), destinées à soigner les
malades dans les hôpitaux, et surtout la fondation de
l'hôpital des Enfants-Trouvés, dont nous aurons à parler
plus tard, et nous connaîtrons quelques-uns des principaux effets de ce magnifique réveil de la charité chrétienne.

IV

Mais il faut revenir à l'histoire de l'administration
générale de la bienfaisance publique.

Deux noms remplissent le xviie siècle : Louis XIII et
Louis XIV, ou, pour mieux dire, malgré une réhabilita-
tion récemment et heureusement tentée, Richelieu et
Louis XIV.

Henri IV, en effet, mourait en 1610, avant d'avoir eu
le temps d'accomplir toutes les réformes qu'il projetait.

Il n'aurait pas sans doute négligé les mesures destinées à secourir les malheureux, car la misère était
grande alors, surtout à Paris. « Le nombre des pauvres
se trouvait, à Paris, accru des deux tiers, nous dit le
Journal de L'Étoile, y étant entrés de 6 à 7,000, le jour
de devant. Peu de temps auparavant, on en avait compté
7,769 dans le cimetière des Innocents[1]. »

---

1. *Journal de Henri IV*, par L'Étoile, éd. Petitot, II, 161-163.

Henri IV voulut au moins faire quelque chose pour
les soldats blessés. « Depuis des siècles, les nombreux
monastères, les abbayes, les grands bénéfices de nomination royale ou seigneuriale qui couvraient le sol de la
France étaient tenus de recevoir, sous le nom de *religieux lais* (laïques) ou *d'oblats* un ou plusieurs soldats
invalides, suivant l'importance de leurs revenus. Mais
il était toujours arrivé que moines et soldats étant d'hu-
meur et d'habitudes peu compatibles, les moines avaient
tout fait pour se débarrasser de leurs hôtes qui, de leur
côté, moyennant quelque argent, avaient trafiqué de
leurs droits et quitté la place[1]. »

Plusieurs édits royaux de 1597, 1600, 1604 et 1606
affectèrent la maison royale de la Charité chrétienne,
sise au faubourg Saint-Marcel, « aux pauvres gentilshommes, capitaines et soldats estropiés, vieils et caducs,
pour y être logés, nourris et entretenus le reste de leur
vie, » et prescrivirent d'appliquer aux dépenses de cette
maison tout l'excédant des recettes des autres établissements charitables.

Deux ans après l'avènement de Louis XIII, on voulut
tenter contre la mendicité un effort suprême : un man-
dement de la reine-régente du 27 août 1612, et un édit
du 24 octobre de la même année ordonnèrent d'enfermer
dans des hospices, ou plutôt dans des maisons de travail, tous les vagabonds des deux sexes dépourvus de
moyens d'existence et vivant des aumônes du public. On
n'excepta de cette mesure que les mendiants étrangers à
Paris, c'est-à-dire ceux qui n'y avaient pas leur domicile
depuis longues années. Les maisons destinées à servir de

1. Camille Rousset, *Histoire de Louvois*, ch. III, p. 231.

dépôt furent choisies, l'une dans le faubourg Saint-Victor, où l'on enferma les mendiants valides; l'autre dans le faubourg Saint-Marcel, qui servit de retraite aux femmes, aux filles et aux enfants malades au-dessous de huit ans, et la troisième dans le faubourg Saint-Germain, où furent reçus les hommes et les femmes atteints de maladies incurables les mettant hors d'état de travailler. On employa les hommes valides à moudre du blé dans les moulins à bras, à faire de la bière, à battre du ciment ou à d'autres ouvrages pénibles. Les femmes, les filles et les enfants s'occupaient à tricoter des bas, à faire des boutons et d'autres menus objets, dont il n'existait à Paris aucun métier juré. Quant aux malades, ils étaient portés et traités à l'Hôtel-Dieu [1].

En huit jours on enferma dans ces asiles la plus grande partie des mendiants de Paris.

Pourtant ils ne tardèrent pas à reparaître, et même, en 1618, ils excitèrent des révoltes que l'on fut obligé de réprimer à main armée. Du reste, il faut le dire, soit manque de fonds, soit mauvaise administration, les dépôts de mendicité ne purent se maintenir et furent dissous par arrêts du Parlement des 15 septembre 1612 et 3 avril 1618.

Toutefois, ces mesures eurent au moins un bon résultat : elles déterminèrent la fondation de l'hôpital de la Pitié, où l'on renferma d'abord les pauvres valides (janvier 1623), et celle de l'hospice des Incurables, dont des Lettres patentes de 1637 confirmèrent l'institution. Ce dernier asile, d'une utilité si incontestable, n'a fait que

---

1. M. Caillet, *De l'Administration en France sous le ministère du cardinal de Richelieu,* chap. VIII, sect. III, § 2.

s'agrandir depuis cette époque; fondé d'abord pour recevoir 36 lits, il en comptait déjà 360 avant la Révolution, et aujourd'hui la maison principale et ses succursales n'en contiennent pas moins de 1,140.

La grande ordonnance de 1629, rendue sur les plaintes des États de 1614, et bien connue sous le nom de *Code Michaud*, contenait un art. 42 relatif à notre sujet; il étend, en effet, à toute la France les règlements des pauvres adoptés à Paris et à Lyon, et il prescrit de renvoyer de ces deux villes les pauvres étrangers.

Mais l'exécution de ce dernier point était bien difficile, et fut probablement à peu près nulle. Nous voyons, en effet, le règlement général de police du 30 mars 1635 enjoindre aux mendiants de sortir de Paris, sous les peines les plus sévères; le 4 juillet 1639, une nouvelle Déclaration donnait le même ordre sous les mêmes peines, et probablement avec la même inutilité.

C'est aussi au règne de Louis XIII qu'il faut rapporter la fondation des *Monts-de-Piété*. Ce roi prescrivit, en 1626, d'en établir dans toutes les villes du royaume et d'y prélever un intérêt de 5 %; mais cet édit ne fut pas exécuté. En 1643, bien qu'on eût décidé d'en placer dans cinquante-huit villes, il n'y en avait qu'à Marseille, Montpellier, Tarascon, Apt, Brignoles et Angers. Paris n'eut de Mont-de-Piété qu'en vertu des Lettres patentes de Louis XVI du 9 décembre 1777; on y prêta à 3 et plus tard à 12 %.

V

Le gouvernement de Louis XIV devait essayer de réglementer les secours publics, et surtout de débarrasser Paris de cette tourbe de mendiants qui étaient une cause perpétuelle de désordres. C'est ce que tenta la grande ordonnance du 22 avril 1656, qui contenait quatre-vingt-trois articles et était suivie d'un règlement de trente-neuf articles.

« Par ce Code, le plus complet que la France eût encore possédé, les indigents étaient divisés en deux classes : ceux qui devaient être assistés à domicile et ceux qui devaient être recueillis dans les Hôpitaux-Généraux. La première comprenait les pauves honteux et les pères de famille; tous les autres indigents étaient rangés dans la seconde, et les asiles publics étaient organisés et dotés pour les recevoir [1]. »

Ces asiles, qui furent réunis sous le nom d'*Hôpital-Général*, comprenaient les maisons de la Pitié, de Bicêtre, de la Salpétrière, de Scipion et de la Savonnerie. Il fut enjoint aux 40,000 mendiants de la capitale de se rendre, du 7 au 13 mai 1657, dans la cour de l'hôpital de la Pitié, pour y être enrôlés et envoyés, s'il y avait lieu, à l'un des établissements de l'Hôpital-Général, ou pour accepter le travail qu'on leur offrait; 5,000 seulement répondirent à l'appel. Ce fut un sauve-qui-peut général, et pendant quelque temps Paris fut débarrassé

---

[1]. De Gérando, *De la Bienfaisance publique*, tome IV, IV⁰ partie, livre 1ᵉʳ, ch. 2, art. 1, § 1.

de son fléau. Mais le mal reparut bientôt avec des proportions effrayantes. On avait été obligé, pour réprimer
les mendiants et les conduire dans les asiles, de créer
un corps d'*archers* ou de *sergents des pauvres*, qui, le
plus souvent, n'étaient pas secondés dans leur tâche par
la population, et contre lesquels furent même soulevées
plusieurs émeutes que le Parlement de Paris tenta mol-
lement, et du reste vainement, de contenir, par ses arrêts
des 2 juin 1657 et 26 novembre 1659.

Moins timide, une ordonnance d'août 1661 rappela
les anciennes dispositions, et considérant que la mendicité opiniâtre et affectée par les *personnes valides* est
la source de tous les crimes contre Dieu et le public,
prescrivit de saisir les mendiants valides, déclarant qu'ils
seraient châtiés du fouet; que les hommes repris quatre
fois de suite mendiant, seraient condamnés à servir sur
les galères pendant cinq ans, et les femmes à être rasées
et bannies pour dix ans de la prévôté et vicomté de
Paris[1].

Mais il était naturel de supposer que les mendiants
qui avaient quitté Paris à la suite de l'édit de 1656 ne
trouveraient pas dans les provinces les secours ni le
travail nécessaires; et c'est ce qui les fit refluer sur la
capitale, où la famine de 1661 avait d'ailleurs attiré
une foule de malheureux. Pour remédier à ce mal, un
édit de 1662 prescrivit d'établir dans chaque ville un
hôpital pour les pauvres et les malades de cette ville :
« Ordonnons, disait l'édit, qu'en toutes les villes et faubourgs de notre royaume, où il n'y a point encore d'Hos-
pital-Général établi, il soit incessamment procédé à l'é-

---

1. *Anciennes lois françaises*, coll. Isambert, tome XVIII, n° 379.

tablissement d'un hospital et aux règlements d'icelui,
pour y loger, enfermer et nourrir les pauvres mendiants
invalides, natifs des lieux, ou qui y auront demeuré
pendant un an, comme aussi les enfants orphelins ou
nés de parents mendiants [1], »

Un grand nombre de villes de province se soumirent
à ces prescriptions et firent construire des Hôpitaux-Généraux ; entre autres Rennes, Nantes, Tours, Toulouse,
Rouen, Chartres, Caen, Beauvais, Senlis, Pontoise, etc.

D'un autre côté, à Paris, Colbert tenait soigneusement
la main à l'application de l'édit de 1656 ; des règlements
de 1680, 1684, 1690 pour l'administration de l'Hôpital-
Général nous en fournissent la preuve. Tous ces règlements se suivent et se ressemblent ; celui du 23 mars
1680 prescrit de ne recevoir à l'Hôpital-Général de Paris
que les pauvres demeurant en cette ville depuis plusieurs
années ; de dresser tous les ans un état estimatif des
recettes et dépenses de l'hôpital ; puis il rappelle et
aggrave encore les mesures prises et les peines portées
contre les mendiants valides.

Alors, comme aujourd'hui, la grande difficulté était de
trouver des ressources pour nourrir tous ces malheureux. L'édit de 1656 engageait vivement à faire des legs
pieux à l'Hôpital-Général (art. 24) ; un autre, d'août
1661, portait défense de donner à fonds perdus aux
communautés, excepté à l'Hôtel-Dieu. Le produit des
troncs et boîtes placés dans les rues et les églises était
en effet fort insuffisant, et malgré des dons considérables
de hauts personnages de la Cour et de la Ville, le bud-

---

1. *Anciennes lois françaises*, coll. Isambert, tome XVIII, n° 395

get de l'Hôpital-Général se soldait encore en 1662 par une dépense de 895,922 livres contre 776,869 livres 6 sous de recette.

Au nombre des ressources ordinaires des hôpitaux figurait une partie du produit des octrois. Des ordonnances, un peu plus récentes il est vrai, rappellent ces droits, qui devaient déjà exister au xviie siècle. Ainsi, une ordonnance du 19 août 1774 établit une perception du vingtième aux entrées de Paris au profit des hôpitaux; une seconde, du 22 juillet 1780, proroge pour trois ans le droit d'octroi accordé à l'Hôpital-Général et à l'hôpital des Enfants-Trouvés; enfin, une dernière, du 15 août 1781, établissait un droit de 30 sous par muid de blé entrant à Paris.

Ainsi encore une ordonnance du 25 février 1699 attribuait à l'Hôpital-Général le sixième des sommes payées pour l'entrée à l'Opéra et aux spectacles.

Et pourtant toutes ces ressources étaient, paraît-il, loin d'être suffisantes, puisqu'un édit d'avril 1690 permet aux administrateurs de l'Hôtel-Dieu et des Incurables d'en vendre les biens pour payer les dettes de ces établissements.

Trois ans après, une recette inespérée arrivait aux hôpitaux. Les biens des maladreries et léproseries, asiles qui depuis longtemps n'avaient plus d'utilité, avaient été attribués aux Ordres de Saint-Lazare et du Carmel; une Déclaration du 24 août 1693 annula ces dispositions et donna ces biens aux Hôpitaux-Généraux.

Enfin, dans une Déclaration importante du 12 décembre 1698, que nous aurons à rappeler plus tard, le Pouvoir essayait de donner aux hôpitaux une réglementation uniforme et de les soumettre à un régime d'administration commun.

VI

Il ne faut pas omettre d'ailleurs de signaler les fondations nouvelles d'établissements en faveur des pauvres. En 1645, des Lettres patentes autorisaient l'hôpital fondé à Charenton par les Frères de la Charité, et qui, dès la fin du xviie siècle, reçut dans un quartier séparé les aliénés dont on jugeait la réclusion nécessaire.

En 1656, d'autres Lettres établissaient à Paris l'hôpital des *Convalescents*, qui existe encore aujourd'hui (décret du 8 mars 1855).

Enfin, un édit de juin 1670 sanctionnait la création d'un hôpital des Enfants-Trouvés, et mérite une attention spéciale.

Malgré les efforts de l'Ordre du Saint-Esprit, qui avait été institué au xive siècle pour secourir les enfants abandonnés; malgré la fondation de l'hospice des Enfants-Rouges, les enfants trouvés étaient restés pendant le xviie siècle dans le plus déplorable abandon.

Ceux qui ne pouvaient parvenir à entrer dans les deux hospices des *Enfants-Bleus* et des *Enfants-Rouges* (ainsi désignés à cause de la couleur de leurs vêtements), étaient portés à une petite maison de la rue Saint-Landry, appelée la *Couche*, où ils vivaient, ou plutôt mouraient dans la plus profonde misère; quelquefois, ils étaient vendus, souvent pour 1 fr., à des mendiants qui les déformaient et les faisaient quêter à leur profit; d'autres fois même, on les sacrifiait à des opérations plus abominables encore.

C'est là que saint Vincent-de-Paul, aidé de Mme Legras, fidèle compagne de ses charités, alla chercher quelques-uns de ces pauvres petits êtres, et les transporta dans une maison louée par lui, où ils furent soignés par des Filles de la Charité. Cette maison devait devenir l'hospice des *Enfants-Trouvés*; mais à travers quelles péripéties et quelles vicissitudes! Nulle histoire n'est plus palpitante d'intérêt que ce drame de la charité; malheureusement, nous ne pouvons que la rappeler ici. Après mille ennuis, mille inquiétudes, mille soucis, Vincent-de-Paul vit enfin son œuvre marcher; mais il ne put être témoin de son couronnement définitif, car il était mort depuis dix ans quand Louis XIV, par son édit de 1670, accorda aux *Enfants-Trouvés* des revenus assez considérables en même temps que l'existence légale.

Cet édit, qui fut enregistré au Parlement le 10 août 1670, commençait par rappeler ce qui avait été fait en faveur des enfants exposés : par arrêt du 13 août 1552, le Parlement avait ordonné que les seigneurs hauts-justi-ciers contribueraient chacun pour une quote-part à l'en-tretien des enfants abandonnés de la ville de Paris; plus tard, Louis XIII accorda pour cet objet une somme de 4,000 livres, et Louis XIV lui-même, dans des Lettres patentes du mois de juin 1644, 8,000 livres « à prendre par chacun an sur les cinq grosses fermes. Mais, ajoute le roi, comme nostre bonne ville de Paris s'est beaucoup accruë depuis ce temps, et que le nombre des enfants exposez s'est fort augmenté, la dépense que l'on a esté obligé de faire depuis quelques années s'est trouvée monter à plus de 40,000 livres par chacun an, sans qu'il y ait presque pour y subvenir autres fonds que les aumosnes de plusieurs dames pieuses, les charitez des-

quelles excitées par le feu sieur Vincent, premier supérieur général de la mission, et instituteur des Filles de
la Charité, ont contribué de notables sommes de leurs
biens et de leurs soins et peines à la nourriture et éduca-
cation de ces enfants. » En conséquence, l'hospice fondé
par ces personnes charitables est autorisé et jouira de la
plénitude des droits civils. Le roi lui assigne 12,000 liv.
de revenus, plus certaines redevances sur les seigneurs
hauts-justiciers de Paris; enfin, il exhorte vivement tous
ceux qui ont jusqu'alors pris soin de ces enfants, à continuer leur mission de dévouement.

VII

Ces diverses mesures devaient, semble-t-il, soulager les
malheureux et diminuer le nombre des mendiants dans
la capitale; mais, sans doute, ce résultat ne fut que
momentané. Faut-il reprendre encore une fois la triste
et fastidieuse énumération des ordonnances punissant et
renvoyant les vagabonds et les mendiants? Faut-il dire
qu'en 1686, en 1687, et plus tard en 1699, des Déclarations royales chassent et punissent les mendiants valides?

On doit le reconnaître toutefois, les malheurs de
toute sorte qui affligèrent les dernières années du règne
de Louis XIV ne furent pas étrangers à cette persistance
du mal.

« Tout concourut alors à donner à la misère des proportions effrayantes : l'aggravation des impôts et des
charges de toute espèce, la décadence du commerce et
de l'industrie, causée par la guerre et par de mauvaises

mesures économiques; la suppression des mesures pro-
tectrices de l'agriculture, le manque de bras, que la
guerre enlevait par cent mille aux travaux des champs.
A ces maux, ouvrage des hommes, se joignaient les
fléaux de la nature : la récolte de 1692 avait été gâtée
par les pluies, celle de 1693 n'avait pas été meilleure,
et, comme toujours, la panique générale et l'avidité des
trafiquants portaient la cherté fort au-delà du déficit
réel[1]. »

Deux Déclarations nouvelles, du 10 février 1699 et du
25 juillet 1700, à propos des mendiants et vagabonds,
confirment cette appréciation sur l'affreuse famine de
1693, qui dépassa en rigueur celle de 1661-1662.

Enfin, avant de quitter ce XVIIe siècle qui a donné à
la France bien de la gloire, mais gloire qui lui a coûté
si cher, comment ne pas rappeler d'un mot au moins la
magnifique fondation *des Invalides*. Idée grandiose, réalisée d'une façon plus grandiose encore! Voulant assurer
aux soldats qui avaient versé leur sang pour la France
un asile pour leurs vieux jours, Louis XIV, ou plutôt
Louvois, mais Louvois était le ministre de Louis XIV,
fit construire en 1670, sur les plans de Mansard, l'hôtel des Invalides, où furent reçus 2,000, puis 4,000 officiers et soldats mutilés.

VIII.

Nous passerons rapidement sur le XVIIIe siècle; d'a-
bord parce qu'il ne fournit à l'histoire de la bienfaisance

1. H. Martin, *Histoire de France,* tome XIV, liv. LXXXVII.

que des documents relativement rares, et surtout parce
que cette histoire perd presque complètement son intérêt
en face de l'immense portée sociale de la Révolution qui
a terminé cette époque.

Il faut pourtant signaler certaines mesures plus importantes qui se rapportent aux trois sujets principaux
de cette étude : la mendicité, les enfants trouvés, les
hôpitaux.

Les calamités qui avaient affligé les dernières années
du règne de Louis XIV marquèrent aussi celui de
Louis XV, et aggravèrent encore les causes habituelles
et générales de misère. Le régent d'abord, par une ordonnance du 23 mars 1720, mais surtout le cardinal de
Bourbon, par les ordonnance et déclaration des 18 juillet et 12 septembre 1724, essayèrent de remédier à ces
maux.

Cette dernière ordonnance, fort longue et fort détail-
lée, commence par reconnaître que si les mesures prises
jusque-là n'ont point arrêté le mal, cela provient de ce
qu'elles n'avaient pas un caractère suffisant de généralité; que les hôpitaux n'avaient pas été établis en assez
grand nombre sur la surface du royaume, ni munis
d'assez de ressources pour recevoir tous ceux qui y
étaient admis; enfin, que les mendiants étaient revenus
peu à peu dans les villes d'où on les avait expulsés,
parce qu'on ne leur avait pas fourni de travail dans le
lieu de leur naissance, et qu'ils n'étaient pas arrêtés par
des peines trop faibles pour les effrayer. — En conséquence, il est enjoint à tous mendiants valides, dans
tout le royaume, de gagner leur vie par le travail, ou
d'entrer dans les Hôpitaux-Généraux où on les occu-
pera; une échelle de pénalités plus sévères et mieux

graduées est établie contre tous ceux qui seront trouvés mendiant dans les villes du royaume, et la connaissance de ces délits appartiendra au lieutenant-général de police à Paris, et aux lieutenants de police dans les autres villes.

Ajoutons enfin que le préambule de l'ordonnance déclare que des ressources suffisantes seront attribuées aux hôpitaux, même sur les propres deniers du roi, et cherche à exciter la charité privée en leur faveur[1].

On tenta par d'autres moyens encore de soulager la misère : ainsi, des arrêts du conseil du 22 janvier 1741 et du 13 février 1742 établissaient une loterie royale en faveur des pauvres.

Plus tard, le Parlement rendait un arrêt (28 février 1785) d'après lequel les héritiers, exécuteurs testamentaires, et tous autres ayant connaissance de testaments ou actes quelconques contenant des legs, aumônes ou dispositions au profit des pauvres, devaient faire déclaration dans huitaine aux substituts du procureur général, à peine d'être condamnés au paiement du quadruple envers les pauvres; et contre les notaires, à peine de 300 livres d'amende.

Enfin, à la veille même de la Révolution, le 2 décembre 1788, une ordonnance paraissait pour régler les dispositions relatives à l'établissement des ateliers de charité accordés par le roi pour procurer du travail et des secours aux classes indigentes pendant l'hiver de 1788 à 1789.

Mais, hélas! cette fois encore sans doute, ces dispositions furent insuffisantes, et aux mesures préventives il

---

1. *Recueil des ordonnances, édits et arrêts de règlement,* tome III, p. 265.

fallut une fois de plus ajouter les mesures répressives. On voit, en effet, continuer la série des actes du pouvoir qui proscrivent la mendicité.

Deux ordonnances du 25 juin 1769 et du 27 juillet 1777 enjoignent aux mendiants étrangers de quitter Paris, sous peine d'emprisonnement; aux pauvres valides de se rendre dans les ateliers de charité, et aux infirmes dans les hôpitaux. Un édit de mars 1784 porte défense expresse aux étrangers de quêter dans le royaume, et un arrêt du Parlement du 1er septembre 1786 rappelle et consacre le principe que les secours ne sont dus « qu'à ceux qui sont dans l'impossibilité de gagner leur vie, et que ces secours doivent être fournis par chaque paroisse, les pauvres errants devant être renvoyés à cet effet au lieu de leur naissance[1]. »

Parcourons maintenant l'histoire des établissements hospitaliers, et tout d'abord de celui qui est peut-être le plus intéressant de tous : l'hospice des Enfants-Trouvés.

Le nombre des enfants recueillis dans cet asile, qui était de 1,600 à la fin du xviiᵉ siècle, s'était rapidement élevé jusqu'à 3,000, 5,000, et en 1770 il était de 6,918. Ces maisons, en effet, peuvent présenter l'inconvénient grave, sur lequel nous aurons à revenir, d'accroître le nombre des abandons; mais à ce moment l'augmentation était surtout produite par le transport à Paris de centaines, de milliers d'enfants qui, des provinces les plus éloignées, arrivaient par charretées dans la capitale; leurs parents, en effet, ne trouvant aucun asile dans leur pays, voulaient les faire nourrir par l'hospice des Enfants-Trouvés, dont ils connaissaient la réputation.

1. C. de Chamborant, *Du Paupérisme*, liv. I, chap. 8.

Pour arrêter cet abus, le conseil du roi rendit un arrêt, daté du 10 janvier 1779, qui défendait à tous voituriers de transporter aucun enfant abandonné ailleurs qu'à l'hôpital le plus prochain, ou à tel autre de la généralité désigné particulièrement pour ce genre de secours.

Notons aussi un arrêt du Parlement du 17 février 1777, qui est encore en vigueur; cet arrêt porte homologation d'une délibération faite au bureau de l'Hôtel-Dieu, le 27 novembre 1776, concernant la nomination et présentation aux lits de l'hôpital des Incurables.

Enfin un édit de janvier 1780 réglemente la vente des immeubles des hôpitaux et le remploi des deniers; un arrêt du conseil du 30 août 1780, nomme des commissaires pour exécuter cet édit et passer au profit des hôpitaux des contrats de constitution de rente du montant des fonds par eux versés dans la caisse générale des domaines royaux et provenant de la vente de leurs immeubles.

Ces dispositions étaient dues à l'influence du ministre Necker, qui, frappé de l'étendue et du grand nombre de propriétés immobilières que possédaient les 2,185 hôpitaux existant alors en France, avait tout mis en œuvre pour les engager à convertir leurs biens en rentes sur l'État.

Au milieu des agitations et des troubles qui marquèrent cette époque, un évènement imprévu, survenu à la fin du règne de Louis XV, l'incendie de l'Hôtel-Dieu de Paris, vint appeler tout d'un coup l'attention publique sur le régime des hôpitaux et mettre en question les bases mêmes de leur organisation.

De nombreux écrits furent publiés. Le roi Louis XVI nomma, le 17 août 1777, une Commission chargée d'é-

tudier les moyens d'améliorer les divers hôpitaux; l'Académie des Sciences, consultée à son tour, en élut une
autre, où siégeaient Bailly, Daubenton, Lavoisier, La-
place, Coulomb, d'Arcet et Tenon. Ce dernier rédigea
un rapport remarquable qui exposait avec force les abus
existant dans l'administration des hôpitaux.

On ne pouvait d'un coup faire disparaître tous ces
désordres; mais on voulut au moins remédier à celui
qui était peut-être le plus grave et certainement le plus
navrant de tous. A cause de l'affluence des entrées, on
était réduit à entasser quatre et quelquefois six malades
dans le même lit. Par des Lettres patentes du 22 avril
1781, le roi Louis XVI ordonna de ne mettre qu'un
malade dans chaque lit.

Le ministre Necker préluda lui-même aux améliorations en fondant un hôpital modèle, qui porte encore
aujourd'hui son nom. Peu après, un arrêt du conseil
du 22 juin 1787 ordonna la fondation de quatre nouveaux hôpitaux, où devaient se trouver réalisées les
améliorations les plus importantes et les plus vivement
réclamées.

CHAPITRE X.

L'ASSISTANCE PUBLIQUE DE LA RÉVOLUTION
FRANÇAISE JUSQU'A NOS JOURS.

—

SOMMAIRE

I. Révolution française. — L'Assemblée Constituante. — Rapports du *Comité de mendicité.*

II. La Convention. — Centralisation de la charité. — Droit aux secours publics. — Répression de la mendicité. — Livre de la *Bienfaisance nationale.*

III. Abrogation des lois de la Convention. — Mesures relatives aux enfants trouvés. — L'Empire. — La Restauration.

IV. La Révolution de 1848. — Projets de lois sur l'assistance. — Rapport de M. Thiers. — Loi du 7 août 1851. — L'Assemblée Nationale de 1871. — Loi du 21 mai 1873.

I

La Révolution arriva, précédée et préparée par cet immense mouvement de transformations et de réformes qui surexcita pendant vingt ans toutes les classes de la société française.

Parmi les questions qui furent soulevées alors, celles relatives à l'assistance publique ne furent pas, on le pense bien, les dernières à être discutées : leur importance sociale n'a jamais, en effet, échappé à personne.

L'existence des hôpitaux, l'assistance à domicile, le droit du pauvre aux secours publics, telles furent principalement les thèses examinées par les philosophes du xviiiᵉ siècle.

Il faut le dire, les solutions qu'ils y donnèrent se ressentent de la passion qui les animait; et les abus qu'ils avaient sous les yeux les firent se jeter dans les excès opposés.

Montesquieu déjà, leur prédécesseur et leur maître, avait posé ces questions, et, avec cette aisance qui, chez tout autre, s'appellerait légèreté, il les avait résolues d'avance. Ainsi, il condamne les hôpitaux, qui lui paraissent ne servir qu'à entretenir la pauvreté, et il réclame leur abolition; mais, d'un autre côté, il admet le droit de tout citoyen à recevoir de l'État un secours, une subsistance assurée[1].

Nous examinerons plus tard les avantages et les inconvénients des hôpitaux et de l'assistance à domicile; mais, dès à présent, nous pouvons dire avec le ministre Necker : « Rien n'est plus conforme aux lois de l'équité que ces établissements publics, où le véritable pauvre trouve des secours dans ses infirmités et ses maladies; et s'il est des moments où la confiance en de pareils secours le rend moins économe, il en est d'autres où cette confiance le préserve du plus affreux désespoir. Il faut donc, je le crois, s'en tenir à ces

1. Montesquieu, L'Esprit des Lois, liv. XXIII, ch. 20.

vieilles idées d'humanité que le temps et les opinions
de tous les pays ont consacrées[1]. »

C'est pourtant, au fond, sur les principes posés par
Montesquieu que l'Assemblée Constituante, et surtout
plus tard la Convention, allaient essayer de rebâtir l'édifice renversé de la bienfaisance publique.

En effet, dit M. de Gérando, « séculariser complètement les secours publics, consacrer les droits de l'indigence dans sa plus grande étendue, ramener à l'unité la
direction des secours publics en les envisageant comme
une dette nationale, tels furent les trois principes fondamentaux sur lesquels les vues politiques de cette époque
firent reposer l'ensemble du système. Appliqués dans de
sages limites, ils eussent produit les résultats les plus
désirables; portés à l'exagération, appliqués d'une manière absolue, ils n'ont pu résister aux épreuves de la
pratique. La législation, découragée par ses propres
essais, a gardé le silence du doute ou de l'indifférence,
et a laissé la pratique agir suivant les traditions ou les
circonstances[2]. »

L'Assemblée Nationale s'était occupée dès son début
de la question de la mendicité et des secours publics.
Le décret du 22 décembre 1789 avait attribué aux administrations départementales le soulagement des pauvres,
la police des mendiants et vagabonds, l'inspection et
l'amélioration du régime des hôpitaux.

Un autre décret du 30 mai 1790 ordonnait aux mendiants étrangers de sortir de la capitale; pour cela, il

1. Necker, *De l'Administration des finances de la France*, tome III, ch. 16.
2. De Gérando, *De la Bienfaisance publique*, tome IV, IV* partie, liv. I,
ch. 2, art. 1, § 2.

leur prescrivait de demander des passeports, dont il
réglait la forme, encore usitée aujourd'hui; et l'art. 7,
confirmé par la loi du 24 vendémiaire an II, établissait
ce secours de trois sous par lieue, qui est encore attribué aux voyageurs indigents.

Enfin, le 12 août suivant, l'Assemblée nommait le
Comité pour l'extinction de la mendicité. Ce comité, pré-
sidé par le duc de La Rochefoucault-Liancourt, se livra
à l'examen le plus consciencieux, aux recherches les
plus actives, et son président résuma les travaux du
comité dans sept rapports, qui furent successivement
déposés sur le bureau de l'Assemblée.

Ces rapports, qui sont aujourd'hui à peu près introu-
vables, forment un traité complet et fort remarquable de
la bienfaisance publique; ils contiennent en germe une
grande partie de la législation actuelle sur cette matière.

Admettant tout d'abord le droit du pauvre à être secouru, à demander à l'État sa subsistance quand il est
dans le besoin, le comité propose deux moyens de remédier à la misère et d'arrêter la mendicité. C'est d'abord
l'assistance à domicile : en pratique, un fonds de secours
général, qui eût constitué une des dépenses de l'État,
eût été réparti par les administrations locales entre les
pauvres de tout le pays, selon une espèce de tarif gradué
d'après les besoins de l'indigent.

En second lieu, les hospices et hôpitaux devaient être
maintenus, quoiqu'on leur préférât de beaucoup le premier mode; mais leur nombre aurait été réduit. De plus,
le comité combattait l'assistance par la commune; il proposait de rendre nationaux les biens des hôpitaux, de les
aliéner, de centraliser administrativement la direction de
ces établissements, et d'affecter à chacun d'eux dans la

répartition des secours un revenu égal à celui qu'il possédait au jour de l'aliénation de ses biens.

La Constituante n'eut pas le temps de mettre en pratique les mesures proposées par le comité qu'elle avait nommé, ni d'édicter une loi générale réglementant l'organisation de l'assistance publique. On voit seulement que la Constitution du 3 septembre 1791 porte qu'il sera créé et organisé un établissement général de secours publics pour élever les enfants abandonnés, soulager les pauvres infirmes, et fournir du travail aux pauvres valides qui n'auraient pas pu s'en procurer. (Tit. I, § 5.)

Mais déjà la Constituante manifestait ses intentions dans des décrets spéciaux et préludait à ce qu'allait faire la Convention quelques semaines plus tard.

Ainsi, quoique l'art. 8 du décret du 20 avril 1790, qui attribuait à l'État l'administration des biens des établissements publics, eût laissé aux hôpitaux la gestion des leurs, il était évident que la *déclaration de nationalité* des biens des établissements charitables n'était qu'ajournée, comme le dit clairement le décret du 28 octobre 1790, et plus tard celui du 5 avril 1791.

L'Assemblée Législative ne put pas non plus, pendant sa courte existence, réaliser les promesses de la Constitution de 1791 et organiser la bienfaisance publique. L'un de ses membres, Bernard d'Airy, lui présenta sur ce sujet un rapport volumineux qui ne fut pas même discuté et sur lequel nous n'avons pas à nous appesantir.

II

Cette mission était réservée à la Convention, qui avec cette exagération qu'elle mettait partout, voulut réaliser tout d'un coup les propositions des rapports faits à la Constituante.

D'abord la *Déclaration des droits de l'homme*, du 24 juin 1793, posa le principe suivant, art. 21 : « *Les secours publics sont une dette sacrée. La société doit la subsistance aux citoyens malheureux, soit en leur procurant du travail, soit en assurant les moyens d'exister à ceux qui sont hors d'état de travailler.* »

C'était, comme on le voit, la consécration de la charité légale et la reconnaissance la plus explicite du droit du pauvre à être secouru.

Du reste, la Convention ne s'arrêtait pas là, et Barère avait dit devant elle le 2 octobre 1792, dans le style emphatique qui est propre à cette époque : « Les malheureux sont les puissances de la terre; ils ont le droit de parler en maîtres aux gouvernements qui les négligent. »

Les décrets du 19 mars et du 28 juin 1793, du 24 vendémiaire et du 22 floréal an II (15 octobre 1793 et 11 mai 1794), ne furent que la réalisation de ces idées.

Le premier, du 19 mars 1793, inscrivit au budget un fonds de secours, sur lequel chaque législature devait attribuer annuellement une somme à chaque département; comme l'assistance du pauvre devenait une dette nationale, les biens des hôpitaux et établissements charitables devaient être vendus. Les fonds de l'assistance étaient employés en travaux de secours pour les pauvres valides, secours à domicile pour les infirmes et malades, maisons de santé pour ceux qui n'avaient pas de domicile.

Puis comme en présence de cette organisation sans pareille la mendicité devait évidemment disparaître, on édictait contre elle les peines sévères de la détention et du travail forcé. Enfin la charité, étant considérée comme une institution d'ancien régime, était supprimée et remplacée par une *Caisse nationale de prévoyance*, « dont les souscriptions devaient être affichées tous les trois mois devant la maison commune du chef-lieu de canton et proclamées sur l'autel de la patrie les jours consacrés aux fêtes nationales. »

La loi du 28 juin 1793 développa les mêmes principes. Elle comprend deux titres, dont le premier est divisé en trois paragraphes. Le § 1 et le § 2 sont consacrés aux enfants de familles indigentes et aux enfants abandonnés.

Les pères de famille qui vivent de leur travail ont droit à un secours proportionné à leurs ressources et au nombre de leurs enfants. Les enfants qui perdront leur père et n'auront pas le moyen de vivre, recevront une pension. Les enfants abandonnés, qui seront désignés sous le nom d'*orphelins*, sont à la charge de la nation. Toute fille-mère qui déclarera vouloir allaiter elle-même son enfant, aura le droit de réclamer les secours de la nation; elle ne sera tenue qu'aux formalités prescrites pour les mères de famille. Les enfants abandonnés jouiront des mêmes pensions que les enfants de familles indigentes [1].

1. Quelque temps après, ces mêmes enfants reçurent la dénomination d'enfants de la patrie. (Loi du 4 juillet 1793.)

Le § 3 accordait aux vieillards et indigents une pension de secours pouvant aller jusqu'à 120 livres, reçues en argent au domicile de l'indigent, ou en nature dans un hospice, s'il le veut.

Le titre II est intitulé : *Moyens d'exécution.*

Le § 1er prescrit la formation, par le conseil général de chaque commune, de deux rôles annuels de secours, comprenant l'un les enfants, l'autre les vieillards jugés dignes d'être secourus par la nation. Enfin, le § 2 ordonnait et réglait la formation d'*agences de secours*; chaque commune devait avoir une agence composée d'un citoyen et d'une citoyenne, et, si elle comptait plus de 6,000 habitants, deux agences, l'une pour la ville, l'autre pour la campagne; la première devait être composée de huit citoyens et huit citoyennes.

Cependant, malgré tous ces efforts, malgré les prescriptions du décret du 19 mars 1793, la mendicité n'avait point disparu, et la Convention, voulant atteindre son but, édicta la loi du 24 vendémiaire an II. Des travaux devaient être ouverts dans les districts pour les pauvres valides, et leur ouverture annoncée quinze jours d'avance. Mais on oubliait de dire comment les pauvres feraient à vivre avant l'ouverture de ces travaux, car il était également défendu de faire l'aumône et de la demander. Le citoyen coupable d'avoir montré de la pitié et fait la charité était puni d'une amende égale au prix de deux journées de travail. Quant au mendiant, il était immédiatement saisi par la gendarmerie ou la garde nationale et traîné devant le juge de paix. S'il habitait le canton, il était reconduit à son domicile après avoir entendu la lecture de la loi; sinon, il était enfermé dans la maison d'arrêt jusqu'à ce qu'il plût à sa commune de le réclamer. Et la loi résumait et confirmait tout ce qui avait été fait précédemment pour établir la charité légale en disant : « Le domicile de secours est le lieu où l'homme nécessiteux *a droit* aux secours publics. » (Titre V, article 1er.)

A la première récidive, le mendiant aurait été puni d'un an, et, à la seconde, de deux ans de détention dans des maisons de répression où il était assujetti au travail; à la troisième, il devait être transporté, pour huit ans au moins, à Madagascar, où l'on se proposait d'établir une colonie pénitentiaire.

Hâtons-nous de dire que cette loi ne fut jamais appliquée.

Enfin, la Convention mit la dernière main à son œuvre et le couronnement à son organisation de la bienfaisance publique par la loi du 22 floréal an II, que nous devons brièvement analyser.

Ce même jour, Barère avait fait, au nom du Comité de salut public, un rapport sur les secours à accorder aux citoyens indigents et les moyens d'extirper la mendicité dans les campagnes. Tout serait à citer dans ce curieux document; détachons-en seulement quelques passages : « Le Comité vient vous parler aujourd'hui des indigents : à ce nom *sacré*, mais qui sera bientôt inconnu à la République, il compte sur vos efforts à le faire oublier. Tandis que le canon gronde sur nos frontières, un fléau redoutable, la lèpre des Monarchies, *la mendicité*, fait des progrès effrayants dans l'intérieur de la République.

« La mendicité est une dénonciation vivante contre le gouvernement; c'est une accusation ambulante qui s'élève tous les jours au milieu des places publiques, du

fond des campagnes et du sein de ces tombeaux de l'espèce humaine, décorés par la Monarchie du nom d'*Hô-
tels-Dieu* et d'*hôpitaux*.

« Cependant, la mendicité est incompatible avec le
gouvernement populaire. Ce mot honteux de *mendiant*
ne fut jamais écrit dans le dictionnaire du républicain, et
le tableau de la mendicité n'a été jusqu'à présent sur la
terre que l'histoire de la conspiration des grands propriétaires contre les hommes qui n'ont rien.

« Laissons à l'insolent despotisme la fastueuse construction des hôpitaux pour engloutir les malheureux
qu'il a faits et pour soutenir momentanément des esclaves qu'il n'a pu dévorer. Cette horrible générosité du
despotisme aide encore à tromper les peuples et à les
tenir sous le joug. Quand les mendiants se multiplient
chez le despote, quand ils lui choquent la vue, qu'ils
lui donnent quelque inquiétude, des maréchaussées, des
édits, des prisons, sont sa réponse aux besoins de l'humanité malheureuse.

« Ce n'est pas assez pour le peuple d'abattre les fac-
tions, de saigner le commerce riche, de démolir les
grandes fortunes; ce n'est pas assez de renverser les
hordes étrangères, de rappeler le règne de la justice et
de la vertu; il faut encore faire disparaître du sol de la
République la servilité des premiers besoins, l'esclavage
de la misère, et cette trop hideuse inégalité parmi les
hommes, qui fait que l'un a toute l'intempérance de la
fortune et l'autre toutes les angoisses du besoin.

« Qu'ont fait jusqu'à ce moment les législateurs pour
la misère des campagnes? Quelles institutions ont-ils
faites pour ces laboureurs domestiques, ces ouvriers
agricoles, ces artisans rustiques, parvenus à la vieillesse?

Quelle dette la République a-t-elle payée à ces créanciers de la nature et de la société qui ont fertilisé l'une
pour enrichir l'autre? Le silence morne des campagnes
et les larmes stériles de quelques vieillards nous répondent [1]. »

La loi proposée fut votée le jour même sans discussion; son art. 1er portait : « *Il sera ouvert dans chaque
département un registre qui aura pour dénomination :
Livre de la Bienfaisance nationale.* »

Le titre I est intitulé : *Des cultivateurs vieillards ou
infirmes.* Pour être inscrit, il faut être indigent, âgé de
60 ans et muni d'un certificat attestant que pendant
vingt ans le pensionnaire a été employé aux travaux de
la terre. Le secours alloué est de 160 livres par an. Les
individus mêmes qui ne sont pas sexagénaires peuvent
être inscrits s'il est établi qu'ils ont contracté dans leur
travail des infirmités qui les mettent dans l'impossibilité
de gagner leur vie. Le nombre des inscriptions était fixé
à 400 par département.

Le titre II concerne *les artisans vieillards et infirmes.*
Le secours était de 120 livres, payables comme pour les
cultivateurs, de six mois en six mois. Pour être inscrit,
l'artisan devait faire certifier par la municipalité que
depuis vingt-cinq ans il exerçait hors des villes une
profession mécanique. Le nombre des inscriptions était
de 200 pour chaque département.

Le titre III est relatif *aux mères et aux veuves ayant
des enfants dans les campagnes.* Pour être inscrite, il fallait être femme ou veuve de cultivateur ou d'artisan do-

---

1. *Rapport à la Convention nationale,* par Barère; séance du **22** floréal
an II.

micilié à la campagne. La mère ayant deux enfants au-dessous de dix ans et qui en allaitait un troisième avait droit au secours de 60 livres, et 20 livres de supplément si à l'expiration de la première année elle représentait les enfants existant à l'agence nationale de la commune. Quant aux veuves, il suffisait qu'elles eussent un enfant et qu'elles en allaitassent un second. 350 inscriptions étaient accordées par département.

Le titre IV concerne *les secours à domicile donnés dans l'état de maladie aux citoyens et citoyennes ayant des inscriptions.* Ce titre créait un service d'officiers de santé et décidait qu'il serait distribué par district des boîtes de remèdes les plus usuels et les plus simples.

Le titre V établit *la fête du malheur*, dans laquelle on lira publiquement le Livre de la Bienfaisance nationale devant les jeunes citoyens des écoles primaires, et dans laquelle les pensionnaires de la nation seront honorés et recevront en présence du peuple le paiement de leur premier semestre.

Ajoutons enfin que des crédits, montant à 12,644,000 livres, étaient votés pour organiser ces secours.

Tel était l'ensemble du système de bienfaisance organisé par la Convention. On voit que son moindre tort était d'être absolument irréalisable. Adoptant la théorie anglaise de la charité légale dans ce qu'elle a de plus mauvais, la Convention l'aggravait encore par cette manie de centralisation qu'elle mettait partout, et qui faisait tout dépendre de la situation du Trésor. Comme elle tarissait en même temps toutes les sources de la charité privée et qu'elle avait dispersé les Ordres hospitaliers, elle en arriva bien vite là où elle devait arriver :

à manquer à ses solennels engagements et à ne tenir aucune de ses magnifiques promesses.

Ainsi, le Grand Livre de la bienfaisance nationale n'a jamais été ouvert, et il n'est resté de tout ce système que la confiscation des biens des hospices.

En effet, la loi du 23 messidor an II régla encore une fois le mode de réunion du passif et de l'actif des hôpitaux et hospices au domaine national; elle pourvut à la liquidation du passif de ces établissements.

Le décret du 21 pluviôse an III mit à la disposition du Comité des secours publics dix millions en assignats pour organiser la bienfaisance légale; mais ce furent là les dernières dispositions prises dans cet ordre d'idées; bientôt il fallut songer à reconstruire ce qu'on avait détruit, à remonter la pente qu'on avait si rapidement et si follement descendue, et à rétablir la bienfaisance facultative et l'organisation locale des établissements charitables.

III

Ce fut l'objet de trois lois qui se succédèrent à des intervalles rapprochés.

La loi du 28 germinal an IV (17 avril 1790), confirmant un décret du 9 fructidor an III, donne aux administrations municipales la surveillance immédiate des hospices civils, suspend la vente des biens qui leur appartiennent et ordonne que « ceux qui ont été vendus leur seront remplacés en biens nationaux. »

La loi du 16 vendémiaire an V (7 octobre 1790) répéta ces dispositions; elle abrogea définitivement la loi du 23 messidor an II. Son art. 5 est ainsi conçu : « Les hospices civils sont conservés dans la jouissance de leurs biens et des rentes et redevances qui leur sont dues par le Trésor public ou par des particuliers. » De plus, elle établit dans chaque commune une Commission administrative des établissements de bienfaisance.

Il faut rapprocher de cette loi celle du 16 messidor an VII (4 juillet 1799), qui la développe et la précise. Les art. 3, 4, 6, 7 et les suivants règlent des points d'administration qui sont encore actuellement en vigueur, et dont nous parlerons dans la troisième partie de ce travail.

Enfin, la loi du 7 frimaire an V (27 novembre 1796) établissait un droit de un décime par franc en sus du prix des billets d'entrée dans les théâtres, bals, concerts, etc.; puis elle ordonnait la constitution et l'organisation de bureaux de bienfaisance dans chaque commune, chargés de répartir les secours à domicile, secours qui devaient, autant que possible, être donnés en nature.

L'art. 12 et dernier de cette loi, qui porte : Les lois des 19 mars 1793 et 22 floréal an II sont rapportées en ce qui concerne les secours, a soulevé une légère controverse : il ne parle pas, en effet, des lois du 28 juin 1793 et du 24 vendémiaire an II; on s'est demandé si ces lois étaient aussi abrogées; on s'accorde aujourd'hui à reconnaître l'affirmative, car elles n'étaient que les corollaires de la première qui a été abrogée expressément. Elles n'ont, du reste, jamais été appliquées; cependant l'administration rappelle encore quelquefois la loi de vendémiaire, parce qu'elle fixe le domicile de secours.

A l'époque du Directoire, nous avons encore à signaler quelques dispositions relatives aux enfants abandonnés.

La loi du 27 frimaire an V (17 décembre 1796) disait :
« Les enfants abandonnés seront reçus gratuitement dans
tous les hospices civils de la République ; le Trésor national fournira à la dépense de ceux qui n'auront pas de
fonds affectés à ce sujet. » Et l'arrêté du 30 ventôse
an V, rendu en exécution de cette loi, ajoutait plusieurs
prescriptions qui sont encore observées aujourd'hui.

« Les hospices ne sont pour les enfants qu'un lieu de
dépôt ; les enfants doivent être envoyés en nourrice, élevés dans les campagnes ; à l'âge de douze ans, s'ils ne
sont pas conservés par les nourrices, ils seront confiés à
des cultivateurs, des artistes ou des manufacturiers ;
des traités seront passés à cet effet. L'autorité administrative et les Commissions des hospices surveilleront
l'éducation des enfants et pourvoiront aux mesures nécessaires. »

Mais le désordre de ces temps troublés et la détresse
du Trésor ne permirent pas d'appliquer ces lois ; plus
tard, celle du 11 frimaire an VII mit expressément au
nombre des dépenses générales de l'État celles des enfants abandonnés ; enfin, un décret important, qu'il faut
rapprocher tout de suite de cette loi, le décret du
19 janvier 1811, développe et confirme cette obligation,
en mettant à la charge de la charité publique *les enfants
trouvés, les enfants abandonnés, les orphelins pauvres.* Il
veut qu'il y ait au plus, dans chaque arrondissement, un
hospice destiné à les recevoir ; et ordonne, pour la première fois, *qu'un tour soit placé dans chaque hospice.* Les
frais des mois de nourrice et des pensions sont mis au
rang des dépenses publiques, sauf le concours des hospices et des communes. Ce décret pose en principe que
« les enfants élevés par l'État sont entièrement à sa dis-

position (art. 16 et 24). Il n'admet les parents, qui réclameraient leurs enfants, à les retirer qu'en remboursant, s'ils en ont les moyens, toutes les dépenses faites par ceux-ci (art. 21). Les individus qui seraient convaincus d'avoir exposé des enfants ou qui feraient habitude de les transporter dans les hospices doivent être poursuivis conformément aux lois (art. 23). »

Ajoutons enfin, pour ne pas revenir à ce sujet, que ces dispositions sont complétées par les art. 55, 56 et 58 du Code Civil sur les actes de naissance des enfants nouveau-nés et ceux des enfants trouvés, et par les art. 345 à 354 du Code Pénal, qui sanctionnent les articles précédents et punissent l'enlèvement, le recélé, la suppression, l'exposition et l'abandon des enfants.

L'Empire, la Restauration et le gouvernement de Juillet ne virent pas remettre en discussion les principes sur lesquels repose la bienfaisance publique. Sous ces trois régimes on ne trouve guère que des actes administratifs qui reconstituent l'administration charitable ou en réglementent des détails spéciaux. Nous ne ferons qu'énumérer, sans nous y arrêter, les principales de ces dispositions; cette aride et sèche nomenclature n'est peut-être pas inutile, car nous aurons à citer, dans la troisième partie de ce travail, un grand nombre de ces actes qui sont encore en vigueur aujourd'hui.

Sous le Consulat et l'Empire, outre les articles épars dans le Code Civil qui règlent la création et l'administration des établissements publics, on peut citer les textes suivants :

La loi du 4 ventôse an IX (23 février 1801) affecte aux hospices les rentes appartenant à la République dont la reconnaissance et le paiement se trouveraient interrompus, et les domaines nationaux qui auraient été usurpés par des particuliers.

L'arrêté des consuls du 7 messidor an IX (26 juin 1801) dit que les hôpitaux auront droit aux arrérages comme au principal de ces rentes, et les autorise à rechercher et à réclamer les biens ecclésiastiques possédés autrement qu'en vertu des décrets de l'Assemblée Nationale.

L'arrêté du 9 fructidor an IX (27 août 1801) étend aux bureaux de bienfaisance ces dispositions.

L'arrêté du 15 fructidor an XI (3 septembre 1803) règle le droit de présenter des indigents, accordé aux fondateurs de lits dans les hospices, et maintient les dispositions relatées dans l'arrêt du Parlement de Paris du 18 février 1776 que nous avons cité.

L'arrêté du 4 pluviôse an XII (25 janvier 1804) autorise les Commissions administratives des hôpitaux et des bureaux de bienfaisance à accepter, sur une simple autorisation du sous-préfet, les dons et legs d'objets mobiliers, n'excédant pas 300 fr. de capital, faits à titre gratuit, par acte entre vifs ou de dernière volonté. Tous les autres devront être autorisés par le gouvernement.

La loi du 15 pluviôse an XIII (4 février 1805) attribue aux Commissions administratives la tutelle des enfants admis dans les hospices.

Le décret du 7 germinal an XIII fixe le renouvellement par cinquième des membres des Commissions des établissements charitables.

Le décret du 30 septembre 1807 autorise l'association religieuse des dames charitables dites du *Refuge Saint-Michel*, ayant pour but de ramener aux bonnes mœurs et à la vertu les filles qui s'en sont écartées.

Le décret du 5 juillet 1808 interdit la mendicité dans tout le territoire de l'Empire, et décide que les mendiants seront arrêtés et conduits au dépôt de mendicité de chaque département.

L'avis du Conseil d'État du 3 novembre 1809 porte que les effets mobiliers, apportés par les malades décédés dans les hospices et qui y ont été traités gratuitement, doivent appartenir aux hospices, à l'exclusion des héritiers.

Le décret du 25 juillet 1811 approuve la *Société de la Charité maternelle* et lui permet de recevoir les legs et donations, après autorisation du gouvernement.

Sous la Restauration :

L'ordonnance du 10 juin 1814 maintient la nécessité de l'autorisation gouvernementale pour l'acceptation des dons et legs faits aux établissements religieux, et charitables.

L'ordonnance du 21 mars 1816 donne aux préfets le droit d'apurer et d'arrêter les comptes des receveurs des hôpitaux.

L'ordonnance du 2-14 avril 1817 porte que les legs et donations faits aux établissements de bienfaisance devront être autorisés par le pouvoir central.

L'ordonnance du 6-17 février 1818 porte que les membres des Commissions des hôpitaux et bureaux de bienfaisance seront nommés par le préfet ou par le ministre de l'intérieur, et révoqués par celui-ci seulement.

L'ordonnance du 31 octobre 1821 règle l'organisation des Commissions administratives des hôpitaux et bureaux de bienfaisance, leurs attributions et la comptabilité de ces établissements.

L'ordonnance du 6 juin 1830 donne aux préfets le

droit de nommer les membres des Commissions administratives des établissements de bienfaisance, les receveurs de ces établissements, et de les révoquer.

Sous le gouvernement de Juillet :

L'ordonnance du 22 janvier 1831 soumet les comptes des receveurs des hospices et établissements de bienfaisance à la même juridiction que les comptes des receveurs des communes.

L'ordonnance du 11 juillet 1833 autorise la fondation de la maison de refuge des sourdes-muettes indigentes.

L'ordonnance du 18 septembre 1833 approuve le règlement de la Société protestante de prévoyance et de secours mutuels de Paris.

L'ordonnance du 18 juillet 1837 fixe diverses règles de comptabilité applicables aux communes et aux établissements de bienfaisance.

L'ordonnance du 17 septembre 1837 charge les receveurs des finances de surveiller la comptabilité des receveurs des établissements de bienfaisance; réglemente cette surveillance, détermine la responsabilité des receveurs des finances relativement à ce sujet et fixe certains cautionnements.

L'ordonnance du 21 février 1841 règle l'administration des hospices des Quinze-Vingts et de Charenton; des institutions des Sourds-Muets de Paris, des Jeunes-Aveugles, des Sourds-Muets de Bordeaux.

L'ordonnance du 5 juin 1843 reconnaît comme établissement d'utilité publique la Société fondée à Paris pour le patronage des jeunes détenus et des jeunes libérés.

Les ordonnances du 2 août et du 20 septembre 1843 accordent la même faveur à l'*Asile-Ouvroir fondé par M. de Gérando pour les filles convalescentes.*

IV

Après un demi-siècle de tranquillité, la Révolution de
1848 vint de nouveau soulever les passions populaires
et mettre en avant les théories sociales les moins raisonnables et les plus périlleuses. Parmi les réformes prônées
par ces hardis novateurs, la bienfaisance ne fut pas oubliée, et l'on vit reparaître les projets et les utopies de
1792. Les passions de l'homme, en effet, sont toujours
les mêmes, et, comme l'a dit un penseur allemand,
« l'esprit humain avance sans cesse, mais en spirale[1]. »

En 92, on disait : « Plus d'aumône, plus d'hôpitaux!
Tel est le but vers lequel la Convention doit marcher,
car ces deux mots doivent être effacés du vocabulaire
républicain. » En 1848, on répéta : « Droit au travail,
droit à l'assistance, » c'est-à-dire suppression de la misère et de la pauvreté; et pour arriver là, appel à l'État.
L'État doit assurer à l'ouvrier un travail qui le fasse
vivre, à l'indigent un secours fixe et déterminé.

C'est pour réaliser la première de ces idées que paru-
rent deux dispositions, dont l'une n'était que grotesque,
mais dont l'autre pouvait être dangereuse et devait, en
tout cas, coûter fort cher. Nous voulons parler du décret
du 24 février 1848, qui fit des Tuileries un asile pour
les invalides du travail, et de celui du 26 février, qui
établit les ateliers nationaux.

Quant au principe de la charité légale, il fut inscrit
dans la Constitution du 4 novembre 1848, dont l'art. 13

1. Goethe.

porte : « La société fournit *l'assistance* aux enfants abandonnés, aux infirmes et aux vieillards sans ressources,
que leurs familles ne peuvent secourir. » Heureusement
cette proposition, critiquable en elle-même, devait about-
tir à des résultats sérieux et faire naître plusieurs lois
utiles qui ont survécu.

En vertu de cet article, un projet de loi sur l'assistance fut présenté à l'Assemblée Constituante le 27 novembre 1848 par M. Dufaure, alors ministre de l'intérieur. Le ministre commençait ainsi son exposé des
motifs : « Citoyens représentants, vous avez écrit au
préambule de la Constitution un mot nouveau dans la
langue des lois. L'*assistance* résume désormais le grand
devoir de paternité que la République a mission d'accomplir. L'art. 13 en fixe le sens et révèle l'étendue des
obligations qui en résultent. Pour la première fois, le
précepte chrétien, qui a renouvelé la face du monde il y
a dix-huit cents ans, devient la base de tout un Code
administratif..... »

Puis il insistait sur ce point que l'État ne doit l'assistance qu'à défaut de la famille : « De hardis novateurs
ont tenté de substituer l'État à la famille. Plus frappés
des souffrances de l'individu que des grandes lois pro-
tectrices de la société, ils ont dit au cœur humain de se
taire, à la morale de changer ses règles. La conscience,
la religion, la civilisation, toutes les forces de l'humanité
s'unissent pour repousser ces témérités anarchiques[1]. »

En somme, ce projet réorganisait les bureaux de bienfaisance, qu'on remplaçait par des comités cantonaux,
sur lesquels on fondait les plus grandes espérances, et

---

1. *Moniteur* de 1848, p. 5431. Addition à la séance du 27 novembre 1848.

par des comités locaux. Si l'on ne modifiait pas actuellement l'organisation des hôpitaux et hospices, on promettait de proposer sans tarder des mesures propres à porter dans ce service « la régularité et l'ordre qu'ils laissent parfois à désirer. » Enfin, on créait un conseil supérieur de l'assistance publique, siégeant à Paris.

L'Assemblée nomma, pour examiner le projet, une Commission qui désigna elle-même comme rapporteur M. Coquerel. Celui-ci déposa son rapport, avec les amendements présentés par la Commission, dans la séance du 26 février 1849.

Ce rapport embrassait un plan immense et presque sans limite ; divisant l'assistance en trois objets : *prévoyance, travail, secours*, il examinait d'abord les Caisses d'épargne, les Sociétés de secours mutuels, les Caisses de retraite, les travaux agricoles, les ouvroirs ; puis les secours à domicile, les hôpitaux, les hospices, les asiles pour les enfants trouvés ; enfin, les Monts-de-Piété et les institutions de patronage [1].

Quant au projet de loi, les amendements ne le modifiaient pas profondément. La Commission demandait seulement que, contrairement à la loi du 24 vendémiaire an II, il ne fût pas nécessaire d'être domicilié dans la commune depuis six mois ou un an pour être admis à l'hôpital ou recevoir le secours à domicile.

La Constituante n'eut pas le temps de discuter ce vaste rapport ; elle se sépara après avoir seulement voté la loi du 10 janvier 1849 sur l'assistance publique à Paris, en léguant à l'Assemblée qui lui succèderait la mission de réorganiser l'assistance générale.

---

1. *Moniteur* de 1849, p. **733**. Annexe à la séance du **26** février 1849.

L'Assemblée Législative, se trouvant ainsi saisie de la question, nomma à son tour une Commission de trente membres, à laquelle durent être renvoyées toutes les questions relatives à l'assistance [1].

Pour ne pas s'égarer dans un aussi vaste sujet, la Commission désigna d'abord un rapporteur général, qui fut chargé de faire une sorte d'exposé théorique des principes qui l'avaient guidée et des solutions qu'elle proposait de donner aux questions discutées. Ce rapporteur était M. Thiers. Son rapport, œuvre d'un esprit de premier ordre, se fait remarquer par ces qualités de lucidité, de simplicité, de bon sens qui sont les caractères de son talent; c'est, du reste, un véritable ouvrage qui n'occupe pas moins de vingt-huit colonnes in-folio du *Moniteur* du 26 janvier 1850.

Après avoir écarté l'assistance légale, obligatoire pour l'État, le rapport pose en principe que la société a seulement le devoir moral d'exercer la charité : « L'État, dit-il, comme l'individu, doit être bienfaisant. Mais, comme lui, il doit l'être par vertu, c'est-à-dire librement, et, de plus, il doit l'être prudemment. Et ce n'est pas pour lui assurer le moyen de donner moins ou de donner peu que nous posons ces limites, c'est afin de garder la fortune publique, qui est celle des pauvres encore plus que celle des riches; c'est afin de maintenir l'obligation du travail pour tous et de prévenir les vices

---

1. Cette Commission était composée de MM. Piscatory, Proa, Savatier-Laroche, Levavasseur, de Melun (Ille-et-Vilaine), de Riancey, de Rémusat, de l'Espinay, de Melun (Nord), Cordier, Corne, Berryer, Coquerel, Lequien, Parisis, Béchard, Louvet, de Noailles, de Mouchy, de Montebello, Callet, de Sèze, Godelle, de Montalembert, Arago (Emmanuel), Raudot, Buffet, Ancel, Dupin (Charles), de Beaumont (Gustave), Thiers.

de l'oisiveté, vices qui, chez la multitude, deviennent facilement dangereux et même atroces. [1] »

Le rapport est ensuite divisé en trois parties qui correspondent aux trois époques de la vie de l'homme : l'enfance et l'adolescence, l'âge mûr, la vieillesse. La première admet et encourage tous les genres de secours tentés en faveur de l'enfance : « Il n'est, pour l'enfance du moins, aucun genre de secours qui n'ait été imaginé déjà par la charité ingénieuse et créatrice des générations qui nous ont précédés, et même de la génération à laquelle nous appartenons. *Enfants-Trouvés*, Société de charité maternelle, bureaux de nourrices, crèches, salles d'asiles, fixation des heures de travail pour les enfants, Sociétés de patronages, colonies pénitentiaires et agricoles, hospices des sourds-muets et des jeunes aveugles, tous ces genres de prévoyance anciens ou récents embrassent dans leur ensemble l'enfance tout entière. [2] »

Dans la seconde partie sont d'abord réfutées, avec une grande vigueur, les utopies qui sous le nom de *droit au travail*, d'*établissements de crédit*, de *crédit foncier*, d'*associations ouvrières*, prétendent fournir du travail en tout temps à tous ceux qui en demandent, faire cesser l'*exploitation de l'homme par l'homme*, donner aux ouvriers ruraux ou urbains des capitaux et du crédit pour leur permettre de devenir tout d'un coup entrepreneurs et propriétaires, et, enfin, faire administrer et diriger les ouvriers par les ouvriers eux-mêmes, leurs égaux et leurs semblables. Ensuite, le rapporteur recherche *les moyens de parer aux chômages*, qu'il trouve dans une

---

1. *Moniteur* de 1850, p. 305. Annexe à la séance du 26 janvier 1850.
2. *Idem*, p. 306.

meilleure distribution des travaux publics et dans la colonisation; il examine l'*abolition de la mendicité*, qui est déjà presque réalisée; l'*amélioration des logements d'ouvriers*, objet sur lequel une loi est proposée; enfin, les *Sociétés de secours mutuels*, qui sont hautement approuvées et qu'on va essayer d'organiser.

Passant à la troisième partie de la vie humaine et aussi de son travail, le rapporteur étudie l'institution des *Caisses d'épargne* et des *Caisses de retraites;* il les approuve toutes deux, mais préfère de beaucoup les premières aux secondes; enfin, il reconnaît et il admet, sans engager toutefois à les étendre outre mesure, l'utilité des hospices pour les infirmes et les vieillards.

La Commission d'assistance se partagea en trois sous-commissions, chargées d'étudier chacune de ces questions et de nommer des rapporteurs spéciaux.

C'est ainsi que M. de Melun, député du Nord, déposa, le 21 décembre 1850, un rapport sur les hospices et hôpitaux. Ce document remarquable, après avoir jeté un coup d'œil rapide sur l'histoire de la bienfaisance, démontre théoriquement l'utilité des établissements hospitaliers, et enfin expose les raisons qui militent en faveur de la loi présentée. Le projet proposé ne contenait que deux titres : le premier relatif à l'admission dans les hospices et hôpitaux, le second à l'administration de ces établissements.

La discussion suivit son cours ordinaire, les trois délibérations firent subir au projet quelques modifications, et enfin les 7-13 août 1851 fut promulguée cette loi qui règle encore aujourd'hui toutes les attributions des Commissions hospitalières.

Un décret du 23 mars 1852, rendu en vertu de l'article 6 de la loi, détermina la composition des Commissions administratives des hospices et hôpitaux. Quelques modifications importantes y ont été apportées par le décret du 25 mars 1852 sur la décentralisation administrative, et le décret du 17 juin-1er juillet 1852.

Disons aussi en passant qu'au commencement de 1851 un rapport fut présenté par M. A. de Melun (Ille-et-Vilaine) sur un projet de loi portant établissement d'un conseil supérieur et de comités départementaux de l'assistance publique, et fixant certaines règles pour l'approbation et la reconnaissance comme établissements d'utilité publique des institutions et œuvres de charité libre.

Nous devons maintenant signaler certaines lois datant de la même époque, annoncées dans le rapport de M. Thiers, et qui touchent plus ou moins directement à l'assistance publique.

La loi du 22 avril 1850 sur l'assainissement des logements insalubres.

La loi du 18 juin 1850, qui crée une Caisse des retraites pour la vieillesse.

Loi du 15 juillet 1850 et décrets des 14 juin 1851 et 26 mars 1852 sur les Sociétés de secours mutuels.

Loi du 10 décembre 1850, qui prescrit de délivrer gratis les pièces nécessaires au mariage des indigents et à la légitimation de leurs enfants naturels [1].

Loi du 22 janvier 1851 sur l'assistance judiciaire.

Décret du 15 janvier 1852, qui institue les inspecteurs généraux des établissements de bienfaisance.

---

1. Un projet de loi présenté à la Chambre des Députés, le 25 novembre 1870, propose d'accorder l'assistance judiciaire aux indigents, pour la signification des actes respectueux prescrits par les art. 151, 152 et 153 du Code Civil (*Journal Officiel* du 8 décembre 1870).

Loi du 28 mai-1er juin 1853 sur la Caisse des retraites ou rentes viagères pour la vieillesse.

Décrets du 8 mars 1855 et 28 octobre 1857, établissant à Vincennes et au Vésinet deux asiles pour les ouvriers convalescents mutilés dans leurs travaux.

Enfin, deux décrets du 9 juin 1856 et du 21 avril 1869, autorisant la congrégation des *Petites-Sœurs-des-Pauvres*, cette association admirable qui, d'abord établie à Saint-Servan (Ille-et-Vilaine) par Jeanne Jugan, pour quelques vieillards infirmes, n'a pas tardé à se répandre dans la France entière.

Cette législation s'est maintenue sous le second Empire sans subir de modifications importantes.

L'Assemblée Nationale de 1871 a ajouté à ces dispositions une dernière et importante loi, celle du 21 mai 1873.

Un projet avait été présenté à l'Assemblée le 15 juillet 1871 par M. Thiers, chef du pouvoir exécutif, et M. Lambrecht, ministre de l'intérieur.

Une Commission fut nommée pour examiner ce projet [1], ainsi que plusieurs autres émanant de l'initiative parlementaire, et ayant pour but de modifier le mode de nomination des membres des Commissions hospitalières, fixé par le décret dictatorial du 23 mars 1852; elle choisit pour rapporteur M. de Melun, que son expérience désignait d'avance aux suffrages de ses collègues. Le rapport fut déposé à la séance du 19 février 1872.

Il commence par répudier l'idée politique qui avait

1. Cette Commission se composait de MM. de Melun, Paris, Mayaud, Carbonnier de Marzac, Vente, Lucien Brun, de Chamaillard, Monnet, Robert de Massy, Chevandier, de Chabrol, Le Lasseur, Maurice, Vinay, Dauphinot.

fait attribuer la nomination de ces Commissions au préfet : « La politique doit être bannie du domaine de la charité. La lutte est l'essence même de la première, l'autre ne doit respirer que la paix et la conciliation. » Puis il expose les motifs sur lesquels s'appuient les différents articles du projet proposé.

Les trois délibérations qui furent fort importantes, fort sérieuses et séparées par plus d'une année, firent subir, ainsi que nous le verrons, au projet présenté des modifications considérables. Il fut définitivement adopté le 21 mai 1873.

Cette loi réorganise complètement les Commissions administratives des hospices et des bureaux de bienfaisance, et nous aurons l'occasion, dans la suite de ce travail, de l'étudier longuement.

Nous avons ainsi parcouru l'histoire de la bienfaisance dans notre pays. Pour résumer d'un mot ce long et pourtant bien incomplet exposé, on peut dire que la législation charitable, en France, est dominée par ce principe que si la société a le *devoir moral* de ne laisser aucune souffrance réelle sans soulagement, l'assistance ne peut jamais être réclamée comme un droit par l'indigent. Elle ne constitue donc pas une dépense obligatoire pour l'État et les communes. Elle est pour la société, comme pour chacun de nous, une obligation morale, mais non un devoir strict qui engendre au profit de l'indigent une action civile.

Ce système est le seul qui soit conforme aux principes supérieurs qui règlent les droits et les devoirs des États. C'est ce que nous allons essayer de démontrer dans la seconde partie de ce travail.

CHAPITRE XI.

DE LA MISÈRE ET DE SES CAUSES.

—

SOMMAIRE

I

Après avoir parcouru l'histoire de la bienfaisance publique, avant d'étudier son organisation actuelle, il convient de rechercher quels sont les principes qui dominent cette importante matière, et de faire, pour ainsi dire, la philosophie de l'assistance. Il est surtout nécessaire d'examiner les systèmes erronés, de réfuter les utopies qui, se multipliant chaque jour, proposent avec assu-

rance de détruire la misère et de rendre tous les hommes
parfaitement heureux.

Il faut le reconnaître du reste : l'indigence en général, et spécialement l'indigence des classes laborieuses,
a pris de nos jours un caractère particulièrement grave;
elle est arrivée à l'état de crise aiguë; et comme elle a
été poussée à un point inconnu jusqu'ici, on a dû lui
donner un nom nouveau : le *paupérisme*. « Le problème
économique mis en face de la société, disait naguère un
éloquent orateur [1], se résout surtout dans ce point capital : anéantir le paupérisme. C'est la grande question
économique au point de vue social ; c'est pour l'avenir
une question de vie et de mort; et volontiers j'en crois
un économiste éminent, alors qu'il déclare « que la mi-
« sère des classes ouvrières est devenue la question de
« l'époque actuelle ; qu'elle est immense et brûlante tout
« ensemble. »

Sans doute, il y eut et il y aura toujours des pauvres.
Conséquence de l'inégalité des conditions humaines,
la pauvreté   aussi vieille que l'homme, vivra
autant que lui   ne finira qu'avec lui. Le bon sens,
l'expérience et la raison l'affirment également; et pour
avancer le contraire, il faudrait ne pas craindre de
contredire ces trois fondements de la certitude humaine.

Pour faire disparaître la misère, qu'on abolisse   ne
d'abord les causes qui l'engendrent. Quand on aura détruit la mort, la vieillesse, la maladie, toutes les infirmités du corps et toutes les inégalités de l'esprit, quand
on aura détruit le vice, source de presque toutes les mi-

---

1. P. **Félix**, *Le Progrès par le Christianisme*, 1866, 3ᵉ conférence.

sères, on pourra proposer sérieusement d'en finir avec l'indigence et la pauvreté.

Comme la souffrance, la pauvreté est une loi de notre nature. Mille causes accidentelles et inévitables peuvent y réduire chacun de nous; mais, en principe, nous naissons tous inégaux en intelligence et en force; chacun de nous a, pour atteindre les conditions du bonheur matériel, une aptitude plus ou moins grande et nécessairement diverse; cette inégalité naturelle amène l'inégale répartition des richesses qui est inhérente au droit de propriété, et ce droit, l'une des premières bases de toutes les lois sociales, est aussi, à ce point de vue, une cause de la pauvreté[1].

D'ailleurs, pour remonter plus haut, la pauvreté n'est-elle pas une suite de l'imperfection originelle de l'homme et de sa déchéance primitive? N'est-elle pas un des éléments de sa vie d'épreuves sur la terre, l'une des conditions de son mérite et de son bonheur futur?

L'économie politique confirme les paroles de Celui qui a dit : Vous aurez toujours des pauvres parmi vous[2], et s'unit avec la religion pour nous démontrer l'inanité des systèmes qui veulent faire disparaître la pauvreté. « On a mal interprété cette parole et on a dit : donc la misère est d'institution divine. Non, la misère est d'imperfection humaine, elle est d'impuissance humaine. L'institution divine, c'est la charité[3]. »

« De fait, l'humanité est pauvre. Consultez la statistique, et vous verrez que les riches ne forment qu'une

1. M. de Morogues, *Du Paupérisme et de la Mendicité*, Ire part., chap. 3.
2. Saint Matthieu, XXVI, 11.
3. Mgr Dupanloup, *Discours à l'Assemblée Nationale*. (*Journal Officiel* du 28 mars 1873.)

minorité imperceptible au milieu des masses qui portent
le joug de la pauvreté. En prenant volontairement ce
joug, le riche ne fait que se mettre dans la condition
générale où Dieu a voulu que fussent tous les enfants
d'Adam. « Vous mangerez votre pain à la sueur de votre
« visage, » tel est l'arrêt que Dieu prononce sur l'homme
coupable. Par l'effet de la loi de solidarité, l'humanité
tout entière porte la peine de la faute de son premier
père. Tout homme, par cela seul qu'il est homme, est
donc assujetti à la vie pénible et pauvre. Mais par cette
même loi de solidarité, le riche pourra prendre sa part
du fardeau commun, sans abdiquer des richesses qui
ont leur raison d'être dans l'ordre providentiel de la
société [1]. »

L'inégalité des conditions et la pauvreté produisent
certes des résultats douloureux, mais elles sont encore
la conséquence naturelle du travail libre, source de toute
prospérité. Elles sont l'instrument nécessaire et l'une
des conditions principales de sa fécondité. La vie de
l'homme, en effet, devant être une vie de labeur et
d'épreuves, la pauvreté agit comme stimulant, elle est
comme une menace suspendue sur sa tête, et un abîme
qu'il faut éviter par des efforts quotidiens. Après tout,
que ferait l'homme s'il n'avait pas, pour l'exciter au travail, cette crainte perpétuelle de la pauvreté? Ne s'en-
dormirait-il pas dans la paresse et l'oisiveté? Et que deviendrait la société elle-même si la pauvreté n'existait
pas? Elle verrait bientôt diminuer son activité, sa prospérité, et ne tarderait pas à périr.

C'est donc un devoir pour l'homme de lutter de toute

1. Ch. Périn, *De la Richesse dans les sociétés chrétiennes*, liv. I, ch. 9.

sa force contre les causes qui amènent la misère. Mais
cette lutte peut être plus ou moins inégale, plus ou
moins pénible, et de là résultent diverses situations qu'il
importe de définir et de préciser.

II

On confond et l'on emploie souvent l'un pour l'autre
les mots : *pauvreté, indigence, misère;* ces termes expri-
ment pourtant des états différents que l'on peut, au dire
des spécialistes, analyser de la manière suivante.

La *pauvreté* consiste techniquement en un état de
gêne où les ressources, à la rigueur, suffisent aux besoins, mais à la condition que ceux-ci soient renfermés,
par un acte continuel d'énergie morale, dans les limites
les plus strictes. Il est malheureusement certain, depu',
les enquêtes de MM. Villermé, Reybaud et Blanqui, que
cet état est celui de la grande majorité des familles de
la classe ouvrière.

L'*indigence* est une pauvreté extrême; c'est la privation du nécessaire, le dénûment à peu près complet. Le
pauvre n'a pour subsister que ses bras, l'indigent n'a pas
de quoi subsister; le pauvre a surtout besoin d'appui; à
l'indigent il faut des secours.

La *misère* est, pour ainsi dire, la pauvreté à un coeffi-
cient plus élevé, c'est la pauvreté à la puissance trois;
elle diffère de l'indigence par sa gravité et surtout par
son étendue. Elle attaque, en effet, l'homme moral, elle
lui inspire le découragement, et trop souvent le pousse
à la dépravation ; de plus, elle implique l'idée d'une
extension à un certain nombre d'individus, à une cer-

taine classe sociale, sans cependant que cette situation ait rien de permanent ou d'incurable.

Mais nous n'en avons pas fini avec cette triste énumération. Il y a un mal plus grave, mal nouveau et terrible, dont rien, depuis l'avènement du christianisme, n'avait donné l'idée : le *paupérisme*.

Il y a là un fait incontestable, reconnu aujourd'hui par tous les économistes, et qui se pose devant la science comme une énigme terrible et menaçante. Qu'est-ce donc que le paupérisme? On l'a défini l'épidémie de la misère. C'est l'état de misère permanent, chronique et en apparence incurable d'une classe de la société tout entière. Réunissant au plus haut degré l'alliance fatale des souffrances physiques et de l'abjection morale, le paupérisme constitue une sorte de lèpre qui s'étend chaque jour et qui s'aggrave en s'étendant.

Né en Angleterre, où il se complique encore de l'idée d'un secours légal, certain, sur lequel compte le pauvre, et qui, par suite, ne peut pas le faire sortir de son état de misère, il a été défini par un auteur anglais « l'état dans lequel un individu a la faculté de suppléer à ses besoins sur un fonds public légalement affecté à cette destination [1]. » Mais il existe aussi en France, et les faubourgs de nos grandes villes manufacturières en présentent au moins clairvoyant le désolant et hideux spectacle.

« Partout, au surplus, le paupérisme des manufactures de l'Occident offre, à l'intensité près, les mêmes caractères. Il met, pour ainsi dire, les populations en dehors de la civilisation générale, en annulant pour elles

---

1. Docteur Chalmers, *The christian and ci il economy of large towns*, cité par M. de Gérando, *De la Bienfaisance publique*, tome I, Intr., p. 26.

les bienfaits de la religion, de la propriété et de la famille. L'affaiblissement des liens de parenté et la désorganisation du foyer domestique sont toujours les symp-
tômes les plus apparents du fléau. L'habitation, prise à
loyer et dénuée des plus indispensables conditions de
bien-être, montre tout d'abord que la famille a perdu le
sentiment de la dignité humaine. Le père en est presque
toujours éloigné par les obligations du travail ou par la
recherche des plaisirs grossiers. Abaissée à la condition
d'ouvrier, la mère déserte également le logis, soit qu'elle
s'adonne au désordre, soit qu'elle supporte honnêtement
le poids d'un rude travail. Les enfants, pervertis par ces
mauvais exemples et privés de tout enseignement moral,
prennent peu à peu les habitudes de l'imprévoyance et
du vice. Affaiblis prématurément par les privations et
l'intempérance, les vieux parents meurent dans le dénûment bien avant le terme fixé par le cours régulier de
la vie. Enfin, tous ces maux sont aggravés par une in-
stabilité qui, jusqu'à présent, ne s'était rencontrée que
chez les peuples sauvages, tirant une subsistance pré-
caire de la chasse ou de la récolte des productions
spontanées. [1] »

L'individu et la société ont donc à lutter contre ces
maux qui les menacent de plus en plus. Certes, c'est
une folie de vouloir abolir le malheur et la pauvreté,
triste mais éternel apanage de l'humanité souffrante;
mais il n'en est pas ainsi du paupérisme et même de la
misère. Ces deux plaies, qui minent le corps social, ne
sont pas inguérissables, et nous avons l'espoir qu'avec
l'effort de tous, l'avenir les verra peut-être disparaître.

1. M. Le Play, *La Réforme sociale*, ch. VI, § 49.

Puisse-t-on rendre un jour à une vie, sinon aisée, du moins supportable, ces classes entières de malheureux dont l'esprit et le cœur s'aigrissent et qui, pour se venger de la société qui les dédaigne ou les oublie, menacent de la renverser de fond en comble!

III

Avant d'exposer les remèdes que l'on a cru pouvoir apporter à l'extension du paupérisme, nous devons rechercher brièvement les causes qui l'ont fait naître et ont aggravé dans nos temps la misère des classes laborieuses.

La première de toutes ces causes, celle qui a pour ainsi dire engendré toutes les autres, est la transformation radicale que l'industrie a subie depuis un demi-siècle; c'est cette fièvre de production rapide et à bon marché que l'on a appelée l'*industrialisme*.

Dans l'ancienne industrie, on trouvait très-peu de fabriques ou de manufactures : le travail isolé était la règle. Des usines à moteur hydraulique réunirent d'abord un certain nombre d'ouvriers, puis la découverte des machines à filer la laine et le coton, et surtout l'invention ue la machine à vapeur sont venues transformer totalement les conditions du travail et de la vie des ouvriers. Les manufactures ayant le plus souvent intérêt à s'établir dans les grands centres ou auprès des gisements de houille, ont attiré autour d'elles des armées d'ouvriers qui ont tout d'un coup plus que doublé la population de certaines villes, ou transformé en cités de premier ordre des bourgs obscurs ou de simples villages. Outre les dangers bien connus qu'elles présentent par elles-mêmes, au moral comme au physique, ces grandes agglomérations ont encore produit par voie indirecte, par contre-coup pour ainsi dire, un mal considérable.

Ce mal qui tend à prendre les proportions d'un véritable fléau, et qui est depuis longtemps signalé à l'attention des économistes, c'est la *dépopulation des campagnes*. En effet, la population des communes rurales, c'est-à-dire toutes celles contenant moins de 2,000 âmes, qui représentait, en 1846, 75,68 % du nombre total des habitants de la France, ne formait plus, en 1872, que 68,94 %. On a beaucoup parlé de l'*absentéisme des propriétaires*; les ouvriers ruraux, à leur tour, désertent le travail des champs, attirés vers la ville par l'appât de forts salaires, par l'espoir d'être plus facilement secourus en cas de besoin, et aussi par suite de cette mobilité inquiète et toujours mécontente, de cette passion de plaisirs et de jouissances qui semblent être un des caractères de notre époque. Tous ceux qui ont habité la campagne le savent : c'est aujourd'hui l'une des grandes difficultés de l'exploitation agricole de trouver ce qu'on appelle des domestiques-laboureurs, malgré le taux fort augmenté de leurs gages ; ils se laissent entraîner par ce courant continu qui porte les travailleurs ruraux vers les villes et les ouvriers des villes vers les plus grands centres manufacturiers.

Et pourtant, Dieu sait s'ils y trouvent le bonheur, dans ces cités de la vapeur et de la houille! Là, plus de travail au grand air, plus d'exercices violents mais sains, avec le spectacle reposant de la nature sous les yeux; il faut être enfermé pendant douze, treize, quatorze heures

devant une machine dont on est l'esclave encore plus
que le maître. Et cette tâche, accomplie avec une tension
perpétuelle d'esprit et de corps, pour n'être pas très-
dure en elle-même, devient extrêmement pénible par la
continuité de l'effort et l'attention qu'elle exige. Joignez
à cela la réunion de centaines d'ouvriers, sans distinction
d'âge ni de sexe, dans un même atelier, souvent mal
aéré ou à une température très-élevée, et vous comprendrez les fâcheuses conséquences qu'entraîne la grande
industrie pour la santé et la moralité des travailleurs.

Leur intelligence même finit par être atteinte : la division du travail, poussée à ses dernières limites, réduit
l'ouvrier au rôle de simple manœuvre; toujours appliqué
au même détail, il arrive à l'accomplir avec la perfection, mais aussi avec l'inintelligence d'une machine.
« Quand un artisan se livre sans cesse et uniquement à
la fabrication d'un seul objet, il finit par s'acquitter de
ce travail avec une dextérité singulière; mais il perd en
même temps la faculté générale d'appliquer son esprit à
la direction du travail. Il devient chaque jour plus habile et moins industrieux, et l'on peut dire qu'en lui
l'homme se dégrade à mesure que l'ouvrier se perfec-
tionne..... A mesure que le principe de la division du
travail reçoit une application plus complète, l'ouvrier
devient plus faible, plus borné, plus dépendant. L'art
fait des progrès, l'artisan rétrograde [1]. »

A ces causes il fallait ajouter, il y a quelques années,
la durée excessive de la journée du travail. En Angleterre surtout, où l'ardeur des cupidités, les besoins d'un

---

[1]. De Tocqueville, *De la Démocratie en Amérique*, tome III, 11ᵉ partie,
ch. 20.

concurrence effrénée avaient poussé à son paroxysme la
fièvre de l'industrialisme, on voyait des filateurs retenir
leurs ouvriers quinze, seize et dix-sept heures par jour.
Ces journées, qui devaient produire des salaires si considérables, ne procuraient point l'aisance aux ouvriers;
nous le verrons plus tard : l'élévation des salaires n'est
pas toujours ce qui mène les travailleurs à l'aisance. En
effet, « il y a, dit un économiste, dans les agglomféra-
tions industrielles un caractère qui leur est propre; je
veux parler de cette alliance en quelque sorte contre
nature entre la misère et le travail, entre les excès du
vice et ceux de l'activité. En général, les populations ne
sont pauvres que lorsqu'elles manquent d'industrie, et
la moralité des races est en raison de leur application.
Les livres de morale sont pleins d'axiomes destinés à
mettre cette vérité en lumière... Je sais que le travail
est la loi même de l'existence; cependant il ne faut pas
plus abuser du travail que du loisir. L'abus du travail
chez les peuples du Nord mène droit à la dégradation
de l'âme et du corps, tout aussi sûrement que le far-
niente chez les peuples du Midi[1]. »

Cette production à outrance devait d'ailleurs amener
et amena en effet des crises commerciales qui obligèrent
les ouvriers au chômage; et cette oisiveté forcée, imposée
à des gens déjà misérables malgré leurs hauts salaires,
devait avoir, on le comprend, les conséquences les plus
navrantes pour les ouvriers, et peut-être les effets les
plus terribles pour la société tout entière.

Mais ce n'était pas assez pour l'industrialisme d'avoir
dévoré les hommes; il lui fallait, comme le monstre an-

---

1. Léon Faucher, *Études sur l'Angleterre,* tome I, Manchester, 1re partie.

tique, attirer à lui les femmes et les enfants. C'est là le
tort capital de l'industrie moderne, et l'une des causes
les plus actives, les plus profondes et les plus tristes du
malaise des classes ouvrières.

La femme travaillant toute la journée dans un atelier,
c'est la destruction de la famille, la désorganisation de
cette union qui sert de base à la société, et le renverse-
ment des lois divines et humaines. « La femme, devenue
ouvrière, n'est plus une femme. Au lieu de cette vie
cachée, abritée, pudique, entourée de chères affections,
et qui est si nécessaire à son bonheur et au nôtre même,
par une conséquence indirecte, mais inévitable, elle vit
sous la domination d'un contre-maître, au milieu de
compagnes d'une moralité douteuse, en contact perpétuel
avec des hommes, séparée de son mari et de ses enfants.
Dans un ménage d'ouvriers, le père, la mère sont ab-
sents, chacun de leur côté, quatorze heures par jour.
Donc il n'y a plus de famille. La mère, qui ne peut plus
allaiter son enfant, l'abandonne à une nourrice mal
payée, souvent même à une gardeuse qui le nourrit de
quelques soupes. De là une mortalité effrayante, des
habitudes morbides parmi les enfants qui survivent, une
dégénérescence croissante de la race, l'absence complète
d'éducation morale. Les enfants de trois ou quatre ans
errent au hasard dans des ruelles fétides, poursuivis par
la faim et le froid. Quand, à sept heures du soir, le
père, la mère et les enfants se retrouvent dans l'unique
chambre qui leur sert d'asile, le père et la mère fatigués
par le travail et les enfants par le vagabondage, qu'y
a-t-il de prêt pour les recevoir? La chambre a été vide
toute la journée; personne n'a vaqué aux soins les plus
élémentaires de la propreté; le foyer est mort; la mère

épuisée n'a pas la force de préparer des aliments; tous les vêtements tombent en lambeaux : voilà la famille telle que les manufactures nous l'ont faite. Il ne faut pas trop s'étonner si le père, au sortir de l'atelier, où sa fatigue est quelquefois extrême, rentre avec dégoût dans cette chambre étroite, malpropre, privée d'air, où l'attendent un repas mal préparé, des enfants à demi sauvages, une femme qui lui est devenue presque étrangère, puisqu'elle n'habite plus la maison, et n'y rentre que pour prendre à la hâte un peu de repos entre deux journées de travail. S'il cède aux séductions du cabaret, ses profits s'y engouffrent, sa santé s'y détruit; et le résultat produit est celui-ci, qu'on croirait à peine possible : le paupérisme, au milieu d'une industrie qui prospère[1]. »

Mais, dira-t-on, qu'on envoie les enfants à l'école! D'abord, les tout jeunes enfants ne peuvent y aller; et souvent les gardeuses à qui on les confie ne se font pas scrupule de leur donner des potions mélangées d'opium ou de thériaque, qui sont destinées à les empêcher de crier, mais qui fréquemment amènent leur mort.

Puis, pour l'école, c'est une autre difficulté. « Il faut être riche pour aller à l'école gratuite. Un enfant de six ans peut bobiner; à huit ans il peut entrer dans une fabrique. Supposez deux, trois, quatre enfants entre six et douze ans : comment les nourrir avec le salaire d'un seul homme? Il faut qu'ils rapportent, qu'ils aient leur semaine comme le père et la mère[2]. »

Ainsi, la famille n'existe plus; le père, la mère, les enfants se dispersent chaque matin et se connaissent à

---

1. Jules Simon, *L'Ouvrière*, Préface, p. 5 et 6.
2. Jules Simon, *L'Ouvrière*, IIᵉ partie, ch. 4.

peine; s'ils se retrouvent le soir, c'est pour se jeter à la
hâte dans un lit commun, où dort souvent toute la
famille, dans un état de promiscuité innommée. Les
enfants, qui ont à grand'peine appris à lire et à écrire
dans les deux heures d'école réglementaires de la fabrique, n'ont reçu aucune éducation morale [1].

On comprend quels désordres doit entraîner un tel
état de choses. Aussi les grands centres manufacturiers
sont devenus des foyers de tous les vices : l'ivrognerie
et le libertinage y sont poussés à leur dernière limite.
Nous ne voulons citer ici aucun des faits rapportés par
tous les publicistes qui ont étudié ces questions, mais
ils attestent une démoralisation effrayante et presque
générale. Qu'il nous suffise de dire que la corruption a
atteint jusqu'aux enfants; les jeunes garçons et les jeunes
filles même, dans certains pays, ont perdu les notions
du sens moral et jusqu'aux premiers sentiments de la
pudeur [2].

Ces vices sont certainement, parmi toutes les causes
de la misère, les plus actives et les plus communes;
mais, il faut le dire, même dans les familles d'ouvriers
qui ont su s'en préserver, on trouve aujourd'hui un
amour excessif du luxe, du brillant, de la toilette, du

---

1. La loi du 22 mars 1841, complétée par celle du 22 février 1851
(art. 10), sur l'apprentissage, et celle du 19 mai 1874 défendent, *en principe*,
d'employer les enfants dans les usines et manufactures avant douze ans, et
prescrivent, pour les cas où le travail est permis avant cet âge, de les envoyer
à l'école au moins pendant deux heures chaque jour, s'il y en a une attachée
à l'atelier.

2. M. J. Simon (*L'Ouvrière*, II° partie, ch. 3 et 4) et M. Disraëli (*Sybil*,
liv. II, ch. 13; liv. III, ch. 4) ont tracé des tableaux émouvants et trop réels
de ces abîmes de misère et de débauche.

bien-être, et une imprévoyance coupable qui en est la suite.

Tels sont les faits généraux qui ont, à notre époque, accru le nombre des indigents, aggravé l'état des classes laborieuses et rendu plus difficile encore la solution déjà si délicate du problème de la misère. Ils ont creusé et envenimé les divisions entre les riches et les pauvres, et en ont fait, pour ainsi dire, deux nations « entre lesquelles il n'existe ni relations, ni sympathies, qui ignorent aussi complètement leurs habitudes, leurs pensées et leurs sentiments respectifs, que si elles vivaient sous des zones différentes [1]. »

1. *Sybil ou les Deux Nations*, par M. Disraeli, liv. II, ch. 5.

CHAPITRE XII.

DES MOYENS DE COMBATTRE LA MISÈRE.

SOMMAIRE

A ces maux, quels remèdes faut-il apporter? On en a proposé beaucoup. Cette énigme terrible et menaçante du paupérisme commence à inquiéter les savants et les sages, et chaque école économique présente les moyens qu'elle croit avoir trouvés de guérir la plaie ou au moins d'arrêter ses ravages.

Plusieurs de ces procédés ont fait quelque bruit et rencontré certaine faveur : ceux-là surtout qui présentaient aux intelligences une donnée plus facile à saisir, et aux passions du cœur un appât plus séduisant.

Il convient de les examiner en quelques mots.

13

I

Un premier remède a été proposé : *le luxe;* remède
assurément facile et commode, car il prétend secourir
le pauvre en satisfaisant les convoitises et l'orgueil du
riche. Ces dépenses énormes, ces profusions ruineuses
qu'entraîne le luxe sont, dit-on, le meilleur moyen de
prévenir la misère, car elles augmentent la production,
et, comme on l'a répété cent fois, elles font travailler
l'ouvrier.

C'est là une erreur. Malgré ces apparences trompeuses,
le luxe dissipe le capital et produit des maux qui sont
loin d'égaler le bien passager qu'il peut procurer aux
ouvriers, relativement peu nombreux, des industries de
luxe. Les économistes de toutes les écoles sont d'accord
sur ce point.

Certes, il y a un luxe permis, luxe modéré, nécessaire, motivé par la différence des positions sociales,
et qui n'est que le fruit de l'aisance acquise par le travail.

Mais le luxe qui dilapide et diminue les fortunes
qu'une sage économie eût fait prospérer est à tous les
points de vue un mal, car la dépense faite en objets
inutiles aurait été employée avec profit, et l'encourage-
ment donné à un genre inutile est enlevé à un genre
plus avantageux. « C'est donc à tort qu'on a dit et mille
fois répété que les profusions du riche faisaient vivre le
pauvre. Elles ne sont bonnes qu'à épuiser une des
sources de la production : les capitaux. Les richesses
engendrent les richesses, et toutes les fois qu'on en dé-

truit, on détruit non-seulement celles qu'on consomme, mais toutes celles qu'on se serait procurées au moyen des premières. Les unes sont une perte seulement po celui qui les consomme, les autres sont, de plus, une perte pour les hommes industrieux qui en auraient eu leur part[1]. »

Et, en outre, quel mal le luxe ne fait-il pas au point de vue moral? Il augmente, d'un côté, l'égoïsme du riche, dont il dessèche le cœur; de l'autre, la jalousie du pauvre, dont il envenime les ressentiments par l'étalage de profusions inutiles. Il accroît ainsi cette division entre les classes, qui est le plus déplorable des maux de l'heure présente.

Enfin, il excite chez les ouvriers, qui veulent toujours suivre de loin les exemples des grands, le goût des dépenses superflues, et il tue l'épargne, seule garantie de la sécurité du lendemain. « Souvent dans les classes aisées, comme parmi les ouvriers, le luxe, sous les apparences de la richesse, introduit la misère; il a pour conséquence un égoïsme toujours croissant, et il entre pour beaucoup dans cette séparation qui s'accuse de plus en plus entre les classes supérieures et les classes inférieures; l'envie d'un côté, le dédain de l'autre mettant entre elles d'insurmontables obstacles. Le luxe est donc une cause de désorganisation sociale, aussi bien qu'une cause de ruine pour les individus. Par le luxe, à force de vouloir s'élever, on s'abaisse. Bien loin de grandir les peuples, le luxe les avilit; par lui grands et petits abdiquent également leur dignité et leur indépendance. Jouir

---

1. J.-B. Say, cité par H. Storch, *Cours d'Économie politique*, Ire partie, liv. VII, ch. 5.

et paraître, tel est le seul but de la vie. La vraie grandeur, la grandeur morale, avec la liberté qui en est la
première condition, cède devant la passion de la fausse
grandeur et de l'éclat extérieur que procure la fortune;
tout le monde alors est esclave de la richesse et de ceux
qui la donnent [1]. »

II

Un deuxième remède, dont le nom même explique la
faveur dont il jouit près des classes laborieuses, est l'*augmentation des salaires*. Hélas! celui-là n'est aussi qu'une
utopie. Et sans doute i'application de ce système ferait
encore plus de victimes que son annonce ne fait aujour-
d'hui de dupes.

N'est-il pas évident, en effet, que le fabricant, le ma-
nufacturier, obligés de donner à leurs ouvriers un salaire
plus élevé, seront forcés de vendre plus cher les objets
fabriqués; de sorte qu'une surélévation des salaires serait
immédiatement suivie d'une hausse considérable dans le
prix des subsistances et des objets de consommation? La
position des ouvriers serait ainsi ramenée au même point
et tournerait dans un cercle vicieux.

D'ailleurs, pour arriver à ce résultat, il faudrait recourir à l'intervention de l'État. Or, en pratique, à quoi
aboutirait une augmentation subite et générale des salaires? A la diminution du nombre des ouvriers occupés,
à la création d'ateliers nationaux, à la ruine du commerce d'exportation. « A tous les points de vue, la régle-

---

1. Ch. Périn, *De la Richesse dans les sociétés chrétiennes*, tome II, liv. VI,
ch. 6.

mentation des salaires est une déception et un contre-
sens [1]. »

Il est juste, sans doute, d'applaudir sans réserve à une
hausse du prix du travail amenée par le cours naturel
des choses et les progrès de la fabrication; mais pourtant il faut dire que les ouvriers les mieux payés sont
souvent les moins à l'aise et les moins heureux. « La
hausse même des salaires ne mettrait fin au paupérisme
qu'à la condition d'être accompagnée d'une réforme profonde dans les mœurs. Les salaires actuels, employés
avec intelligence et surtout avec probité, suffisent pour
assurer le nécessaire à une famille toutes les fois qu'elle
n'est pas atteinte par la maladie ou la crise. Chose terrible, le pain manque plus souvent dans les ménages
d'ouvriers par la faute du père que par la faute de l'industrie. Dans la seule journée du lundi, le cabaret ab-
sorbe le quart de l'argent gagné dans la semaine, peut-
être même la moitié, et les ouvriers les mieux payés, qui
pourraient vivre à l'aise et faire vivre honorablement une
famille, sont presque partout les plus adonnés à l'ivrognerie. C'est l'ordre et le travail, plus encore que le bon
salaire, qui assurent le bien-être. Ainsi, le mal est surtout un mal moral; et le problème à résoudre est celui-
ci : sauver l'ouvrier par lui-même. Il y a un plus grand
service à lui rendre que de lui donner du travail et de
l'argent : c'est de lui inspirer l'amour du travail et le
goût de l'économie. Si jamais l'atelier est plein et le
cabaret vide, la misère sera vaincue. Tous les autres
biens viendront par surcroît [2]. »

---

1. H. Baudrillart, *Manuel d'Economie politique*, IVe partie, ch. 2, § 2.
2. Jules Simon, *L'Ouvrière*, Préface, p. 8.

III

Le trait commun de ces théories qui prétendent réformer la société avant de régénérer l'homme; le caractère
distinctif de ces novateurs qui se disent des apôtres de
liberté, c'est le recours à l'État, qui peut tout, veut
tout, fait tout.

C'est ce que demandait, il y a une trentaine d'années,
un système célèbre qui menaça d'ébranler la société tout
entière, et qui emprunte une actualité nouvelle à de
tristes et récentes assises.

L'un des coryphées de cette doctrine, M. Louis Blanc,
l'a exposée dans un livre habile et resté populaire : *L'Organisation du Travail*. Pour lui, l'état malheureux des
classes ouvrières est aussi la grande question sociale;
mais au lieu d'imputer la misère aux fautes et aux vices
des hommes, il en rend responsable la société elle-même.
« On accuse, dit-il, de presque tous nos maux la corruption de la nature humaine; il faudrait en accuser le
vice des institutions sociales[1]. » C'est pour cela, c'est
pour détruire le monstre hideux de la *concurrence*, qu'il
veut réformer la société de fond en comble, d'après un
plan qu'il expose lui-même ainsi : « Le gouvernement
serait considéré comme le régulateur suprême de la production et investi, pour accomplir sa tâche, d'une grande
force. Cette tâche consisterait à se servir de l'arme même
de la concurrence pour faire disparaître la concurrence.
Le gouvernement lèverait un emprunt dont le produit

---

1. Louis Blanc, *Organisation du Travail*, p. 170.

serait affecté à la création d'*ateliers sociaux* dans les branches les plus importantes de l'industrie nationale.

« On ferait tous les ans le compte du bénéfice net, dont il serait fait trois parts : l'une serait répartie par portions égales entre les membres de l'association ; l'autre serait destinée 1° *à l'entretien des vieillards, des malades, des infirmes;* 2° *à l'allègement des crises qui pèseraient sur d'autres industries, toutes les industries se devant aide et secours;* la troisième enfin serait consacrée à fournir des instruments de travail à ceux qui voudraient faire partie de l'association, de telle sorte qu'elle pût s'étendre indéfiniment.

« Chaque membre de l'atelier social aurait le droit de disposer de son salaire à sa convenance ; mais l'évidente économie et l'incontestable excellence de la vie en commun ne tarderaient pas à faire naître de l'association des travaux la volontaire association des besoins et des plaisirs [1]. »

Comme on le voit, c'était, en droit, le remplacement du contrat de louage de travail, base du salariat, par le contrat de société.

En pratique, cela devait être l'abolition de la misère, grâce à l'attribution aux malheureux de la seconde part du profit commun, et le moyen sûr de rendre tous les hommes parfaitement et *également* heureux.

Quant à ce que cela a été en fait, tout le monde le sait. On n'a pas encore oublié l'odieuse et grotesque expérience des *ateliers nationaux*, qui succombèrent sous le poids du ridicule et du mépris public.

Le *droit au travail* n'est autre chose, en effet, que le

---

1. Louis Blanc, *Organisation du Travail*, Conclusion, p. 102 et suiv.

communisme. Malgré les précautions dont M. Louis Blanc
entoure son langage, il est facile de voir qu'il s'en prend
au fond à la propriété, sous le nom d'*individualisme*.
Plus habile peut-être, mais moins franc que Proudhon,
qui criait bravement : « la propriété, c'est le vol, »
M. Louis Blanc arrive à la même conclusion; tous deux
sont frères, descendants tous deux de Babœuf, qui avait
dit avant l'un et l'autre : Les malheurs de l'esclavage
découlent de l'inégalité, et celle-ci de la propriété. La
propriété est donc le plus grand fléau de la société. C'est
un véritable délit public [1].

Et maintenant, faut-il réfuter sérieusement des théories si peu sérieuses? Faut-il démontrer que le communisme éteint toute ardeur pour le travail, en donnant à
chacun, actif ou paresseux, habile ou maladroit, un salaire égal? Qu'il foule aux pieds le mobile le plus fort
du cœur de l'homme, l'intérêt personnel, sans pouvoir
le remplacer, comme l'ont fait les associations religieuses dont il se vante de suivre les exemples, par un
sentiment plus puissant encore?

Le communisme est la négation absolue de la liberté
humaine. En imposant à chaque enfant sa vocation ou
son métier, il atteint le comble du ridicule, il ramène la
société à l'état de la ruche d'abeilles et réduit l'homme
au rang de l'animal, esclave de l'instinct.

Enfin il détruit la famille, qui est indissolublement
unie au droit de propriété, et aboutit logiquement, quoi
qu'on fasse, à la communauté des enfants et des femmes.

En résumé, pour répéter ici les paroles que fit en-

---

1. *Histoire du Communisme ou Réfutation historique des utopies socialistes,*
par A. Sudre, ch. XVII.

tendre à cette époque la voix du bon sens outragé :
« On sait, par un calcul facile à établir, que la réver-
sion de la richesse des plus riches sur les plus pauvres
ne produirait pas une augmentation sensible pour ces
derniers. Elle n'ajouterait pas un centime à la journée
de chacun et elle aurait diminué de moitié, des trois
quarts peut-être, la masse de la production générale.
Tous mourraient de faim. C'est l'unique bien qu'on leur
aurait fait [1]. »

Le saint-simonisme, malgré les apparences plus raisonnables que cherchaient à lui donner ses chefs Saint-
Simon, Bazard et Enfantin, arrivait au fond au même
résultat : « Tout le saint-simonisme consiste à entendre
au propre ce que l'Église a dit si souvent au figuré, à
savoir, que les riches sont les intendants des pauvres [2]. »

Ainsi ces systèmes pompeux, qui ont amené des révoltes sanglantes et des luttes fratricides, ne pourraient
réaliser en pratique que l'égalité dans la misère. Et tel
est pourtant le pouvoir de l'erreur sur l'intelligence de
l'homme, et surtout l'empire des passions sur son cœur,
que ces doctrines néfastes trouvent encore aujourd'hui
des sectateurs audacieux, prêts à tout renverser pour
atteindre leur but.

IV

Au commencement de ce siècle parut une doctrine
nouvelle qui eut dès son début un immense retentisse-

1. *De la Propriété*, par M. Thiers, liv. II, ch. 3.
2. *Le Socialisme moderne*, par M. Paul Janet, *Revue des Deux-Mondes* du
1er octobre 1870.

ment, et devait dans la suite exercer sur l'économie politique une influence considérable. Le livre qui l'exposait s'appelle l'*Essai sur la Population*, et son auteur était le Rév. T.-R. Malthus, pasteur de l'Église réformée.

Essayons d'exposer en quelques lignes cette question délicate sur laquelle on a écrit des centaines de volumes, et dont beaucoup de gens parlent sans en connaître les premiers éléments.

Jusque-là, la population avait été regardée comme un des signes constants de la richesse d'un peuple; son grand nombre, et surtout son accroissement étaient considérés comme le *criterium* le plus certain de la prospérité d'une nation.

Malthus vint et dit : La population d'un pays, dans une situation normale, peut doubler tous les vingt-cinq ans, et croît dans tous les cas selon une progression géométrique. — Les moyens de subsistance, dans les circonstances les plus favorables, n'augmentent que selon une progression arithmétique. Les hommes se multiplient donc beaucoup plus vite que les moyens de vivre dont ils disposent, et par suite sont condamnés à une misère inévitable et presque générale. Trois obstacles, en effet, arrêtent cet accroissement excessif : *la contrainte morale* (*moral restreint*), le vice et la misère. Or, pour diminuer autant que possible l'action du vice et surtout de la misère, l'homme doit pratiquer la *contrainte morale* et restreindre cette force de multiplication indéfinie que Dieu lui a donnée. La population étant ainsi diminuée, la somme de bien-être augmentera pour chacun; la misère sera par suite atténuée et peut-être un jour détruite tout à fait.

Telle est, en résumé, la doctrine de Malthus, dégagée

des exagérations et des excès auxquels l'ont portée certains auteurs, continuateurs logiques peut-être, mais à coup sûr bien éloignés de la pensée première du ministre évangélique. C'est, en effet, *a priori* la condamnation la plus explicite de ce système, et ce fut la peine des erreurs de son honnête auteur de susciter des disciples éhontés qui, sous prétexte de contrainte morale, ont prôné les pratiques les plus monstrueuses et les plus criminelles infamies.

Il y avait pourtant dans ce système une part de vérité; et c'est sans doute cette circonstance, jointe au rare talent de l'auteur et à la forme séduisante de l'exposition, qui a fait son immense succès.

Il est vrai que les hommes tendent à se multiplier dans une proportion plus rapide que les moyens de subsistance; il est vrai encore que les attaques dirigées par Malthus contre le système de charité légale établi en Angleterre, système qu'il accusait d'augmenter le nombre des pauvres au lieu de le diminuer, sont absolument fondées. Il a eu raison de combattre la taxe des pauvres, d'y voir un accroissement, non un soulagement de la misère.

Mais là s'arrête la vérité.

Il y a, à la base de ce système, une idée première qu'il importe de dégager. Cette idée, autour de laquelle tournent les économistes sans paraître oser l'aborder de front, n'est rien moins que la question de la destinée de l'homme ici-bas. Et cette question pourtant, il faut la résoudre avant tout, et dire si oui ou non l'homme est placé sur la terre pour jouir. Si l'on répond oui; si l'on voit, comme Malthus, dans le bien-être de l'individu la fin dernière et le but suprême de la vie, on doit reconnaître qu'il a raison de prêcher la diminution de la population.

Mais alors que de contradictions dans ces théories! C'est au nom de cette religion du sensualisme, c'est en l'honneur de ce dieu matérialiste : le bien-être, l'utilité, que l'on demande à l'homme de sacrifier le penchant le plus impérieux de sa nature, celui-là même qui semble devoir lui procurer le plus de jouissances! Conséquence illogique, que les successeurs de Malthus et les faits eux-mêmes se sont bientôt chargés de rectifier.

Parmi ses disciples, en effet, nous voyons M. John Stuart Mill, l'un des partisans les plus ardents et les plus célèbres du maître, reconnaître l'impuissance de la *contrainte morale* et invoquer à sa place la *contrainte légale*, c'est-à-dire la réglementation par l'État des actes les plus intimes de la vie privée : le mariage et la procréation des enfants [1]. D'autres, plus hardis encore, ont bien vite trouvé le moyen de concilier la doctrine de Malthus avec la passion du plaisir, et ont abouti sur ce point aux plus odieuses pratiques renouvelées de l'antiquité.

Les faits eux-mêmes sont venus démontrer que « là où il y a moins de mariages, il naît plus d'enfants naturels; de sorte que non-seulement, en obtenant cette réduction si désirée dans le nombre des mariages, on n'y trouvera point d'obstacle contre l'accroissement de la population dont on s'alarmait; mais en voyant naître le même nombre total d'enfants, on verra seulement remplacer les enfants légitimes par ceux qui ne le sont pas;

---

1. J. Stuart Mill, *Principes d'Économie politique,* liv. II, ch. 13, § 2.

c'est-à-dire qu'on verra se produire un résultat plus funeste encore pour la société[1]. »

Enfin, si nous voulons remonter dans les sphères plus
élevées de la philosophie, il sera facile de prouver que
le principe posé par Malthus n'est pas démontré, et que
le remède qu'il indique est contraire aux lois essentielles
de la nature humaine.

Le principe : c'est, en effet, une assertion purement
gratuite que celle à laquelle semble aboutir le système
malthusien, à savoir, que les populations sont forcées de
périr faute de moyens de subsistance. Où, quand a-t-on
fait une expérience décisive ou seulement sérieuse à ce
point de vue? Il est possible que les calculs arithmétiques
ou géométriques du docteur anglais soient exacts, nous ne
les contestons pas; mais, à coup sûr, la conclusion qu'il
en tire est excessive. Il y a là l'affirmation d'un fait que
nul peuple, nulle histoire n'ont encore établi. Mille
causes diverses peuvent modifier les conséquences de
l'accroissement rapide de la population, et prévenir la
famine ou seulement la disette.

On peut ajouter que *rationnellement* le principe est
inadmissible; il est, en effet, contraire aux lois fondamentales de la création et de la Providence.

Tout être, tout degré d'être est en soi un bien, bien
relatif sans doute, mais enfin bien réel cependant. Or,
il est impossible que Dieu, qui est l'être et le bien par
essence, ait disposé le monde matériel et ses créatures
de telle sorte que l'un ne puisse suffire aux autres; car
Dieu nierait, contredirait ainsi lui-même le bien, l'être :
ce qui est une absurdité et un blasphème.

1. De Gérando, *De la Bienfaisance publique*, tome I, liv. II, ch. 4, art. 6.

D'ailleurs, tout être a ses lois; or, la première loi d'un être qui vient à la vie, c'est le maintien, la faculté, l'usage de sa vie même. Dire que l'être est fatalement condamné à périr faute de moyens de vivre, c'est affirmer que cet être est sans loi, est le désordre et la contradiction. La vie matérielle ne peut pas plus manquer au corps que la vérité à l'intelligence. Celle-ci a pour aliment la vérité connue; or, quelles que soient les intelligences qui la cherchent et la possèdent, la vérité ne manque jamais à notre entendement, parce que la vérité, nous le savons, n'est autre que Dieu même, c'est-à-dire est infinie; mais aussi parce que l'intelligence, ayant pour loi de chercher et de saisir la vérité, *l'objet de cette recherche, qui est sa loi, ne peut défaillir.*

Quant à la contrainte morale, indiquée comme remède par Malthus, il est facile de l'apprécier à sa vraie valeur. Plaçons-nous pour cela encore exclusivement au point de vue philosophique, et laissons dans l'ombre toutes les considérations d'ordre moral et politique.

L'union charnelle de l'homme et de la femme légitimement mariés est *en soi, légitime, morale, nécessaire.* C'est l'évidence même. Il y a plus : l'acte générateur est pour l'homme l'exercice d'une de ses plus nobles prérogatives; car l'être qui vit, en donnant lui-même la vie, en se perpétuant, participe au pouvoir créateur de Dieu, d'où vient toute paternité. Dieu est essentiellement fécond; l'homme engendre par suite de la faculté qu'il tient de Dieu, associé qu'il est ainsi à la puissance infinie elle-même. Donc la génération, la procréation d'une créature raisonnable, est un acte éminemment légitime et grand; par suite, mettre, au nom de la simple raison et sans aucun intérêt supérieur, des bornes, des entraves

à cet acte, c'est chercher à restreindre, à affaiblir la
grandeur de l'homme. Ni la philosophie, ni l'économie
politique n'ont ce droit; elles ne pourraient le prendre
qu'à l'aide d'une usurpation et d'une injustice.

C'est ici, en effet, qu'un point de vue nouveau peut et
doit apparaître. La religion peut conseiller à l'homme un
état qu'elle lui montre comme plus parfait que le mariage; cet état, elle ne l'impose pas; elle ne s'est jamais
arrogé le droit de l'imposer de force à qui que ce soit.
Cet état c'est la virginité, ou la continence. De même,
la religion fixe nettement les droits et les devoirs réciproques des époux : « *Uxori vir debitum reddat : simi-*
liter autem et uxor viro. Mulier sui corporis potestatem
non habet, sed vir. Similiter autem et vir sui corporis
potestatem non habet, sed mulier [1]. » Mais elle leur permet aussi et leur conseille une certaine continence, *qui*
n'est légitime que de leur consentement mutuel et persévé-
rant. Pareil consentement sera inspiré par des motifs
très-élevés et très-purs; encore est-il qu'il sera toujours
révocable, *la nature même du mariage* demandant qu'il
en soit ainsi.

Mais la philosophie, pas plus que l'économie politique,
n'a pas le droit de tenir un pareil langage, de donner de
tels conseils. Seul, le christianisme a pu monter à ces
hauteurs, et à lui seul doit être réservé l'honneur d'avoir
maintenu la dignité de l'homme, la vérité de ses facultés, leurs limites et leurs règles. Jugée comme elle doit
l'être, à l'aide de la raison pure, la théorie de Malthus
paraît radicalement fausse et fatalement immorale.

Et; au fait, qu'est-elle devenue dans la pratique cette

---

1. Saint Paul, 1ʳᵉ Épit. aux Corinthiens, ch. VII, v. 3 et 4.

doctrine dédiée, comme un nouvel Évangile, aux pauvres et aux souffrants, et destinée, disait-on, à arrêter les ravages de la misère?

Les riches et les grands s'en sont emparés avec une avidité inouïe et ont pratiqué jusqu'à l'excès *la prudence* qui restreint le nombre des enfants. « L'expérience est là pour nous montrer, dit un de nos premiers économistes, que, généralement parlant, les familles sont d'autant moins fécondes qu'elles deviennent plus riches[1]. »

Les ouvriers, au contraire, qui, pour la plupart, n'ont ni connu ni pratiqué les théories de Malthus, et ont persisté à ne pas craindre le grand nombre des enfants, n'en sont pas devenus plus misérables. Les salaires, en effet, ont suivi un mouvement de hausse extrêmement remarquable, et la facilité de vivre pour les paysans et les ouvriers anglais et français a presque doublé, grâce à l'abondance accrue et à la diminution du prix des objets de première nécessité[2].

Du reste, il faut le dire ici, c'est en France que les doctrines de l'économiste anglais ont reçu la plus générale et la plus triste application. Un cri d'alarme trop justifié a été jeté récemment à propos de la diminution de notre population[3]. Grâce au partage égal entre les enfants, grâce au défaut d'esprit de colonisation qui en est la suite, le nombre des naissances a diminué parmi nous et menace de nous réduire à un état d'infériorité fatal vis-à-vis des autres grandes nations européennes.

1. J.-B. Say, *Cours d'Économie politique,* tome II, VII⁰ partie, ch. 32.
2. H. Baudrillart, *Manuel d'Économie politique,* IV⁰ partie, ch. 5, §2.
3. Lettre de M. de Lavergne à l'Économiste français. — *Journal des Économistes,* de septembre 1876. M. Joseph Garnier est presque le seul de nos économistes qui ait émis une opinion favorable sur les faits en question.

« Le goût du mariage est loin d'avoir diminué parmi nous : ce qui a diminué, c'est la fécondité des mariages; or, cette diminution, comment l'expliquer, sinon par des calculs fondés sur un sentiment de prévoyance qui, ailleurs, ne se montre que chez le petit nombre et qui, chez nous, est répandu dans toutes les classes et poussé jusqu'à l'excès [1]. »

Si l'on compare, relativement à la population, le nombre des mariages et celui des naissances de 1801 à 1868, on touchera du doigt ce fait, qui est, selon nous, la vraie cause du mal :

PÉRIODES.	PROPORTIONS POUR 10,000 HAB.	
	Des mariages	Des naissances
1801 à 1810	76	319
1811 à 1820	79	317
1821 à 1830	78	309
1831 à 1840	80	290
1841 à 1850	80	274
1851 à 1860	79	263
1861 à 1868	80	266

C'est cette diminution du nombre des naissances, jointe à la mortalité effrayante des nouveau-nés, qui rend notre population presque stationnaire. Alors que la période de doublement de la population est de 52 ans pour l'Angleterre, de 54 ans pour la Prusse et de 56 ans pour la Russie, elle est de 198 ans pour la France. Et même, d'après des calculs récents, la période de doublement de la population par l'excédant des nais-

---

1. Le *Temps* du 25 octobre 1870.

sances sur les décès serait, en prenant les chiffres des
années 1871 à 1875, de 98 ans pour l'Allemagne, de
100 ans pour l'Autriche, de 108 ans pour l'Italie, de
111 ans pour l'Angleterre et de 380 ans pour la France.
Notre pays se place donc toujours et de beaucoup au
dernier rang [1].

Si l'on veut maintenant envisager la question sous
un autre point de vue, on trouvera des chiffres qui
prouvent également la diminution de la fécondité des
mariages : de 1770 à 1784, en France, chaque mariage
donnait 4,79 enfants; de 1800 à 1815, ce chiffre des-
cend à 3,93; de 1820 à 1830, il est de 3,70, et enfin
aujourd'hui il n'est plus que de 3,02. — Sous ce rapport, la France est encore au dernier rang de tous les
pays d'Europe : l'Italie compte 4,51 enfants par mariage; l'Espagne, 4,42; la Russie, 4,38; la Prusse,
4,31; l'Angleterre, 3,99; l'Autriche, 3,84, et la France,
3,02 [2].

Il est temps de revenir aux éternels principes de la
vérité et de la raison. Oui, l'accroissement de la population est un signe de force et de prospérité. Et si l'homme
tend à se multiplier dans une proportion plus rapide que
les moyens de subsistance, c'est qu'il doit par un labeur

1. *Journal des Économistes*, août 1876, *Des périodes de doublement de la
population*, par M. Antonin Rouillet; et *Journal des Économistes*, passim,
2ᵉ série, tomes XIII et XIV; 3ᵉ série, tomes V, VI, VII, etc.

2. L'année 1875 n'a pas été meilleure au point de vue de l'accroissement
de la population. D'après le tableau publié au *Journal Officiel* du 20 février 1877, l'augmentation des naissances a été, en 1875, de 105,915, et le
nombre total des naissances de 950,975, ce qui donne à peine 264 naissances
pour 10,000 habitants, et ce qui porte à 2,912 l'excédant annuel des naissances sur les décès, pour un million d'habitants; or, cet excédant est de
8,500 en Espagne, de 12,000 en Russie et de 14,000 en Prusse.

persévérant, par des sacrifices continuels et une lutte sans fin, reculer la limite indéfinie des richesses du monde qu'il habite. C'est là sa destinée sur la terre, son devoir et son honneur. C'est aussi la loi et la condition du progrès : il faut donc encourager la fécondité des mariages et répudier ouvertement ces théories, qui prétendent que la morale considère les actions sous un autre point de vue que l'économie politique.

Mais, d'un autre côté, on ne doit pas l'oublier, le célibat, un célibat sans tache, et qui, dans certains cas, sous l'influence de causes élevées, peut durer toute la vie, agit comme un correctif et un frein contre l'excès possible de la population.

Tel est l'enseignement que donne depuis des siècles l'Église catholique sur ces questions délicates, enseignement qui lui a valu à la fois le reproche de pousser, par les principes de sa morale sur le mariage, à un accroissement inconsidéré de la population, et d'imposer au progrès de la population, par le célibat de ses prêtres et de ses Ordres religieux, des restrictions fatales à la prospérité des peuples. « On n'a pas vu que l'Église, en imprimant en même temps aux mœurs cette double impulsion, évitait par cela même les deux écueils contre lesquels vont se briser toutes les sociétés qui prennent leur règle en dehors de ses principes : l'excès d'une population qui s'accroît plus rapidement que les subsistances, et une décroissance constante de la population, qui enlève aux sociétés leur ressort et les conduit à une inévitable décadence [1]. »

---

1. Ch. Périn, *De la Richesse dans les sociétés chrétiennes*, tome I, liv. IV, ch. 4.

V

Nous avons enfin à examiner un dernier remède, moins radical et plus pratique. La plupart des systèmes que nous avons vus jusqu'ici ne visent, en effet, à rien moins qu'à détruire la pauvreté, et sont ainsi condamnés d'avance par l'expérience de chaque jour et le bon sens de chacun. Une théorie plus sérieuse, sans se flatter d'abolir la misère, croit avoir trouvé le remède seul capable, d'après elle, d'arrêter un fléau si général, si persistant et si terrible. Ce remède, c'est la *charité légale.* Cette alliance de mots bizarre, mais consacrée, exprime assez improprement l'idée de l'État exerçant la bienfaisance et secourant les pauvres.

Plus heureuse que les théories précédentes, qui n'ont guère été réalisées dans la pratique, la charité légale est aujourd'hui en vigueur chez la plupart des nations protestantes. Il importe donc de l'étudier de près. Dans ce système, l'État a le monopole de la bienfaisance; seul, il peut et il doit donner des secours aux indigents. Pour se procurer les ressources nécessaires, il emploie l'unique moyen dont il puisse disposer : l'impôt. Il prélève, non plus sur tous, mais sur les riches, une imposition qu'on appelle la *taxe des pauvres,* et qui devient ainsi le procédé pratique par lequel s'exerce la charité légale.

Et ce secours, le pauvre ne l'implore pas, il l'exige; il possède, en effet, le droit à l'assistance et peut le faire valoir comme tout autre droit. Ainsi, dans ce système, la charité, en venant au secours du malheur, n'obéit pas à un simple devoir moral, elle est liée en-

vers les indigents par une obligation rigoureuse et civile,
de telle sorte qu'envers eux elle acquitte une dette plutôt
qu'elle ne leur distribue un secours[1].

On aperçoit du premier coup les graves inconvénients
de ce système, mais tout d'abord il soulève une question
de principe importante. Quel est donc ce droit en vertu
duquel l'État prend à l'un pour donner à l'autre? Cette
loi qui ordonne, sous peine d'amende, au riche de secourir le pauvre, est-elle bien conforme au droit naturel,
type idéal et suprême que le législateur doit toujours
avoir devant les yeux? Sans doute, le gouvernement
d'une nation a le devoir, et par suite le droit de faire
tout ce qui est nécessaire à l'intérêt général; mais lui
est-il donc permis pour cela de dépouiller de force celui
qui a, pour donner à celui qui n'a pas? Question délicate,
système dangereux, dangereux surtout par les conséquences qu'il entraîne, car portant atteinte à la propriété, l'on en pourrait déduire logiquement le socialisme, ou au moins le communisme.

Le fondement juridique de la taxe des pauvres nous paraît loin d'être démontré, et nous disons avec J.-B. Say :
« A parler rigoureusement, la société ne doit aucun secours, aucun moyen de subsistance à ses membres. En
se réunissant à l'association, en lui apportant sa personne, chacun est censé lui apporter ses moyens d'existence. Celui qui se présenterait à elle sans ressources
serait obligé de les réclamer d'un autre membre de la
société; celui-ci serait fondé à demander en vertu de
quel droit on lui impose cette charge. Telle est la rigueur
du droit. Mais, indépendamment du sentiment de cha-

---

1. De Gérando, *De la Bienfaisance publique*, tome I, liv. III, ch. 2, art. 1.

rité, il n'est pas dans l'intérêt du corps social de s'en tenir à la rigueur du droit[1]. »

De plus, le système de la charité légale entraine dans l'application des conséquences aussi déplorables que sa légitimité rationelle est contestable.

Et d'abord il tue la charité privée. Ce n'est plus le cœur qui donne, c'est le contribuable qui paie un impôt. Qu'un ministre de la religion demande en faveur des pauvres et au nom de Dieu, chacun donne avec joie et le plus possible; qu'un exacteur perçoive un impôt, on lui laisse prendre le moins qu'on peut et à contrecœur. Puis, après avoir payé la *taxe des pauvres*, l'on se croit quitte et l'on rebute les efforts que tenterait la charité privée pour secourir les malheureux que l'État, malgré sa puissance, laisse mourir de misère et de faim.

En effet, quelle armée de fonctionnaires et d'employés, quelle nuée de directeurs, d'inspecteurs, de contrôleurs, d'agents de toute sorte ne faudra-t-il pas pour administrer et distribuer les aumônes de l'État? Et quelle brèche ne feront pas tous ces traitements dans le budget, si énorme qu'il soit, de la bienfaisance officielle? Que d'argent la charité privée eût économisé et gagné pour les pauvres! Puis, ces distributions faites par la main d'agents subalternes le sont trop souvent sans ménagement et sans tact. « Là où manque la charité chrétienne, une bonne administration obtiendra sans doute ponctualité, exactitude, tout ce qu'on peut demander à des hommes qui reçoivent un salaire pour servir; mais il y manquera une chose, que rien ne remplace et qui ne se paie

1. J.-B. Say, *Cours d'Économie politique*, tome II, ch. 52, p. 301.

point : l'*amour*. [1] » D'ailleurs, un homme peut avoir de la compassion et de la pitié, un fonctionnaire ne le peut pas : on en est venu, en Angleterre, à dire que les abus de la taxe viennent en grande partie de ce que les autorités chargées d'en distribuer les produits, ont agi sous·l'empire de sentiments de bienveillance pour les pauvres.

Mais cet argent que l'État arrache au riche comme un impôt, le pauvre à son tour l'exige de lui comme une dette; et encore fait-il plus grief de ce qu'il ne reçoit pas, que cas de ce qu'on lui donne. Ainsi l'État supprime la charité d'un côté, la reconnaissance de l'autre, la spontanéité partout, c'est-à-dire en somme ce qu'il y a de plus noble dans l'humanité.

Quant à l'influence morale que peut avoir cette aumône jetée par une main indifférente à un pauvre qui s'en croit le créancier, bien entendu elle est nulle. On ne cite pas un indigent vicieux que la charité légale ait ramené à des idées plus saines, à des sentiments meilleurs. Quant aux conséquences matérielles, elles sont plus déplorables encore. Et s'il est vrai de dire « qu'aucun plan pour secourir les pauvres ne mérite attention, s'il ne tend à mettre les pauvres en état de se passer de secours [2], » il faut condamner tout de suite, sans hésiter, l'assistance officielle. Aucun système, en effet, n'excite davantage l'imprévoyance et l'incurie des pauvres, et surtout des ouvriers qui s'habituent à voir dans ce secours une sorte de supplément de salaire. Assurés de toucher cette subvention fixe, prévue, non-seulement ils

1. Balmès, *Le Protestantisme comparé au Catholicisme*, tome II, ch. 33.
2. Ricardo, *Économie politique*, ch. 5.

ne font aucune économie, mais ils diminuent volontairement leur travail et finissent par affaiblir l'une des
principales sources de la production nationale. S'affran-
chissant de cette retenue, qu'on pourrait appeler la pudeur de la pauvreté, ils cherchent par tous moyens à se
faire inscrire au bureau des secours, et ainsi souvent la
charité légale se trouve avoir augmenté le nombre des
pauvres et accru le mal auquel elle devait porter remède.

D'après M. le pasteur Naville, qui a écrit sur ce sujet
un livre demeuré classique [1], la charité légale entraîne
trois conséquences nécessaires : le domicile de secours,
les maisons de travail, la proscription de la mendicité.

C'est, en effet, ce qui est arrivé en Angleterre, pays
par excellence, comme on sait, de la charité légale. La
Réforme ayant fort affaibli l'élan de la charité privée et
détruit les monastères, qui s'étaient seuls préoccupés
jusque-là des malades et des pauvres, le 43ᵉ statut d'É-
lisabeth (1601) déclara que désormais chaque paroisse
devrait nourrir ses indigents, qu'à cet effet un impôt
proportionnel à la valeur des immeubles occupés serait
levé, sous peine d'emprisonnement, sur les propriétaires
et tenanciers, et réparti entre les pauvres de la paroisse
par des officiers nommés *overseers*, choisis par les im-
posés eux-mêmes. Divers actes, et notamment le fameux
statut de 1834, qui a centralisé la charité et substitué
les *unions de paroisses* aux paroisses, sont venus compléter ou réformer ces dispositions; mais elles n'en
restent pas moins le fonds de la législation des pauvres
dans la Grande-Bretagne.

1. *La Charité légale,* par M. Naville, de Genève. — Paris, 1847.

Chaque paroisse ou union de paroisses doit avoir la liste des pauvres ayant leur domicile de secours, *settlement*, sur son territoire; elle a, par suite, le droit de renvoyer dans leurs paroisses respectives tous les autres pauvres. Et cette loi, si restrictive de la liberté individuelle, est appliquée avec la plus grande rigueur; car un pauvre de plus, c'est une augmentation dans la taxe. Aussi, qu'un ouvrier vienne à manquer d'ouvrage, une femme à tomber malade, au lieu de les secourir, on les reconduit impitoyablement dans leur paroisse, souvent fort éloignée. Ils y sont complètement inconnus, n'y possèdent aucun intérêt; peu importe, ils y ont leur *settlement*, peut-être parce qu'un de leurs ancêtres y est né, ou qu'ils y ont fait, il y a cinquante ans, un apprentissage d'une année.

Voilà le premier effet de la charité légale!

Mais ces pauvres valides, entretenus par la taxe, ne peuvent rester oisifs. Pour les occuper, on les fait entrer, on les enferme même dans les *work-houses*, ou maisons de travail. Ce nom seul excite sur le continent une idée de répulsion et de dégoût; qui ne sait, en effet, que ces maisons renferment la lie de la lie et sont des repaires innommés de vices et de crimes?

« Chose étrange et difficile à définir qu'un *workhouse* : c'est un terrible assemblage de toutes les formes de la misère humaine sous un même toit; c'est la mise en contact de la pauvreté, de la maladie, de la faiblesse, de la folie, du vice. Un *workhouse*, c'est à la fois un dépôt de mendicité pour les indigents valides, un hospice pour les vieillards et les infirmes, un refuge pour les aveugles et les sourds-muets, une école pour les orphelins, une retraite pour les prostituées, un asile pour les fous, et un réceptacle temporaire pour les vagabonds[1]. »

Les réformes qu'y ont apportées les législateurs anglais échoueront toujours contre ce dilemme insoluble : ou les pauvres enfermés dans ces asiles seront mieux traités que les ouvriers ordinaires, alors on verra ceux-ci y affluer et augmenter ainsi les charges publiques ; ou ils seront systématiquement traités avec rigueur, alors ce ne sera plus un secours, mais un châtiment, et la société se verra forcée de se montrer cruelle et sans entrailles envers les pauvres, dont elle fera des espèces de forçats innocents.

Et voilà encore où aboutit la charité légale !

Une autre conséquence de ce système, c'est l'interdiction de la mendicité. Tous les pauvres ne sont-ils pas secourus au moyen de la taxe? Pourquoi mendieraient-ils? Et puis, la vue de ces mendiants en haillons n'est-elle pas importune et odieuse au riche qui a payé l'impôt et se croit quitte envers la misère? Aussi la mendicité y est-elle poursuivie et punie avec la plus grande rigueur.

Cette législation tend aujourd'hui à devenir générale. Pourtant on aura beau faire, la conscience publique ne la comprendra jamais. Certes, l'homme valide, qui mendie au lieu de travailler, est coupable et mérite une peine ; sans doute, la mendicité est souvent la source et l'occasion des faits criminels ; mais enfin, parmi les gens qui tendent la main, il en est aussi d'honnêtes ; et c'est un auteur anglais qui a dit : « *If I am to be a beggar, it shall never make me a rascal*[2]. »

---

1. Louis Blanc, *Lettres de Londres*.
2. Goldsmith.

Va-t-on traîner devant les tribunaux des malheureux coupables d'avoir eu faim, jeter en prison un homme qui tend la main à son frère plus heureux, pour procurer du pain à ses enfants? Cela n'est pas possible. Et, comme l'a dit un éminent homme d'État, « de quoi voulez-vous donc le punir avec vos lois et vos arrêts? De n'être pas riche ou d'être homme? Voulez-vous lui enseigner à vivre sans manger ou à se trouver dans l'aisance sans argent? Supposez, je l'accorde pour un moment, que tous les mendiants soient capables de travail et puissent trouver de l'emploi. Depuis quand les lois punissent-elles la paresse? La loi doit être la même pour tous : si elle châtie l'oisiveté, il faut qu'elle la poursuive de ses peines chez ceux qui possèdent quelque chose comme chez ceux qui ne possèdent rien... Et le mensonge, l'imposture, voulons-nous donc les tolérer? Mais le mensonge du mendiant, quand il ne va pas à l'escroquerie, est-il du ressort de la loi [1]? » Toute la question, en somme, est de savoir si le mendiant peut ou ne peut pas travailler; dans ce dernier cas, s'il est réellement dans le besoin, l'acte de demander l'aumône n'est pas en lui-même répréhensible, et les lois qui l'interdisent violent les principes du droit naturel.

Voilà donc les trois grands résultats de la charité légale! Et l'Angleterre, qui a dépensé, en 1872, 200 millions, et, en 1875, 191,625,000 fr. pour secourir 800,914 indigents, ne voit point le paupérisme diminuer chez elle; au contraire, cette plaie, comme un cancer dévorant, s'aggrave et s'agrandit chaque jour, et menace

---

1. T. Duchâtel, *De la Charité*, II⁰ partie, ch. 5.

de bouleversements terribles la forte constitution du
pays le plus florissant du monde.

Cependant, faut-il conclure de là que l'État n'a aucune mission à remplir, et qu'il doit se désintéresser
complètement dans la question du sort des pauvres?
Nous ne le prétendons pas. « La société, comme les individus, est soumise à des obligations morales;... ces
devoirs de la société n'ont pas toujours précisément le
même objet que ceux des particuliers, ils ne sont pas
circonscrits dans les mêmes limites; mais ils tendent au
même but : le bien-être de tous, leur perfectionnement
intellectuel et moral. [1] »

Et alors que l'individu n'est appelé à pratiquer ces
devoirs que dans des cas fortuits et de rares occasions,
la société, qui vit de la vie de tous et qui ne meurt pas,
a des obligations constantes et perpétuelles. C'est ce
qu'exprime avec une raison frappante un philosophe
italien : « *L'individuo che in pochi anni di vita a pochi*
palmi di terra stende i suoi dritti, e per una sola via
cammina agli eterni suoi destini, potrà compir sua gior-
nata senza essere stato mai, non dico vittima, mà ne
spettatore di un incendio, di un naufragio, di un assedio;
mà la societa, che vive colla vita del genere umano e
comprendo empio territorio combatte con ogni elemento,
dee necessariamente in qualche sua parte soffrire di tempo
in tempo qualcuno di quegli assalti, che abbiam detto
all'individuo fortuiti[2]. »

La bienfaisance publique est donc un devoir; mais,
pour l'État comme pour l'individu, elle est un devoir

---

1. De Gérando, *De la Bienfaisance publique*, tome I, liv. III, ch. 2, art. 3.
2. Tapparelli, *Dritto naturale*, Dissertatione IV, cap. 3, art. 2, § 2.

moral et point une obligation civile. L'État complètera
l'œuvre de la charité privée; il lui donnera cette cohé-
sion et cet ensemble, cette fixité et cette durée qui
peuvent lui manquer quelquefois. Il se chargera, par
exemple, de ces infirmités incurables et sans espoir qui
demandent des secours permanents; il égalisera entre
les provinces les ressources trop abondantes des unes et
trop restreintes des autres; enfin, il peut mieux que tout
autre user des moyens préventifs et faire aux indigents
cette aumône du travail qui souvent est la meilleure de
toutes. Telle est la véritable et la seule mission de l'État.
Ajoutons qu'il l'aura remplie complètement s'il encourage
de toutes ses forces la charité privée, dont rien ne rem-
placera jamais l'efficacité et la vertu.

VI

Ces mots nous amènent naturellement à indiquer la
vraie solution du problème de la misère. Elle ressort, du reste, de la réfutation même des systèmes précédents, et il nous suffira de l'exposer en quelques
lignes.

Cette solution est triple et peut se ramener à ces trois
termes : l'*association*, le *patronage*, la *charité.*

L'*association*, qui dans ces derniers temps a pris une
grande extension (Sociétés coopératives de consommation
et de crédit, Sociétés de secours mutuels, *trades-unions,*
friendly societies), est à tous points de vue excellente.
Agissant comme moyen préventif, elle constitue pour
l'ouvrier sociétaire une assurance contre la misère et lui
donne en outre cette dignité, cette indépendance, dont

la disparition est justement l'un des plus tristes caractères du paupérisme.

Il faut reconnaître que le Congrès ouvrier de 1876, au milieu de bien des propositions extravagantes ou subversives, a eu raison de réclamer pour les ouvriers une plus grande facilité d'association, qui leur donnât plus de force pour débattre vis-à-vis des patrons les conditions de rémunération du travail. Peut-être l'institution bien comprise des *Chambres syndicales ouvrières*, purifiée de toute idée socialiste, serait-elle une concession excellente aux réclamations des travailleurs et l'un des meilleurs moyens de résoudre ce qu'on appelle la *question ouvrière*.

Est-il besoin d'ajouter que la famille, cette association primitive sur laquelle repose la société, doit être avant tout restaurée et raffermie? Elle est encore le meilleur préservatif contre la misère, et le retour à la vie de famille est certes l'un des plus sûrs remèdes contre les ravages du paupérisme.

Nous n'avons point à développer ici la difficile question du *patronage*. Disons seulement qu'un patronage librement offert et librement accepté paraît être un des meilleurs moyens de diminuer cet antagonisme des classes qui est un des maux de notre société française. Permanence des engagements de travail, retour à la vie de famille, diminution de l'emploi des femmes et du mélange des sexes dans les ateliers : ce sont là des résultats qui ne peuvent être obtenus que par l'alliance des classes laborieuses et des classes supérieures, et qui demandent, comme toutes les réformes utiles, des sacrifices réciproques.

Mais, malgré tout, il y aura toujours des malheureux

et des pauvres : la *charité* est donc nécessaire ; elle est un élément essentiel de la vie sociale. Destinée à réparer la trop grande inégalité des conditions humaines, elle constitue une dette morale de la propriété envers les pauvres. Elle est encore, de tous les moyens essayés pour soulager les besoins matériels, le plus puissant, et elle possède seule l'efficacité morale nécessaire pour tenter la réforme des vices qui sont, quoi qu'on en dise, la principale source de la misère. La bienfaisance privée doit être libre ; elle doit être surveillée, mais aussi encouragée et protégée par l'État ; de son côté, elle doit être éclairée et fuir également la prodigalité et la parcimonie. Nous n'en disons pas ici davantage : nous allons voir, dans les pages qui vont suivre, comment se combinent et se complètent la charité privée et la bienfaisance publique.

Enfin, il est un dernier remède, remède plus élevé et meilleur encore que tout autre, remède qui ne touche pas directement à l'économie politique, mais que nous nous reprocherions de ne pas indiquer en terminant cette seconde partie : c'est la religion. Il faut le dire hautement, sans la religion tous les moyens employés pour détruire le paupérisme sont insuffisants.

La religion enseigne à l'ouvrier, au malheureux, que c'est par vertu plus encore que par intérêt qu'il doit être l'ami du travail, de l'ordre, de la frugalité ; elle l'assure que sa vie n'est qu'une épreuve passagère et que les pauvres acquerront plus facilement le bonheur de la vie future que les riches, dont la récompense est en ce monde.

Dites au contraire au travailleur que l'attrait des jouissances matérielles et l'espoir du bien-être terrestre doi-

vent être seuls son but et sa récompense ; dites surtout
aux malheureux et aux pauvres que leurs souffrances sont
sans espoir et seront, par suite, sans compensation, et
vous verrez ce que produiront vos doctrines. « Comment
persuader à cette foule immense, qu'on dit destinée à
souffrir, à souffrir sans consolation, à souffrir sans espoir, à souffrir en vertu des lois de la Providence, comment lui persuader qu'elle doit croire, en effet, et se
résigner à la fatalité de son destin? Comment conjurer
son désespoir? Quelle barrière opposer à l'ardeur des
désirs inassouvis qui s'élèvent dans son sein?..... Comment donc l'allez-vous résoudre, ce formidable problème
de la *résignation*, philosophes et logiciens du régime
actuel? Par quel frein moral retiendrez-vous dans leur
misère tous ces hommes que votre philosophie condamne
à des souffrances sans lendemain? Ne voyez-vous pas
que les révolutions qui ont passé sur nos têtes ont donné
à ce peuple la conscience de sa force? Ne savez-vous pas
que, d'un bout à l'autre de la société, ce cri magique
d'égalité a retenti, qu'il a pénétré dans toutes les âmes
et qu'il a éveillé des désirs jusqu'ici inconnus? Voilà un
fait dont il vous est commandé de tenir compte. Heureux ou funeste, approuvé ou maudit, il existe, il vous
domine, il vous entraîne [1]. »

M. Louis Blanc a raison. Et quand le pauvre, mourant
de faim dans une mansarde glacée, entend passer les
brillants équipages qui emportent les riches aux plaisirs
du monde, qui donc l'empêchera de jeter sur eux un
regard de haine et d'envie? Qui l'empêchera de convoi-
ter et de faire tout pour partager un jour ces biens dont

---

[1]. Louis Blanc, *L'Organisation du Travail*, p. 180 et 181.

le prive un injuste et cruel destin? Quels sentiments le
retiendront sur la pente fatale du vice ou du crime?
Parlez-lui de probité, de réputation, d'honneur, et vous
verrez ce qu'il vous répondra. Pour nous, nous n'oublie-
rons jamais cette parole que nous dit, d'un air à la fois
cynique et attristé, un malheureux auquel nous repro-
chions certains actes malhonnêtes : Ah! monsieur, y a-
t-il de l'honneur pour les pauvres?...

Disons-le donc avec un écrivain peu suspect : « Il y a
des questions d'économie politique qui demeureront in-
solubles tant que la religion n'y mettra pas la main[1]. »
La religion est plus nécessaire encore au pauvre qu'au
riche, car elle est souvent sa seule consolation. Et pour
terminer par les paroles d'un homme dont nul ne peut
contester l'autorité en cette matière : « La religion em-
brasse le système entier des facultés humaines, comme
le cours entier de la vie; elle est tout ensemble un
flambeau qui éclaire l'intelligence, une loi qui règle les
mœurs, une puissance qui s'empare de l'âme, un mobile
qui préside aux actions : aucune pensée ne lui reste
étrangère, aucun sentiment ne lui échappe. Éminente
institutrice, elle fait pénétrer ses enseignements jusqu'au
fond des cœurs, et leur imprime une autorité sainte...
En opérant le perfectionnement moral de l'homme, la
religion prépare indirectement son bien-être matériel :
c'est qu'elle anime d'une étincelle sacrée le foyer même
des forces humaines[2]. »

1. Blanqui, *Histoire de l'Économie politique*, tome I, ch. 9.
2. De Gérando, *De la Bienfaisance publique*, tome III, liv. III, ch. 6, art. 4.

CHAPITRE XIII.

DE L'ASSISTANCE PAR L'ÉTAT ET LE DÉPARTEMENT.

—

SOMMAIRE

I

La société, nous l'avons dit, a l'obligation morale de
venir au secours des malheureux qu'elle renferme dans
son sein. C'est l'un des plus doux, mais non l'un des
plus faciles des devoirs qui lui incombent.

Que faut-il entendre par la société? Est-ce l'État, le
département, la commune? Laquelle de ces trois person-

nifications de la société, également importantes quoique
placées à des degrés divers de la hiérarchie, doit être
chargée de remplir cette mission de dévouement? Sur ce
point, comme sur tant d'autres, des controverses se sont
élevées.

Les uns, partisans de la décentralisation à outrance,
ont attribué à la commune ou à la paroisse, comme en
Angleterre, la mission exclusive de secourir les indigents
et les malades, et cela sans immixtion d'aucun autre
pouvoir et sans la surveillance d'aucune autorité.

D'autres ont voulu centraliser toutes les ressources
entre les mains du gouvernement, et le faire seul dis-
pensateur des secours à donner aux pauvres qui couvrent
le territoire.

La vérité, comme il arrive souvent, se trouve entre
ces deux théories extrêmes, et consiste à associer les
deux pouvoirs pour le plus grand bien des malheureux.
« L'action locale et l'action centrale ont chacune leur
sphère; loin de se combattre, elles ont besoin de se
concerter, et dans leur concert est la perfection du système [1]. »

Tout d'abord il est incontestable que, en principe, l'assistance est une charge de la commune. La famille, en
effet, est la première unité qui doit prendre soin de celui
de ses membres qui devient indigent ou malade; après
elle, vient immédiatement la commune, qui n'est en quelque sorte que la famille agrandie, et doit, elle aussi,
recueillir ceux de ses citoyens qui tombent dans la
misère ou sont accablés par la maladie.

---

1. De Gérando, *De la Bienfaisance publique*, tome IV, liv. II, ch. 2, art. 1,
§ 2.

C'est donc aux communes qu'il appartient de prendre l'initiative de la fondation d'asiles destinés à recevoir les malades et les infirmes.

Mais est-ce à dire que l'État n'a aucune mission à remplir et qu'il peut se désintéresser de l'administration des secours publics? Loin de là. L'État, comme on l'a dit, est la famille de ceux qui n'en ont pas. Il est le tuteur des pauvres ; il a donc le droit d'exercer une surveillance générale, et il peut même, dans certains cas, créer des établissements de bienfaisance administrés et dirigés par lui.

Nous allons le voir tout-à-l'heure ; mais disons d'abord qu'après les communes et au-dessus d'elles, les départements, unité plus récente et plus factice, sont chargés d'une partie spéciale du service de l'assistance qu'ils semblent plus aptes à remplir.

L'assistance, en effet, est un service public, et comme tous les services publics elle est soumise à la surveillance et à la haute tutelle de l'État. Le gouvernement a le devoir de maintenir le lien hiérarchique des diverses unités administratives et de veiller à ce que les malheureux reçoivent partout la plus grande somme de secours possible.

Aussi a-t-il été souvent proposé de créer auprès du ministre de l'intérieur, dont dépend le service des secours, un conseil supérieur de la bienfaisance publique ; quoique ce projet n'ait pas été réalisé, le ministre n'en reste pas moins chargé d'un contrôle supérieur qu'il exerce au moyen des inspecteurs généraux des établissements de bienfaisance. Ces inspecteurs, au nombre de sept, ont été définitivement institués par le décret du 15 janvier 1852 ; ils reçoivent des missions de tout genre, sur l'objet desquelles ils adressent des rapports au ministre de l'intérieur.

Mais l'État fait plus. Il aide par des subventions certains établissements de bienfaisance qui paraissent en avoir particulièrement besoin. Tous les ans une somme de plus de 700,000 fr. est inscrite au budget à ce titre[1]. Il est donc juste qu'il se renseigne sur la situation et les besoins de ces établissements.

On sait aussi que le budget de presque tous les ministères contient un chapitre pour des subventions de toute espèce : secours viagers aux veuves de fonctionnaires n'ayant pas droit à la retraite... etc., etc.

Ce n'est là encore que la moindre partie de la mission charitable exercée par le gouvernement central. L'État, en effet, entretient et administre directement divers établissements destinés pour la plupart à des infirmités spéciales relativement rares et qui n'ont, par suite, besoin que d'un petit nombre d'asiles.

Avant de les énumérer, rappelons que l'État entretient à ses frais et à lui seul les hôpitaux militaires, et à leur tête l'hôtel des Invalides. Ces hôpitaux, qui participent en quelque sorte à l'uniformité et à la discipline nécessaires à l'armée, sont tous organisés sur le même modèle et dépendent des ministères de la marine et de la guerre, qui leur attribuent chaque année plus de 18 millions[2].

---

1. Budget de 1877; ministère de l'intérieu :

Ch. 21. Subvention aux départements (loi du 10 août 1871)..   4,000,000

Ch. 23. Secours à des établissements et institutions de bienfai-

sance,.   706,000

Ch. 26. Secours personnels à divers titres,.   4,011,000

2. Dans les villes qui ne contiennent pas d'hôpital militaire, les marins et

Neuf établissements généraux de bienfaisance sont rattachés à l'administration même de l'État, qui dépense chaque année pour leur entretien 882,000 fr. Ces établissements sont gérés par un Conseil supérieur commun et par une Commission spéciale avec un directeur pour chacun. Le Conseil se compose de vingt-quatre membres renouvelables par sixième tous les ans. (Décret du 8 août 1865.) La Commission est composée de quatre membres renouvelables par quart. Le directeur assiste à ces assemblées avec voix délibérative. Ces établissements sont d'ailleurs investis d'une personnalité distincte et peuvent acquérir, aliéner et posséder comme les autres hospices. Ils n'ont besoin pour plaider que d'une autorisation du gouvernement, sans aucune autre formalité. (Paris, 9 avril 1836.) Ce sont :

L'hospice des *Quinze-Vingts*, fondé, comme nous

soldats malades sont soignés dans les hôpitaux civils, moyennant un prix de journée payé par le gouvernement (arrêté du 21 thermidor an VIII; règlement général du 1er avril 1831).

Un projet de loi sur la réorganisation des services hospitaliers de l'armée a été présenté par M. le ministre de la guerre à la Chambre des Députés le 21 mars 1876. Le rapport a été déposé à la séance du 18 novembre 1876; il propose certaines modifications et conclut à l'admission du projet, dont voici l'économie : Chaque corps d'armée doit avoir un hôpital militaire régional; dans les autres villes, les hôpitaux militaires pourront être supprimés, et les hôpitaux civils appropriés pour recevoir les malades militaires; à cet effet, ces derniers sont divisés en hôpitaux *mixtes* ou militarisés, et en hôpitaux civils proprement dits.

Les dépenses occasionnées par cette appropriation seront soldées par l'État, ainsi que celles provenant du séjour des malades militaires dans les hôpitaux civils. Les conventions intervenues à cet effet entre les Commissions des hôpitaux et l'administration militaire devront être approuvées par le Conseil Municipal et ratifiées par les ministres de l'intérieur et de la guerre (*Journal Officiel* des 5 et 6 décembre 1876). Le projet a été adopté en deuxième lecture les 28 et 29 janvier 1877.

l'avons vu, par saint Louis, et destiné à recevoir les aveugles adultes. Les statuts, en date du 29 juillet 1521, ont été confirmés par Lettres patentes enregistrées au Parlement en 1522, 1561, 1610, 1779. La loi du 18 février 1791 comprit les dépenses des Quinze-Vingts dans le budget de l'État, et celle du 8 avril suivant ordonna que cet établissement serait soumis à l'administration des autres biens nationaux.

Un règlement intérieur, daté de 1833, présentait une disposition digne d'être remarquée, d'après laquelle les aveugles reçus comme internes devaient déclarer se soumettre à un article des statuts de 1522, qui constituait l'hospice héritier des pensionnaires internes, à l'exclusion de leurs familles. Cette disposition était contraire à l'art. 1130 du Code Civil, qui défend de faire aucune stipulation sur une succession non ouverte; aussi est-elle considérée aujourd'hui comme dépourvue de validité. (Cass., 29 juin 1836; Req., 17 avril 1838.)

Le règlement actuel porte la date du 21 octobre 1854. Il divise les aveugles assistés par l'hospice en pensionnaires internes et externes; ces derniers ne reçoivent que des secours annuels en argent fixés à 100, 150 et 200 fr. Pour être admis à l'internat, un aveugle doit être Français et âgé de quarante ans au moins, justifier d'une cécité complète et incurable, être sans moyens d'existence. Pour l'externat, il suffit d'avoir vingt-et-un ans et de remplir les trois autres conditions.

Avant la fin du xviiie siècle, on recevait les aveugles dans les hospices avec les autres infirmes; mais vers 1781, Valentin Haüy, frère du célèbre minéralogiste, s'étant convaincu de la possibilité d'instruire *les jeunes aveugles* au moyen de signes en relief appréciables au doigt, fonda l'institution qui porte ce nom. La Convention réorganisa le nouvel établissement et lui accorda d'importantes subventions qui permirent de créer quatre-vingts places gratuites. La loi du 16 vendémiaire an V, en restituant aux hospices leurs biens, déclara que les établissements destinés aux aveugles et aux sourds-muets resteraient à la charge du Trésor national.

L'établissement des Jeunes-Aveugles a toujours été depuis, en effet, subventionné par l'État; il est considéré aujourd'hui comme établissement mixte d'éducation et de bienfaisance, et est régi par un décret, rendu en forme de règlement d'administration publique, du 27 août 1853.

Le nombre des jeunes garçons ou filles suivant les cours est habituellement de 220, dont 90 sont aux frais de l'État en totalité ou en partie. Ces derniers sont admis par le ministre de l'intérieur; ils doivent être âgés de dix à quatorze ans et susceptibles d'instruction. L'enseignement, qui dure huit ans, est à la fois scientifique, littéraire, musical et professionnel.

L'art d'apprendre à lire et à écrire aux sourds-muets fut inventé par l'abbé de l'Épée au xviiie siècle. Un établissement spécial fut fondé à Paris, par arrêt du conseil du 21 novembre 1778, pour instruire et élever les sourds-muets des deux sexes. L'abbé Sicard succéda à l'abbé de l'Épée; en 1790 il conduisit devant l'Assemblée une députation de sourds-muets et demanda des secours pour l'amélioration de l'institution. Le décret du 21 juillet 1791 ordonna l'organisation de l'établissement des *Sourds-Muets* et y affecta des fonds qui permirent de créer vingt-quatre places gratuites.

Une institution semblable, fondée à Bordeaux pour

les jeunes filles sourdes et muettes, a été mise à la charge de l'État par la loi du 14 mai 1793. Une autre maison de sourds-muets a été depuis créée à Chambéry. Ces trois établissements sont soumis au régime commun des établissements généraux de bienfaisance entretenus par l'État, organisé par les ordonnances du 14 mai 1831 et 21 février 1841.

Ajoutons qu'indépendamment de ces asiles, il y a en France cent treize institutions particulières pour les sourds-muets, qui ne sont pas moins de 20 à 22,000.

L'*Hospice de Charenton*, fondé en mai 1645 par les Frères de la Charité, a reçu de tout temps des aliénés. Aujourd'hui il est entretenu aux frais du gouvernement et contient environ 500 pensionnaires, les uns payant, les autres gratuitement. Les admissions gratuites sont autorisées par le ministre de l'intérieur.

L'*Hospice du Mont-Genèvre*, établi au col de ce nom, entre le département des Hautes-Alpes et le royaume d'Italie, remonte, dit-on, à la plus haute antiquité. Reconstruit en 1343 par Humbert-Dauphin II, seigneur de Dauphiné, il a toujours été destiné à recevoir des voyageurs. Napoléon Ier en confia la direction aux religieux de la Trappe, qui, comme au Saint-Bernard, parcourent les routes et font sonner une cloche pendant les tempêtes de neige. L'hospice reçoit environ 4,000 voyageurs par an. Il possède des propriétés particulières et touche en outre une allocation de 6,000 fr. sur les fonds de l'État. (Arrêté ministériel du 29 août 1847.)

Enfin, les *Asiles de Vincennes et du Vésinet* ont été fondés pour recevoir les ouvriers convalescents ou qui auraient été mutilés dans le cours de leurs travaux. Ils sont spécialement destinés aux ouvriers du département

de la Seine, et ont reçu, en 1874, 12,575 malades envoyés par les hôpitaux de Paris.

II

Nous avons dit que l'État a l'obligation morale de
secourir les indigents, mais que ceux-ci ne peuvent réclamer le secours public en vertu d'un droit établi par
la loi. C'est là le principe, vrai au point de vue philosophique, vrai aussi au point de vue des faits, puisqu'il
est la base de la *bienfaisance publique* dans notre pays.
Ce principe souffre pourtant quelques exceptions que
nous devons noter ici.

Nous en avons déjà vu deux : la première dans les
lois du 30 mai 1790 et 24 vendémiaire an II, qui donnent
aux indigents le droit de demander un passeport gratuit
et le secours de trois sous par lieue; la seconde dans la
loi du 10 décembre 1850, qui prescrit de délivrer gratis
les pièces nécessaires au mariage des indigents et à la
légitimation de leurs enfants naturels. Ajoutons que
d'après une loi du 15 mai 1818, les dispenses d'âge
pour mariage et les reconnaissances d'enfants naturels
sont enregistrées gratuitement.

De plus, les indigents dont la pauvreté est dûment con-
statée, c'est-à-dire par un certificat délivré sans frais par
le maire de leur commune, peuvent réclamer : l'exemption des impôts; -- la délivrance gratuite des actes de
l'état civil (loi du 25 mars 1817, art. 75); — l'inhuma-
tion gratuite pour leurs enfants (décret du 23 prairial
an XII, art. 20); — la dispense de consignation d'a-
mende en cas de recours en Cassation (loi du 14 bru-

maire an V, art. 2); — l'exemption de timbre pour les quittances des secours qui leur sont accordés, à quelque somme que s'élèvent les secours (loi du 13 brumaire an VII, art. 16-1°).

Mais surtout la loi du 22 janvier 1851 leur a accordé une faculté importante en organisant l'assistance judiciaire.

De tout temps on s'était préoccupé d'assurer aux pauvres le moyen de soutenir leurs procès; nous avons vu sur ce point l'édit de Charles VIII; un autre de Henri IV, en 1610, était rendu dans le même but.

Sous l'Empire, le décret du 14 décembre 1810, qui réorganisa l'Ordre des avocats, avait pourvu à la défense des indigents en établissant un bureau de consultation gratuite.

Mais l'application du principe pouvait donner lieu à des difficultés pratiques, car il faut, dans cette question, respecter également des intérêts opposés : celui des pauvres, que leur indigence ne doit pas empêcher de faire valoir des réclamations légitimes, et d'un autre côté celui du Trésor et celui des particuliers, contre lesquels on peut vouloir intenter des actions sans fondement. En un mot, comme le disait le rapporteur de la loi, M. de Vatimesnil : l'assistance judiciaire n'est due qu'au bon droit et à l'impossibilité de le faire valoir par la voie commune.

Les demandes des indigents doivent donc être examinées avec le plus grand soin, et c'est ce à quoi la loi de 1851 a pourvu assez heureusement.

Près de chaque tribunal d'arrondissement est constitué un Bureau d'assistance judiciaire composé de cinq membres : un délégué du directeur de l'enregistrement, un délégué du préfet, trois autres membres choisis parmi les anciens magistrats, avocats, avoués ou notaires, ou anciens titulaires de ces professions, désignés tous trois par le tribunal; ou quand les avocats sont au nombre de plus de quinze, par le tribunal, le conseil de l'Ordre et la chambre des avoués.

Près des Cours d'Appel et de la Cour de Cassation existent des Bureaux semblables, mais composés de sept membres.

Ces membres, autres que les délégués de l'administration, sont renouvelés chaque année; le ministère public doit veiller à ce que ces renouvellements soient faits.

Toute personne qui réclame l'assistance judiciaire adresse sa demande au procureur de la République, qui la remet au Bureau. Elle doit présenter en même temps : 1° un extrait du rôle des contributions ou un certificat du percepteur constatant qu'elle n'est pas imposée; 2° une déclaration, visée par le maire, portant qu'elle est hors d'état de payer les frais. L'assistance judiciaire ne peut être réclamée par les établissements publics, les communes et les établissements de bienfaisance. Ce point a été reconnu dans la discussion. Ces établissements, en effet, ne peuvent être indigents; ils ont des ressources obligées.

Le Bureau prend toutes les informations nécessaires pour s'assurer si l'indigence est réelle; il appelle à comparaître devant lui les deux parties et essaie de les concilier; ses séances ne sont point publiques, pour laisser aux parties toute leur liberté et toute leur sincérité.

S'il ne peut les concilier, le Bureau examine la demande, même si elle n'est pas de la compétence du tribunal; et dans ce cas, il la renvoie au Bureau de la juridiction compétente.

Si le tribunal est compétent, le Bureau accorde ou refuse l'assistance judiciaire; ses décisions ne sont pas motivées et ne contiennent que l'exposé sommaire des faits et des moyens. Cependant le tribunal peut tenir compte de cet avis, ainsi que du travail préparatoire qui quelquefois le précède.

Mais les décisions du Bureau ne peuvent pas être produites ni discutées en justice; elles ne sont susceptibles d'aucun recours. Toutefois, le procureur général peut les déférer au Bureau établi près la Cour d'Appel, pour qu'elles soient réformées, s'il y a lieu.

Quand l'assistance judiciaire est accordée, le président envoie un extrait de cette décision, par l'intermédiaire du procureur de la République, au président du tribunal ou de la Cour, ou au juge de paix. Le président invite le bâtonnier des avocats, le président de la chambre des avoués et le syndic des huissiers à désigner l'avocat, l'avoué et l'huissier qui prêteront leur ministère à l'assisté.

De plus, celui-ci est dispensé provisoirement du paiement des sommes dues au Trésor pour droits de timbre, d'enregistrement et de greffe, ainsi que de toute consignation d'amende. Il est aussi dispensé provisoirement du paiement des sommes dues aux greffiers, aux officiers ministériels et aux avocats, pour droits, émoluments et honoraires.

L'art. 14, § 6, rend exigibles, immédiatement après le jugement définitif, les droits d'enregistrement des actes et titres dont les lois ordonnent l'enregistrement dans un délai déterminé. Les droits d'enregistrement autres que les peines fiscales et les droits de timbre et de greffe deviennent aussi exigibles après le jugement définitif.

Mais comment l'assisté pourra-t-il acquitter ces dettes envers le Trésor? S'il gagne son procès, l'adversaire paiera tous les frais; s'il le perd, il sera condamné aux dépens et il sera devenu débiteur du Trésor. Mais ces droits ne seront pas exigibles tant que durera légalement l'état d'indigence.

Ce n'est pas seulement un crédit qui est accordé à l'indigent, c'est une sorte de privilége, c'est un droit qu'il a de ne pas payer les frais; privilége et droit qui lui sont enlevés toutefois quand cesse l'état d'indigence, c'est-à-dire quand l'assistance judiciaire vient à être retirée.

Or, elle peut l'être, d'après l'art. 21, dans deux cas, soit avant, soit même après le jugement : d'abord, s'il survient à l'assisté des ressources reconnues suffisantes; ensuite, s'il a surpris la décision du Bureau par une déclaration frauduleuse, c'est-à-dire faite de mauvaise foi.

Dans ce dernier cas, l'assisté peut même être traduit en police correctionnelle et condamné à une amende égale au montant des droits et frais, et à un emprisonnement de huit jours à six mois.

Dans les deux cas, le retrait de l'assistance judiciaire, qui ne peut être prononcé qu'après une mise en demeure de s'expliquer adressée à l'assisté, a pour effet de rendre immédiatement exigibles les droits, honoraires, émoluments et avances dont l'assisté avait été dispensé.

Le titre II de la loi de 1851 pourvoit à la défense des accusés en Cour d'Assises et en police correctionnelle. Il rappelle l'art. 294 du Code d'Instruction criminelle

pour les présidents des Cours d'Assises, et prescrit en
outre aux présidents des tribunaux correctionnels de désigner un défenseur d'office aux prévenus poursuivis à
la requête du ministère public.

Nous pouvons ajouter que cette loi fonctionne aujour-
d'hui auprès de tous les tribunaux, et qu'elle a produit
en pratique d'excellents résultats.

III

Ces cas ne sont pas les seuls dans lesquels le pauvre
ait le droit de réclamer l'assistance; il y en a deux autres
fort importants qui sont justement ceux dans lesquels
les secours sont à la charge du département. Ceci nous
amène donc à l'assistance départementale, qui comprend
deux grands objets dont nous allons nous occuper successivement : les aliénés et les enfants assistés.

Nous n'avons pas l'intention d'analyser et d'expliquer
toutes les dispositions de la loi fondamentale du 30 juin
1838 sur les aliénés; nous indiquerons seulement celles
qui sont relatives aux aliénés indigents.

D'après l'art. 1er, chaque département est tenu d'avoir
un établissement public spécialement destiné à recevoir
et soigner les aliénés, ou de traiter à cet effet avec un
établissement public ou privé. Ces asiles sont ouverts
aux malades qui y sont placés par les particuliers, et
aussi à ceux que le département doit y entretenir à ses
frais. Dans cette catégorie rentrent les aliénés dangereux
qu'il peut être nécessaire de séquestrer; les aliénés qui,
bien que leur état mental ne compromette point l'ordre
public ou la sûreté des personnes, présentent des proba-

bilités de guérison; enfin, les aliénés dont la position malheureuse appelle les secours publics.

Ce sont les termes mêmes de la circulaire du 5 août 1839 qui explique et commente la loi du 30 juin 1838, et elle ajoute : Il ne faut pas oublier que cette loi n'est pas seulement une loi de police, mais aussi une loi de bienfaisance. Il est des aliénés dont la condition est trop déplorable, quoiqu'ils ne menacent point la sécurité des citoyens, pour que la société ne leur vienne pas en aide. Tous ceux surtout qui sont en proie aux premiers accès d'un mal que l'art peut dissiper doivent être admis à recevoir les secours de la science et de la charité. Lorsque sur tous les points de notre territoire des hôpitaux sont ouverts aux diverses maladies qui affligent l'humanité, la plus cruelle de toutes, l'aliénation mentale, ne saurait être privée de ce bienfait.

C'est en même temps un devoir d'humanité et une nécessité d'ordre public de recevoir les aliénés dans des asiles spéciaux. Mais à qui doivent incomber les dépenses qui en résulteront? Cette question fut fort discutée en 1838.

D'après le système qui prévalut, les frais du séjour de l'aliéné dans l'asile doivent être payés d'abord par l'aliéné lui-même, ensuite par ceux qui lui doivent des aliments; enfin, à leur défaut, par le département. Les dépenses de tous les aliénés indigents sont donc à la charge du département, avec lequel concourent la commune du domicile de l'aliéné et les hospices dans certains cas.

Telle est la règle inscrite aux art. 27 et 28 de la loi de 1838, et qui a été confirmée et commentée par les circulaires subséquentes du 23 juillet 1838, 5 août 1839,

16

5 août 1840, 14 août 1840, 16 août 1840, 12 août 1841, 16 août 1842 et 16 août 1845.

En principe, c'est le département qui doit fournir les fonds nécessaires; chaque année, le Conseil Général prélève sur les centimes additionnels réservés aux dépenses ordinaires des départements une certaine somme pour le service des aliénés. Les lois du 18 juillet 1866 et du 10 août 1871 sur les Conseils Généraux n'ont pas modifié ce point; mais elles n'ont pas mis ces dépenses au nombre des dépenses obligatoires, s'en fiant aux sentiments d'humanité des membres de ces Conseils, qui ne peuvent refuser, et dans le fait ne refusent jamais de les voter. De plus, elles ont donné au Conseil Général, contrairement à la loi du 30 juin 1838 et au décret du 25 mars 1852, le droit de régler définitivement les recettes et dépenses des établissements d'aliénés appartenant au département, et d'approuver les traités passés avec des établissements privés ou publics. (Loi de 1866, art. 1, § 15; loi de 1871, art. 46, § 17.)

Les communes doivent concourir à la dépense de leurs aliénés indigents d'après les bases proposées par le Conseil Général, sur l'avis du préfet, et approuvées par le gouvernement (art. 28). Mais il est reconnu que ce mot concours doit s'entendre dans le sens d'une subvention subsidiaire, et qu'en aucun cas la dépense tout entière ne doit être mise à la charge de la caisse municipale. Ainsi, les communes qui ont 100,000 fr. de revenus ne doivent pas supporter plus d'un tiers de la dépense de leurs aliénés indigents; celles qui ont 50,000 fr. et au-dessus, plus d'un quart; celles qui ont 20,000 fr., plus d'un cinquième, et celles qui ont 5,000 fr., plus d'un sixième. (Circulaires du 5 août 1839 et du 5 août 1840.)

C'est, du reste, le Conseil Général qui détermine la part de la dépense qui sera mise à la charge des communes, et fixe les bases de la répartition à faire entre elles. (Loi du 10 août 1871, art. 46, § 19.)

Cette dépense est obligatoire pour la commune (loi du 18 juillet 1837, art. 30, paragraphe avant-dernier); elle incombe à la commune *du domicile de secours* de l'aliéné. Ce domicile est établi conformément à la loi du 24 vendémiaire an II; il s'acquiert par un an de résidence. (Arrêt du Conseil d'État du 9 mars 1870.)

Enfin les hospices, qui avant la loi de 1838 devaient recevoir et soigner les aliénés, placés désormais dans un établissement spécial, sont tenus à une indemnité proportionnée au nombre des aliénés qui étaient à leur charge (loi de 1838, art. 28). D'après cela, les hospices chargés de soigner les aliénés en vertu de donations ou de legs, sont tenus d'indemniser l'établissement où sont transportés les aliénés qui étaient à leur charge. De même l'indemnité est due par les hospices qui, sans être astreints par un titre formel à l'entretien d'aliénés, ont de tout temps subvenu à cet entretien ou contribué à sa dépense dans une proportion quelconque. Les contestations qui pourraient surgir à ce propos seraient de la compétence des Conseils de préfecture.

Telles sont les différentes personnes morales qui doivent participer à la dépense des aliénés; mais il ne faut pas oublier que cette dépense incombe avant tout et en principe aux départements. Ce sont eux aussi qui, de fait, en paient la plus grosse part, comme il est facile de s'en convaincre par des chiffres. La moyenne de la dépense annuelle du service des aliénés, de 1854 à 1860, a été de 7,990,485 fr. 02 c. Ont contribué à cette dépense :

Les familles pour.	490,974 fr. 46	
Les départements pour.	5,538,072	62
Les communes pour.	1,865,111	90
Les hospices pour.	96,326	04
Total égal.	7,990,485 fr. 02	

IV

Le département est chargé, en second lieu, du service des enfants assistés. Les enfants assistés! qui n'a eu l'occasion d'examiner cette partie spéciale de la charité ou n'y a réfléchi quelquefois? Aucune ne met en jeu des intérêts plus graves, ne soulève des questions plus délicates. Aussi a-t-elle été l'objet de nombreux écrits, et, tout récemment encore, des publications qui n'ont pas laissé que de faire quelque bruit ont rouvert une discussion qui menace de ne se terminer jamais[1]. Nous ne pouvons qu'effleurer en passant cet immense sujet, qui demanderait à lui seul un traité spécial.

La base de la législation moderne en cette matière et le point de départ de toutes les discussions actuelles est le décret du 19 janvier 1811, qui a réorganisé dans son ensemble le service des enfants trouvés, et n'a jamais été, du reste, abrogé législativement.

Ce décret divisait les enfants « dont l'éducation est confiée à la charité publique » en trois catégories : *les enfants trouvés*, qui, nés de père et mère inconnus, ont été trouvés exposés dans un lieu quelconque ou portés

---

1. *La Vérité sur les enfants trouvés*, par le docteur Brochard. — *L'Enfance à Paris*, par M. Othenin d'Haussonville; articles de la *Revue des Deux-Mondes*.

dans un hospice destiné à les recevoir; *les enfants aban-donnés*, qui, nés de père et de mère connus, et d'abord élevés par eux, en sont délaissés sans qu'on sache ce que les père et mère sont devenus, ou sans qu'on puisse recourir à eux; *les orphelins pauvres*, qui, n'ayant ni père ni mère, n'ont aucun moyen d'existence.

Les enfants trouvés, auxquels sont assimilés les en-fants nés dans les hospices de femmes qui sont dans l'impossibilité de les élever; et les enfants abandonnés, auxquels on joint les enfants nés dans les prisons de femmes condamnées, sont soumis au même régime. Les orphelins pauvres forment une catégorie à part.

Ces définitions étant connues, la première question qui se pose, et qu'il faut résoudre avant tout, est celle du mode d'admission des enfants dans les hospices, ou, pour employer des termes plus simples, aujourd'hui consacrés par l'usage, c'est *la question du tour*.

On sait ce que c'est qu'un tour. L'éloquence et la peinture en ont décrit l'image frappante et l'aspect lu-gubre. En réalité, c'est tout simplement une boîte tour-nant sur pivot, dans laquelle la mère dépose l'enfant sans être vue de personne, puis elle tire un cordon de sonnette; aussitôt l'enfant passe à l'intérieur, où il est recueilli par une personne de garde.

Le décret de 1811 avait prescrit d'établir un tour dans chaque hospice d'enfants trouvés, et l'art. 4 ajoutait qu'il devait y avoir dans chaque arrondissement un hospice de cette nature.

Ce système eut un résultat incontestable, celui d'aug-menter le nombre des abandons. Le chiffre des enfants assistés, de 62,000 auquel il s'élevait en l'an IX, attei-gnit 106,000 en 1821 et 131,000 en 1833. Ce résultat était dû évidemment aux facilités sans limites offertes à l'abandon et à la possibilité pour la mère de rester in-connûe.

Les départements réclamèrent, en arguant des dépenses énormes que leur imposait le nombre toujours croissant des enfants abandonnés. Une circulaire du 27 juillet 1838 leur permit 'de diminuer le nombre des hospices d'en-fants trouvés et de restreindre l'usage des tours. Déjà, à Paris, un arrêté du conseil général des hospices, du 25 janvier 1837, avait décidé de faire surveiller le tour, c'est-à-dire de prévenir la mère de présenter d'abord l'enfant au commissaire de police, qui devait dresser pro-cès-verbal.

Ces mesures firent, en effet, diminuer le nombre des enfants délaissés, et comme la raison d'économie qu'on invoquait devait sans doute être toute-puissante auprès des départements, « la personne la moins charitable, la plus absorbée dans les intérêts matériels qui fût et sera jamais au monde [1], » la suppression des tours s'étendit peu à peu partout; en 1860, il n'en restait plus que vingt-cinq, et aujourd'hui ils sont tous supprimés et remplacés par des bureaux d'admission.

Dans ces bureaux, la mère apportant son enfant est reçue par un employé, qui n'accepte le nouveau-né qu'a-près un long et minutieux interrogatoire.

Parallèlement à la suppression des tours avait été inau-guré un système de secours à domicile qu'on a appelé secours aux filles-mères. Ces secours, fondés sur cette donnée, prouvée par l'expérience, que sur 100 enfants

[1]. O. d'Haussonville, L'Enfance à Paris, Revue des Deux-Mondes du 1er oc-tobre 1876.

abandonnés 70 le sont avant qu'ils aient atteint un an,
et 50 dans les quinze premiers jours, consistent en une
somme de 10, 15 ou 20 fr. payée chaque mois aux mères
qui promettent d'allaiter leurs enfants; ils peuvent être
continués plus ou moins longtemps, mais ne dépassent
jamais trois ans.

Par suite de ces mesures, le nombre des enfants à la
charge de l'assistance publique a notablement diminué :
de 100,719 qu'il était en 1830, il est descendu, dix ans
après, à 91,134; il était, en 1870, de 84,378, sur lesquels il y avait 56,158 élèves des hospices et 28,220 enfants secourus et conservés par leurs mères; et en 1875,
de 93,048, dont 65,381 élèves des hospices et 27,667
enfants secourus.

Mais nous n'avons là qu'un côté, et le beau côté de
la question. On a dit que la fermeture des tours n'était
pas une solution, mais un *refoulement;* qu'elle devait se
traduire en crimes et avoir pour conséquence d'augmenter le nombre des avortements et des infanticides. Cela
est-il vrai?

Hélas! ce second point est aussi hors de contestation. Dans les deux années qui ont suivi la suppression des tours, les infanticides ont été quatre fois plus
nombreux que les autres crimes; dans les pays où il
existait encore des tours, il n'y avait qu'un infanticide
pour 275 habitants, au lieu de 1 pour 230 dans les
autres; enfin, les condamnations pour infanticide se sont
élevées de 1828 à 1858 de 92 à 224, et dans cette dernière année les poursuites, qui ont monté à 691, n'ont
été pour la plupart arrêtées que faute de preuves suffisantes. C'est un fait reconnu : « les avortements et les
infanticides n'ont jamais été aussi nombreux qu'ils le

sont aujourd'hui,... ces deux crimes sont les plus faciles
à commettre et les plus faciles à cacher. La plupart du
temps ils ne sont pas et ne peuvent pas être poursuivis.
Les infanticides qui arrivent à la Cour d'Assises ne représentent peut-être pas *le centième* de ces crimes[1]. »

A la pratique criminelle et désastreuse des avortements, qui gagne et se répand de plus en plus, il faut
ajouter le chiffre considérable des enfants morts-nés,
dont l'augmentation est certainement due en grande
partie à des manœuvres coupables auxquelles la mère
est poussée par la crainte du déshonneur.

Il y a eu de 1840 à 1849, 1 mort-né sur 32 naissances.
—   1850 à 1859, 1   —   24   —
—   1860 à 1869, 1   —   22   —

Pendant l'année 1858, sur 967,804 naissances, il y
avait en France 43,752 morts-nés; pendant l'année
1871, sur 826,121 naissances, il y a eu 40,315 morts-
nés, *soit plus de 1 sur 20 naissances;* et pendant l'année
1875, sur 994,800 naissances, il y a eu 43,834 morts-
nés, ce qui fait encore 1 sur 22 naissances[2]. Et, fait à
noter, la proportion des morts-nés illégitimes, qui était
en 1860 de 1 sur 9, était montée en 1870 à 1 sur 7
naissances.

Enfin, pour compléter cette triste nomenclature, il
faut signaler l'industrie qui s'étend aussi chaque jour
davantage de ces nourrices interlopes, de ces *meneuses*,
qui sont plus connues sous le nom sinistre de *faiseuses
d'anges*. On leur confie un enfant, et, moyennant un

---

1. Dr Brochard, *La Vérité sur les enfants trouvés*, ch. II.
2. *Journal Officiel* du 20 février 1877.

prix fait, elles se chargent de l'élever, elles l'emportent, mais elles ne le rapportent jamais !

Telle est en somme, exposée sans phrases et avec la seule éloquence des chiffres, toute la question du tour.

L'augmentation des infanticides, qui résulte de la suppression des tours, est-elle compensée par l'avantage qui résulte de la diminution des abandons? C'est ce dilemme terrible qu'il faut envisager et résoudre. Il n'est, du reste, que la conséquence de cette autre alternative que Charles VIII posait déjà dans une ordonnance de 1445, et qui n'a cessé de peser sur l'existence même des hospices d'enfants trouvés : augmenter le nombre des naissances illégitimes en recueillant les enfants trouvés, ou augmenter le nombre des infanticides en refusant les secours aux enfants naturels [1].

C'est là le fond même de la question; on peut dans un sens et dans l'autre y apporter d'autres arguments, mais ils ne seront que secondaires.

Ainsi, d'un côté, les adversaires du tour disent : La facilité d'exposition que procure le tour fait croître d'une façon désordonnée le nombre des enfants abandonnés, et ce nombre impose aux départements et à l'Assistance publique à Paris une charge qui est hors de proportion avec leurs ressources. Puis, que d'abus n'engendre pas l'usage du tour? Maintes fois des mères y ont porté leurs enfants légitimes, uniquement pour s'en débarrasser. Et même n'a-t-on pas vu des sages-femmes faire métier de porter les enfants au tour et de découvrir ensuite en quelles mains ils passaient,

---

1. O. d'Haussonville, *L'Enfance à Paris*, *Revue des Deux-Mondes* du 1er octobre 1876.

afin que les mères pussent les reprendre comme nourrices?

Le système des secours à domicile, ajoute-t-on, des secours aux filles-mères, qui est né pour ainsi dire de la suppression des tours et tend à remplacer le dépôt à l'hospice, n'est-il pas bien préférable? Il vaut mieux laisser l'enfant à sa mère : c'est là une vérité indéniable de justice et de sens commun. Il faut donc permettre à la mère d'élever son enfant, car l'infanticide, qui n'est jamais commis que dans les premières heures de la vie de l'enfant, n'est plus à craindre dès que l'amour maternel s'est éveillé et entoure l'enfant de ces sollicitudes que lui seul inspire. En effet, l'on aura beau faire, rien ne remplace les soins d'une mère, le lait de la meilleure nourrice ne vaut pas le lait maternel, et une femme, quelque misérable qu'elle soit, aura toujours pour son enfant des attentions que n'auront jamais des mains mercenaires.

Ce qui le prouve, et c'est là dans l'état actuel de notre population un argument capital, c'est que la mortalité chez les *enfants secourus* laissés à leurs mères, d'un jour à un an, est beaucoup moins grande que chez ceux élevés par les hospices.

D'un autre côté, l'on répond, non sans une grande force : Ne parlons plus de ces infanticides et de ces avortements sans nombre dont vous reconnaissez l'augmentation à notre époque; ce sont des crimes affreux dont aucun avantage ne pourra compenser l'effrayant accroissement. Ne parlons pas davantage de votre premier argument, ce n'est au fond, dans un sujet si grave où la morale et l'avenir de la société sont en jeu, qu'une question d'argent.

Mais êtes-vous bien sûrs que ces secours aux filles-
mères soient conformes à la morale et arrivent à procurer le bien-être des enfants? Qui vous dit que la mère
n'en profitera pas seule? Si on lui permet de mettre
son enfant en nourrice, ne sera-t-elle pas doublement
portée à le confier à ces *meneuses* dont nous parlions,
et par le désir de s'en débarrasser et par l'appât de la
prime qu'elle espère conserver?

Au contraire, en contraignant la fille-mère à garder
son enfant et en lui accordant un secours, surtout dans
les grandes villes, « on la force à afficher son déshonneur
et on apprend en outre aux autres filles que l'on peut
impunément mal se conduire. Les filles-mères secourues
se familiarisent avec cette idée, et c'est la tête haute
qu'elles se rendent chaque mois à l'inspection départementale chercher le secours qu'on leur accorde, nar-
guant même les honnêtes mères de famille qu'elles rencontrent sur leur passage et qui ont un secours bien
inférieur au leur [1]. »

Et le docteur Brochard ajoute, lui qui est pourtant le
grand défenseur de l'allaitement maternel : on s'appuie
pour légitimer les secours aux filles-mères sur la différence de mortalité qui existe entre les enfants confiés à
l'hospice et les enfants allaités par leurs mères. Le terme
de comparaison est complètement faux. Il serait très-
facile, comme je l'ai fait voir, de diminuer la mortalité
des enfants confiés à l'administration. En les envoyant à
la campagne immédiatement après leur naissance, en
leur donnant de bonnes nourrices, en créant pour eux
une inspection médicale sévère, etc... on sauverait de la

1. Dr Brochard, *La Vérité sur les enfants trouvés*, ch. III.

mort la moitié de ces petits êtres, et l'on obtiendrait un chiffre de mortalité qui ne dépasserait pas 20 à 25 pour 100. Sans doute, toute mère doit nourrir et élever son enfant, mais faut-il encore que cela soit possible. Or, cette possibilité est loin de toujours exister pour la fille-mère. Croit-on qu'une mère livrée au libertinage ou manquant de tout puisse donner à son nouveau-né ces soins intelligents et minutieux dont il a si grand besoin? Et n'y a-t-il pas des cas où la société est intéressée à ce que la mère ne garde pas son enfant?..... Il existe sans doute quelques exemples contraires. Eh bien! que ces filles vraiment repentantes, vraiment dignes d'intérêt, soient largement et non mesquinement secourues. Qu'elles élèvent elles-mêmes leurs enfants, mais qu'elles les élèvent bien, *sous la surveillance d'un médecin chargé de les visiter*, et qu'elles leur apprennent surtout à ne pas les imiter [1].

C'est là, en effet, un dernier point qui a une extrême importance. Quelle éducation morale veut-on que donnent à leurs enfants ces femmes, qui sont souvent obligées de demander à la prostitution des ressources pour les nourrir? Au moins, à la campagne, les enfants reçoivent une bonne éducation; mais dans les villes, l'expérience ne démontre-t-elle pas que la plupart des enfants assistés, comme le disait récemment un inspecteur départemental, deviennent fatalement des êtres aigris ou vicieux, parias inutiles ou dangereux, ennemis de la société, n'aboutissant trop souvent qu'à l'inconduite, quand ils n'arrivent pas jusqu'au crime!

Qu'y a-t-il de plus grave que cette éducation du vice

---

1. Dᵣ Brochard, *La Vérité sur les enfants trouvés*, ch. III.

et du crime qu'on a appelée un *infanticide moral?* Sans
doute, les filles-mères doivent être secourues, puisque
l'interdiction de la recherche de la paternité les oblige
à supporter seules les suites d'une faute que deux ont
commise; mais ces secours devraient être plus éclairés,
moins étendus et partant plus efficaces.

Comme le disait déjà, en 1849, un homme compétent : « La grande et difficile question de la substitution de l'enquête au secret, et du bureau d'admission au
tour, est pendante depuis longtemps devant l'administration et l'opinion publique. Les statistiques invoquées
de part et d'autre n'amèneront jamais à un résultat po-
sitif, et prêteront à chaque doctrine des armes et des
arguments que récusera l'opinion contraire, car, dans
cette question, il y a des faits qui échappent à la constatation humaine, des considérations de moralité qui ne
se calculent pas, des raisons qu'on apprécie moins avec
la science qu'avec la conscience et le cœur... »

Et plus loin : « ... Il est impossible de concilier le
sentiment moral avec le secours spécial aux filles-
mères : il y a danger à mesurer la bienveillance à la
faute et à faire de l'immoralité un titre aux secours et à
l'intérêt public. [1] »

Comme on le voit, les arguments pour et contre se
combattent sans se détruire; aussi faut-il en revenir, en
fin de compte, à la question qui fait le fond du débat,
à cette éternelle histoire de la fille séduite et abandon-
née. Une jeune fille d'une conduite irréprochable se
laisse entraîner; c'est, comme l'a dit le poëte :

1. A. de Melun, *De l'intervention de la société pour prévenir et soulager la
misère*, ch. VII, p. 30.

« Une goutte de pluie où le ciel vient briller,
Qu'on secoue avec l'arbre et qui tremble et qui lutte,
Perle avant de tomber et fange après sa chute. [1] »

Elle commet une faute, elle devient enceinte; l'amant
fuit comme un lâche qu'il est; que peut-elle faire? Deux
voies s'offrent à elle : le déshonneur ou le crime. Déclarer son enfant à l'hospice ou s'en débarrasser. Il faut
choisir; alors dans une heure d'affollement elle prend la
seconde : elle le tue.

C'est à cette situation affreuse que le tour est destiné
à porter remède; il est, en somme, pour la fille trom-
pée la seule porte ouverte entre la honte et le crime.

Son utilité intrinsèque est donc incontestable, et si
l'on veut maintenir et défendre le principe de l'interdiction de la recherche de la paternité, peut-être faudra-t-il
en venir à rétablir les tours, qui n'ont jamais été, du
reste, abolis légalement. Les États-Unis, l'Angleterre et
l'Allemagne, que l'on aime à nous proposer pour modèles, ont admis la recherche de la paternité et fait de
la séduction un délit; en France même ce principe, que
l'on a longtemps regardé comme à l'abri et au-dessus de
toute critique, subit depuis quelque temps des attaques
non sans vigueur et non sans portée.

On reconnaît la vérité de ces raisons; on insiste cependant et l'on dit : « Le système de la suppression des
tours paraît triompher en pratique des critiques que l'on
peut diriger contre lui en théorie, il est entré profondément dans nos mœurs administratives, et, quelques
efforts qu'on fasse, on n'amènera pas les départements

---

1. Victor Hugo, *Les Chants du Crépuscule*, XIV.

à consentir au rétablissement des tours. » Mais ne pourrons-nous pas répondre que c'est singulièrement rabaisser le débat que d'en faire ainsi une question de *philanthropie au rabais*, et qu'en somme, pour résumer d'un mot toute cette discussion, ceux qui parlent ainsi semblent sacrifier l'intérêt de la morale à la morale de l'intérêt?

Les enfants assistés se divisent donc en deux classes : ceux qui sont laissés à leurs mères, auxquelles on donne une subvention; et ceux qui sont recueillis par les hospices et placés chez des nourrices.

D'après l'art. 7 du décret de 1811, les enfants nouveau-nés déposés dans les hospices doivent être mis en nourrice dans le plus bref délai possible. Il y a aussi dans ces établissements des nourrices sédentaires. Ici vient la question très-discutée encore du déplacement des enfants, c'est-à-dire de la mise en nourrice dans un lieu très-éloigné du lieu de dépôt. On a voulu par ce moyen remédier à l'abus qui s'était produit : des mères, surtout des femmes mariées pauvres, allaient voir leurs enfants mis en nourrice, et les faisaient ainsi élever aux frais des hospices sans s'en priver. Mais on conçoit combien ce transport à de longues distances peut avoir d'inconvénients pour la santé et même la vie des enfants, surtout dans la saison rigoureuse.

Une layette doit être donnée en nature à chaque nourrice; puis les vêtements qui succèdent à la layette sont remis d'année en année jusqu'à six ans accomplis.

Des travaux récents ont montré la mortalité effrayante qui sévit sur les enfants d'un jour à un an, et qui, d'après les calculs du docteur Brochard, n'enlève pas en France moins de 100,000 nourrissons par an, sur les-

quels il y a 50,000 enfants assistés. Évidemment, ces
nourrices étrangères qui élèvent ces enfants pour gagner
de l'argent ont besoin d'être surveillées activement. Cette
surveillance a été confiée à un corps d'*inspecteurs et de
sous-inspecteurs des enfants assistés*, qui ont été réorgani-
sés par la loi du 5 mai 1869, la circulaire du 3 août
suivant et le décret du 31 juillet 1870. Véritables fonctionnaires publics, ils reçoivent leur traitement de l'État
et ne dépendent que du préfet. Depuis longtemps, les
plaintes les plus vives étaient formulées contre ces
inspecteurs, qui n'avaient ni le temps, ni la volonté, ni
les moyens de visiter les enfants dont ils étaient chargés.
N'ayant pour la plupart aucunes connaissances médicales, et préoccupés surtout du point de vue administratif, ces fonctionnaires ne visaient qu'à une chose :
faire des économies et diminuer autant que possible les
charges du budget départemental, quelquefois aux dépens
des enfants assistés.

Une loi récente, du 23 décembre 1874, proposée par
le docteur Th. Roussel, a voulu remédier à ce mal.
D'après cette loi : tout enfant âgé de moins de deux ans,
qui est placé moyennant salaire en nourrice, en sevrage
ou en garde hors du domicile de ses parents, devient par
ce fait l'objet d'une surveillance de l'autorité publique
ayant pour but de protéger sa vie et sa santé (art. 1).

Cette surveillance est confiée aux préfets, assistés d'un
Comité composé de deux conseillers généraux nommés
par le Conseil, et de six autres membres choisis par les
préfets parmi les médecins et les directeurs de Sociétés
ayant l'enfance pour but. De plus, des Commissions locales peuvent être instituées. Enfin, un Comité supérieur
de protection des enfants du premier âge est établi

près du ministre de l'intérieur, et des statistiques de la mortalité des enfants doivent être publiées chaque année. Il pourra être créé, dans les départements, une inspection médicale des enfants en nourrice.

Ensuite, la loi soumet à la surveillance de l'autorité toute personne ayant des enfants en nourrice ou en garde moyennant salaire, et toutes celles qui placent les enfants en nourrice, en sevrage ou en garde. Les personnes qui reçoivent ces enfants doivent le déclarer à la mairie et être munies de certificats constatant leur aptitude.

Enfin, nul ne peut diriger un bureau de nourrices ni exercer la profession d'intermédiaire pour le placement des enfants en nourrice sans l'autorisation du préfet.

Les nourrices peuvent garder les enfants jusqu'à douze ans, à condition de les envoyer à l'école de la commune, où l'instruction leur est accordée gratuitement. On sait, en effet, que d'après l'art. 45 de la loi du 15 mars 1850, le maire doit dresser chaque année, de concert avec les ministres des différents cultes, la liste des enfants qui seront admis gratuitement dans les écoles publiques. Cette liste, qui est approuvée par le Conseil Municipal et définitivement arrêtée par le préfet, comprend les enfants assistés de la commune.

Les enfants âgés de douze ans doivent être mis en apprentissage, les garçons chez des laboureurs ou artisans, les filles chez des ouvrières ou dans des fabriques et manufactures. Quand, à cet âge, les enfants sont dans l'impossibilité de travailler, ils retombent à la charge des hospices.

La tutelle des enfants admis dans les hospices, sous quelque dénomination que ce soit, appartient, aux termes de la loi du 15 pluviôse an XIII, qui est toujours en

17

vigueur, à la Commission des hospices, qui forme le conseil de famille et désigne un de ses membres pour exercer les fonctions de tuteur. Ce serait donc illégalement que d'autres personnes, par exemple. les inspecteurs des enfants assistés ou l'administration départementale, se chargeraient de cette tutelle.

Quand l'enfant est mis en apprentissage, la Commission des hospices peut transmettre la tutelle à celle du lieu où réside l'enfant. Le tuteur a les mêmes pouvoirs que les père et mère des mineurs ordinaires; il a l'exercice des actions qui intéressent l'enfant.

Le receveur de l'hospice remplit à l'égard des biens de l'enfant les mêmes fonctions que pour le patrimoine de l'hospice. Comme les biens de ces enfants ne sont pas considérables et que les tuteurs présentent des garanties morales suffisantes, la loi n'a pas voulu que leurs biens fussent frappés d'hypothèque. La garantie matérielle du mineur consiste dans le cautionnement du receveur chargé de la gestion des biens.

Les capitaux appartenant au pupille sont placés dans les Monts-de-Piété ou à la Caisse d'amortissement, et les revenus en sont perçus comme indemnité au profit de l'hospice.

La tutelle cesse 1° par la majorité de l'enfant; 2° par son émancipation, qui a lieu par mariage ou qui est prononcée par la Commission, quand l'enfant a atteint l'âge de quinze ans révolus; 3° lorsque les parents se présentent ou sont connus; 4° quand un tuteur officieux demande et obtient l'enfant; 5° par le décès du pupille.

Après l'émancipation, le receveur de l'hospice est de droit curateur de l'enfant. Le compte de tutelle, quand

le tuteur cesse ses fonctions, est rendu par simple dé-
charge approuvée par le préfet, sans frais.

Un enfant peut toujours être reconnu et réclamé par
ses parents, à la condition de rembourser à l'hospice les
dépenses de nourriture et d'éducation. La remise est
faite sur un certificat du maire attestant la moralité du
réclamant.

Il faut maintenant se demander à la charge de qui
sont les dépenses occasionnées par les enfants assistés.
Ces dépenses sont payées à la fois par l'État, les départements et les communes; mais la large part pour laquelle les départements y contribuent les a fait classer
parmi les dépenses départementales. Le décret du 19 janvier 1811 avait mis ces dépenses, assez peu équitable-
ment, à la charge des hospices dépositaires désignés par
le préfet.

Les lois du 10 mai 1838 et du 18 juillet 1866, art. 1,
§ 16, étendirent à ce sujet les attributions des Conseils
Généraux; mais c'est surtout la loi spéciale du 5 mai
1869 qui a réorganisé complètement ce service; elle est
complétée par un décret du 31 juillet 1870, et elle a été
confirmée par la loi du 10 août 1871 sur les Conseils
Généraux (art. 46, § 18 et 19).

La loi de 1869 a divisé les dépenses en *intérieures*,
extérieures et *frais d'inspection*. Les premières comprennent les frais de séjour à l'hospice, les dépenses de
nourrices sédentaires, les layettes. Les secondes comprennent les secours temporaires destinés à prévenir ou
à faire cesser l'abandon, et ensuite toutes les dépenses
occasionnées par les enfants placés en nourrice à la campagne.

Les dépenses *intérieures* et *extérieures* sont payées dans chaque département sur : 1° le produit des fondations, dons et legs spéciaux faits à tous les hospices du département au profit des enfants assistés; 2° le produit des amendes de police correctionnelle; 3° le budget départemental; 4° le contingent des communes, réglé chaque année par le Conseil Général, et ne pouvant excéder le cinquième des dépenses *extérieures*; 5° la subvention de l'État, égale au cinquième des dépenses *intérieures*. (Loi du 5 mai 1869, art. 5.) Les frais d'inspection et de surveillance sont pour le tout à la charge de l'État.

Ajoutons enfin, pour compléter cette matière, que les frais résultant de l'application de la loi du 23 décembre 1874 doivent être supportés pour moitié par l'État et le département (art. 15).

CHAPITRE XIV.

DE L'ASSISTANCE COMMUNALE. — DE L'ORGANISATION DES COMMISSIONS HOSPITALIÈRES.

SOMMAIRE

I. De l'utilité des hospices et hôpitaux. — Leur administration avant 1780 et depuis la Révolution. — Loi du 21 mai 1873.

II. Composition des Commissions administratives des hospices et hôpitaux. — Membres de droit : le Maire et le Curé. — Raison d'être de cette disposition.

III. De la nomination des autres membres des Commissions administratives. — Différents systèmes. — Nomination par le préfet sur la présentation de la Commission.

IV. Du personnel : le Secrétaire, le Receveur, l'Économe. — L'Aumônier, les Médecins, les Sœurs.

I

La commune est la véritable métropole de l'assistance ; c'est elle qui, se trouvant le plus rapprochée des populations, connaît le mieux leurs besoins, et peut le mieux apporter à leurs maux les remèdes qui conviennent.

Association primitive, à la fois très-ancienne et assez limitée, la commune est, comme nous l'avons dit, une seconde famille, dont tous les membres se connaissent entre eux, et dans laquelle les riches doivent venir au secours des pauvres, et les plus fortunés au secours des malades et des infirmes. Au lieu que l'État et le département n'exercent la bienfaisance que dans des cas exceptionnels et assez rares, la commune l'exerce en principe ; c'est à la commune que se trouve l'organisation fondamentale de l'assistance publique. C'est donc là qu'il faut l'étudier.

Cette organisation comprend deux ordres de secours très-différents : les secours dans des établissements publics destinés à cet usage, et les secours à domicile. Les premiers sont donnés dans les hôpitaux et hospices ; les seconds sont distribués par les soins des Bureaux de bienfaisance. Quel est le mérite de ces deux sortes de secours, quels sont leurs avantages et leurs inconvénients respectifs, dans quelle proportion faut-il les combiner ? Ce sont là des questions qui ont été souvent et longuement débattues.

Nous devons les discuter et les résoudre brièvement ici ; toutefois, nous examinerons plus loin la valeur de l'assistance à domicile. Quant aux hospices et hôpitaux, ils ont été l'objet à la fois de critiques amères et d'apologies aveugles, toutes deux sans doute également exagérées.

Les hôpitaux, a-t-on dit, affaiblissent les liens de famille en dispensant les parents de se secourir dans leurs maladies ; ils encouragent l'égoïsme et l'imprévoyance en faisant espérer à l'ouvrier d'être soigné gratuitement ; et cela est vrai surtout des hospices qui recueillent les vieillards et les infirmes. Enfin, ils n'at-

teignent même pas le but proposé, et procurent rarement
la guérison des malades; car ceux-ci, arrachés de leur
domicile, séparés tout d'un coup des tendresses de la
famille, sont jetés dans un lit où ils deviennent un
numéro, au milieu d'un air plus ou moins vicié; entou-
rés de morts et de mourants, ils sont placés dans des
conditions trop défavorables pour arriver à la guérison.

Et c'est bien là, du reste, le sentiment des indigents
eux-mêmes, chez qui le seul nom d'hôpital excite un
véritable sentiment de répulsion.

Sans doute ces critiques ne manquent pas de fondement; mais l'existence des hôpitaux, qui d'ailleurs s'impose aujourd'hui comme un fait général et constant, et
ne peut être discutée qu'en théorie, présente aussi des
avantages incontestables qui en balancent largement les
inconvénients.

Souvent, en effet, les malades n'ont ni logement convenable, ni famille autour d'eux; plus souvent encore les
parents sont par leurs occupations, par leur inhabileté
même, dans l'impossibilité de les soigner; les maladies
graves, les opérations chirurgicales exigent des visites
de médecins régulières, des médications fréquentes, des
soins assidus et intelligents. Enfin les secours à domicile présentent, aussi eux, des inconvénients graves; et,
par exemple, si l'hôpital est un lieu malsain, dans beaucoup de cas le domicile paternel ne l'est guère moins.

Quant aux hospices, ils sont *nécessaires* pour les infirmes, et pour les vieillards qui n'ont pas de famille :
or, à notre époque où les ménages ouvriers se dépla-
cent avec la plus grande facilité et sont devenus presque
nomades, le nombre en est fort considérable; d'un autre
côté, la mise en pension de vieillards et d'infirmes dans

une famille étrangère est évidemment une mesure impossible et détestable.

Il faut donc se garder des critiques passionnées et de parti-pris dont les hôpitaux furent l'objet au xviii⁰ siècle, et reconnaître que, comme toutes les choses humaines, ils ont leurs avantages et leurs inconvénients. Il ne s'agit pas en effet, on l'oublie trop souvent, de trouver une institution parfaite, qui n'ait aucun côté faible : il n'en existe pas sur la terre; la seule question à résoudre est celle de savoir quelle institution en a le moins : à ce point de vue l'on peut dire que les hospices et hôpitaux répondent à un besoin social, et que la seule question dont il faille se préoccuper, leur existence en principe étant mise hors de cause, est celle d'améliorer autant que possible le sort des infirmes et des malades qu'ils renferment.

On sait que ces deux mots : hôpitaux et hospices, qui sont souvent employés l'un pour l'autre, n'ont pas techniquement le même sens. Les premiers sont les établissements « dans lesquels sont reçus et traités les indigents malades; » les seconds ceux « dans lesquels sont admis et entretenus les vieillards, les infirmes incurables, les orphelins, les enfants trouvés et abandonnés[1]. » Les communes ne sont pas forcées d'avoir un hôpital, mais toutes les communes importantes en ont.

Comme tous les sujets de droit administratif, cette matière comprend deux parties : l'*organisation* et l'*administration*. Nous étudierons d'abord la première.

Le principe de l'organisation des hôpitaux français se trouve dans la déclaration du 12 décembre 1698. C'é-

---

1. Circulaire ministérielle du 31 janvier 1840.

tait le Code de la matière avant 1789. Il y avait dans chaque hôpital un Bureau ordinaire de direction formé de deux éléments distincts : le premier se rattachant aux pouvoirs publics; le second, local ou communal. Dans le premier se trouvaient le procureur du roi ou du seigneur, le maire, un échevin et le curé; s'il y avait plusieurs paroisses, les curés de chacune d'elles entraient à tour de rôle, en commençant par le plus ancien. Ce premier élément constituait ce qu'on nomme encore aujourd'hui *les membres nés*. Le deuxième élément était le produit de l'élection; il se composait ordinairement de six ou sept membres élus tous les trois ans parmi les principaux habitants du pays, par l'*assemblée générale* qui se réunissait deux fois par an. Cette assemblée se composait du Bureau ordinaire, chargé de la direction de l'hospice, des anciens directeurs de l'établissement, des principaux habitants de la commune; elle était présidée par l'évêque ou un vicaire-général, et remplissait à peu près vis-à-vis de l'hospice les attributions du Conseil de préfecture et de la Cour des Comptes.

La loi du 16 vendémiaire an V modifia profondément les bases de cette organisation, en attribuant exclusivement la surveillance et la direction des établissements hospitaliers aux administrations municipales, qui durent nommer une Commission de cinq citoyens choisis dans le canton, pour gérer ces établissements. En second lieu, elle écarta complètement les membres du clergé, oubliant sans doute qu'ils avaient été presque partout les fondateurs, et longtemps les seuls administrateurs des asiles ouverts aux pauvres et aux souffrants par la charité chrétienne.

La loi du 16 messidor an VII (4 juillet 1799) fit inter-

venir l'autorité centrale dans l'administration des hospices, et le décret du 7 germinal an XIII (28 mars 1805)
attribua même au ministre de l'intérieur le renouvellement annuel par cinquième des Commissions hospitalières.

Sous la Restauration, une ordonnance du 6 février
1818 régla le mode de nomination, de renouvellement
et de révocation des Commissions administratives, et
une autre du 31 octobre 1821, qui réglementa pendant
longtemps les établissements hospitaliers, fixa les règles
de l'organisation et des attributions de ces Commissions,
ainsi que celles du service intérieur et de la comptabilité des hospices.

L'ordonnance de 1818 fut abrogée par celle du 6 juin
1830, qui donna aux préfets le droit de nommer les
membres des Commissions hospitalières.

Comme les autres gouvernements qui l'avaient précédée, la République de 1848 s'occupa de cette question;
l'art. 6 de la loi du 7 août 1851, sur les attributions
des Commissions hospitalières, fut l'objet d'une vive
discussion qui se termina par une transaction d'après
laquelle un règlement d'administration publique devait
déterminer la composition de ces Commissions. Le gouvernement fit paraître ce règlement le 23 mars 1852, et
d'après les idées du jour, qui peut-être n'auraient pas été
celles de l'Assemblée Législative, il donna aux préfets le
pouvoir de nommer ces Commissions, en supprimant
même le droit de présentation qui appartenait aux Commissions elles-mêmes. Le nombre des membres fut fixé à
six, y compris le maire, membre de droit; la révocation
individuelle et la dissolution des Commissions ne pouvaient être prononcées que par le ministre de l'intérieur.

Ces dispositions furent confirmées par le décret dit de décentralisation du 25 mars 1852, commentées dans la circulaire ministérielle du 5 mai suivant, et appliquées aux Bureaux de bienfaisance par l'arrêté du 17 juin de la même année.

L'Assemblée Nationale de 1871 ne pouvait pas ne pas modifier ce régime trop autoritaire. Dès le mois de mai 1871, des propositions furent déposées, tendant à donner aux Conseils Municipaux la nomination des Commissions hospitalières. Le 15 juillet suivant, M. Thiers, chef du pouvoir exécutif, présentait à son tour un projet de loi, d'après lequel les hôpitaux et les Bureaux de bienfaisance auraient été administrés par une Commission unique, composée de membres nommés par les différents corps constitués. Le rapport fait par M. de Melun, au nom de la Commission d'assistance publique, tout en rejetant la réunion obligatoire des deux Commissions, admettait les bases du projet du gouvernement.

Les première et deuxième délibérations eurent lieu les 2 mars et 25 mai 1872, et la troisième seulement un an après, le 21 mai 1873. Les circonstances et les évènements survenus pendant ce long espace de temps avaient sans doute modifié les dispositions de l'Assemblée, car la loi adoptée définitivement diffère profondément de celle qui avait été votée en deuxième lecture.

II

L'art. 1er de la loi du 21 mai 1873, qui fut promulguée le 31 mai suivant, règle la composition des Commissions. Les Commissions administratives des hospices et hôpitaux, et celles des Bureaux de bienfaisance, sont composées de cinq membres renouvelables, du maire et du plus ancien curé de la commune. — Dans les communes où siége un conseil presbytéral ou un consistoire israélite, les Commissions comprennent en outre un délégué de chacun de ces conseils, à moins qu'il n'y ait dans la commune des hospices spéciaux pour les israélites et les protestants. Rapprochons immédiatement de cet article l'art. 2, qui autorise le chef de l'État à augmenter, en raison de l'importance des établissements ou des circonstances locales, et par un décret spécial rendu sur l'avis du Conseil d'État, le nombre des membres des Commissions administratives.

D'après l'art. 1, les Commissions comprennent donc des membres de droit, ou *membres nés*, et des *membres nommés*.

Les membres nés sont le maire et le curé.

Le maire doit nécessairement faire partie de la Commission des hospices : c'est une règle sans exception, règle de toute justice et de haute convenance. Le maire est, en effet, le chef de la famille communale; c'est lui qui doit, avant tout autre, prendre soin des malheureux et veiller à ce qu'ils reçoivent dans leur commune tous les secours possibles; il est donc indispensable qu'il fasse partie du conseil chargé d'administrer les établissements destinés aux pauvres. Tous les différents projets étaient d'accord sur ce point, qui ne pouvait soulever et n'a pas soulevé en fait la moindre discussion.

Non-seulement le maire est membre de la Commission, mais il en est le président (art. 13). Ceci est encore fort naturel et n'est que la conséquence légitime du principe que nous avons posé : à savoir qu'en thèse l'assistance est communale.

Mais le maire pourra-t-il déléguer cette mission? En principe, non. Elle lui est personnelle. Il appartient au maire et au maire seul, chef de la famille communale, suivant l'expression touchante que nous avons déjà employée, d'exercer cette mission paternelle et sacrée qui consiste à diriger le fonctionnement, l'organisation de la bienfaisance et l'administration de ce qu'on a appelé le *patrimoine des pauvres.*

Il ne faut pas qu'un adjoint, peu au courant des questions de bienfaisance, vienne un jour par hasard remplacer le maire, et se trouve ainsi chargé de présider une réunion d'hommes souvent plus âgés et toujours beaucoup plus expérimentés que lui dans les questions à traiter. Dans les grandes villes, par exemple, où les adjoints se tiennent à la mairie à tour de rôle, l'adjoint « de semaine » ne pourrait remplacer le maire dans la présidence de la Commission.

Mais le maire peut être empêché de remplir ses fonctions d'une façon absolue et permanente; si, par exemple, ce qui arrive souvent, il est député ou sénateur. Dans ce cas, il est remplacé par un adjoint qui a toutes les attributions du maire et qui peut alors présider les Commissions de bienfaisance [1]. C'est pour cela que la loi ajoute : la présidence appartient au maire, ou à l'adjoint, ou au conseiller municipal remplissant *dans leur plénitude* les fonctions de maire.

Mais si le maire présent et exerçant ses fonctions ne peut, pour un motif quelconque, assister à une séance

---

[1]. *Journal Officiel* du 24 et du 26 mai 1872, p. 3461 et 3511.

de la Commission, il est remplacé par un vice-président choisi dans la Commission elle-même et nommé par elle au mois de novembre de chaque année. En cas d'absence du maire et du vice-président, la présidence appartient au plus ancien des membres présents, et, à défaut d'ancienneté, au plus âgé. Ce sont les termes mêmes de l'art. 3.

Ajoutons que le rôle du président est loin d'être sans importance, puisque, outre la direction des débats, il a dans les discussions voix prépondérante en cas de partage.

Le second des membres de droit de la Commission des hospices est le curé de la commune.

Cette disposition suscita dans l'Assemblée une longue et vive discussion[1]. A la deuxième délibération, elle fut soutenue par le rapporteur, M. de Melun, qui se fonda surtout sur ce que la présence d'un ministre de la religion augmenterait le nombre des libéralités charitables, « qui sont presque toutes inspirées par un sentiment religieux. » A la troisième délibération, elle provoqua un discours de Mgr Dupanloup, qui en assura le succès et qui restera comme l'un des plus magnifiques monuments d'éloquence qu'ait entendus la tribune française. Nous ne pouvons mieux faire, pour expliquer la raison d'être de cette disposition, que de reproduire quelques-uns des principaux passages de ce discours :

« Avant le christianisme, il n'y avait pas sur la face de la terre un seul hospice, un seul hôpital, un seul asile pour la souffrance. On connaît la date des premières fondations. Le nom des premiers fondateurs, des

---

1. *Journal Officiel* du 25 mai 1872, p. 3189 et 3190, et *Journal Officiel* du 28 mars 1873, p. 2161 à 2168.

premiers chrétiens, des premiers évêques, des premiers
papes qui les ont fondés est dans l'histoire. Nous avons
créé le capital de la charité sur la terre ; nous avons créé
la charité elle-même. Avant le christianisme, le nom et
la chose étaient profondément inconnus. On me répond
dans une langue que j'ignore : « Allons donc ! » Je vous
demande de me répondre dans la langue de l'histoire. Il
y a de quoi être effrayé quand on lit dans les historiens,
je ne dis pas seulement dans les historiens chrétiens, qui
pourraient être suspects, mais dans les historiens païens
eux-mêmes, ce que devenaient sur la terre, avant le
christianisme, les indigents, les pauvres malades, les
pauvres vieillards, et ce qu'on en faisait. La pauvreté
était une honte ; et la compassion elle-même, les plus
célèbres moralistes en avaient fait une faiblesse, je ne dis
pas assez, un vice, oui, un vice !...

« Quand les choses sont telles, on comprend parfaitement que pendant des siècles le clergé seul ait été chargé
de l'administration du patrimoine des pauvres. Puis, le
cours des temps a donné à la société laïque la place
naturelle et légitime qui lui appartient... Mais pour cela,
permettez-moi de le dire, il n'était pas juste, comme l'a
fait la Convention, de nous chasser du grand domaine
de la charité et de nous dire :

La maison est à moi, c'est à vous d'en sortir.

« A ces raisons si péremptoires, on fait des objections
qui ne le sont guère. Voici l'une de celles qui ont été
développées à cette tribune ; on a dit : Il y aura des conflits entre les ministres des différents cultes, et les pauvres d'un culte feront tort aux pauvres d'un autre culte.

C'est là une objection plus que surannée. Est-ce qu'il
m'est jamais arrivé de demander à un homme qui souffre
de quelle religion il était? Je lui demande quelles sont
ses souffrances, ses misères, ses besoins, ses enfants, sa
femme, sa demeure, s'il en a une... Entre nous, il n'y
a jamais eu qu'une généreuse émulation : c'est à qui ferait le plus de bien, à qui se donnerait le plus de peine,
à qui viendrait le plus diligemment au secours de ceux
qui souffrent.

« Mais, dit-on, ce que vous demandez est un privilége. ! n, je n'accorde pas que ce soit un privilége;
c'est le   it de la spécialité. Il est tout simple que chacun bénéfi de sa spécialité; nous avons une spécialité :
la charité; nous devons en bénéficier.

« La spécialité du soldat, c'est de se battre et mourir
pour son pays; la nôtre est de nous dévouer et d'aller
au secours de ceux qui souffrent et de ceux qui meurent.

« Vous aurez encore une autre difficulté, a-t-on dit :
vous allez rapprocher l'élément laïque de l'élément cléri-
cal; il faut les séparer. Eh bien! non, messieurs, les
séparations n'ont jamais fait les rapprochements. Quand
on se rapproche, on se connaît mieux : on s'explique,
on s'entend, on apprend à s'aimer, à s'estimer, à s'aider
les uns les autres pour le bien commun... Il ne faut pas
supposer des conflits et des incompatibilités entre des
hommes de cœur qui sont faits pour s'entendre et se
dévouer ensemble au bien. Ah! sans doute, dans les
académies et dans les livres, on ne s'entend pas toujours,
parce que les académiciens et les auteurs sont ce *genus
irritabile vatum* dont parle le poëte. Mais devant l'ennemi, que ce soit la misère, ce grand ennemi du genre
humain, ou devant l'étranger, l'ennemi de la patrie, oh!

alors, il n'y a plus qu'un sentiment : aller au feu, marcher tous ensemble là où l'on souffre, là où l'on meurt! »

Après ce discours fut voté le paragraphe qui fait membre de la Commission le *plus ancien curé* de la commune, et, s'il y a lieu, des délégués protestant et israélite. « Le plus ancien » veut dire, non le plus âgé, mais le plus anciennement nommé; c'est celui qui est réputé, avec raison en effet, avoir le plus d'expérience et connaître le mieux les intérêts des pauvres de la commune.

Ce sont là les seuls membres de droit de la Commission; on avait proposé d'y faire entrer un médecin, mais on pensa que des conflits pouvaient s'élever entre le médecin administrateur et les médecins traitants; on dit qu'il ne fallait pas que les Commissions hospitalières eussent des opinions médicales; que les intérêts de la science étaient certainement sérieux, mais qu'un médecin pourrait proposer des mesures qui seraient peut-être plus dans l'intérêt de l'enseignement que dans l'intérêt des malades, et qu'en somme, les hôpitaux étaient faits pour les malades et non pour les médecins.

III

Tous les autres membres de la Commission sont donc des membres nommés. Leurs fonctions sont gratuites, il est presque inutile de le dire : c'est l'essence même de leur mission de charité, et ce serait leur faire injure que d'en agir autrement.

Mais par qui sont-ils nommés?

Là est la grosse question qui souleva dans l'Assem-

blée de longues discussions, reçut des solutions contra-
dictoires, et fut enfin résolue d'une façon fort inatten-
due.

La Commission, par l'organe de M. de Melun, son
rapporteur, proposait de composer ainsi les Commissions
hospitalières : le maire, président; deux membres élus
par le Conseil Municipal, un par le Conseil Général, un
membre nommé par le préfet et un par l'évêque. Puis
elle y ajouta à la deuxième lecture : un membre élu par
la Cour d'Appel ou le tribunal, un membre élu par la
Commission hospitalière, deux membres (au lieu d'un)
nommés par le préfet.

Les Commissions des Bureaux de bienfaisance étaient
composées de la même manière, sauf qu'un membre
était élu par le Bureau de bienfaisance, et aucun par le
Conseil Général.

Il ne faut pas oublier, en effet, que la proposition,
contenue dans un des projets de loi, de ne faire qu'une
Commission pour les hôpitaux et les Bureaux de bienfaisance, fut repoussée dès le principe par la Commission
de l'Assemblée. Cette réunion obligatoire aurait eu de
graves inconvénients, car ces Commissions ont dans
tous les cas des attributions distinctes et souvent des
intérêts opposés.

Les conclusions de la Commission furent vivement
discutées. On prétendit qu'elle ne faisait pas une assez
large part à l'élément municipal; on demanda que les
Commissions fussent nommées entièrement par le Conseil Municipal, ou au moins renfermassent trois membres
nommés par lui.

Les institutions hospitalières sont avant tout et surtout, disait-on, des institutions municipales; la commune

doit donc avoir dans leur administration une part, sinon exclusive, au moins très-prépondérante.

A cela on répondait : C'est une erreur de croire que les établissements hospitaliers soient des établissements communaux, ils ont une existence propre, indépendante. Ce sont des personnes morales; ils ont le plus souvent même une origine différente de la commune, et ils ont toujours un patrimoine distinct[1]. Sans doute, le pouvoir municipal doit avoir une grande part dans l'administration de ces asiles; aussi lui donne-t-on, grâce à la présidence et à la voix prépondérante du maire, une influence supérieure dans la Commission. Mais cette influence ne doit pas être exclusive, car on aura beau faire, « la politique aura toujours de l'influence, surtout dans les villes, sur la nomination des conseillers municipau , et elle peut en avoir sur leurs délibérations; or, la politique divise toujours et doit être sévèrement bannie du sein des Commissions hospitalières, où ne doivent régner que la paix et la concorde[2]. »

Et puis, d'ailleurs, la commune n'est pas seule à avoir des intérêts dans l'administration des établissements charitables. Les départements en ont aussi, car ils doivent veiller à ce que les communes dépourvues d'hospices puissent, à certaines conditions, faire admettre leurs malades et leurs incurables dans les établissements voi-

---

1. Sur 42 millions dépensés chaque année par les hospices, il n'y a que 5,400,000 fr. fournis par les caisses municipales, c'est-à-dire à peu près 13 %; et sur 22 millions dépensés par les Bureaux de bienfaisance, 4 millions seulement sont fournis par les communes.

2. Rapport de M. de Melun. — Séance du 20 mars 1873; *Journal Officiel* de 1873, p. 1972.

sins, et ils votent chaque année pour les malades indigents des crédits qui atteignent 750,000 fr.

Enfin l'État doit être aussi représenté, lui qui exerce une sorte de tutelle sur tous les établissements d'intérêt public, et qui est appelé à autoriser l'acceptation des dons et legs faits aux hospices et aux Bureaux de bienfaisance par la charité privée.

Ce sont tous ces intérêts qu'on a voulu faire représenter dans la Commission des hospices, et qui y ont fait introduire les différents membres nommés ci-dessus.

Cette combinaison fut votée à la première et à la deuxième lecture, telle que l'avait proposée la Commission, et dans les termes que nous avons rapportés[1].

La troisième délibération n'eut lieu qu'un an après, en mars 1873; le projet de loi y était soumis tel qu'il avait été voté en deuxième lecture. Là il subit encore les attaques de ceux qui n'y trouvaient pas assez large la part faite à l'influence municipale; mais depuis quelque temps les évènements avaient marché, le cours des idées s'était modifié; le projet fut critiqué à l'inverse par des députés qui le trouvaient trop décentralisateur, ou craignaient l'antagonisme entre les membres, provenant de sources diverses, des Commissions hospitalières; un amendement dans ce sens ayant été pris en considération et renvoyé à la Commission, il fut adopté par celle-ci et définitivement voté par l'Assemblée[2].

Tel est l'historique de l'art. 4 de la loi, qui est ainsi

---

1. *Journal Officiel* du 5 mars 1872, p. 1524, et *Journal Officiel* des 24, 25 et 26 mai 1872, p. 3458, 3187 et 3510.

2. *Journal Officiel* des 21, 27, 28 et 29 mars 1873, p. 1969, 2131, 2164 et 2189, et du 22 mai 1873, p. 3246.

conçu : « Les membres des Commissions administratives sont nommés pour cinq ans. Si la Commission est composée d'un nombre de membres non divisible par cinq, le sort désignera également les années dans lesquelles il y aura lieu à un renouvellement plus considérable.

« *Le nouveau membre est nommé par le préfet, sur une liste de trois candidats présentée par la Commission.*

« Il en sera de même en cas de décès ou de démission. Les membres sortants sont rééligibles. Si le remplacement a lieu dans le cours d'une année, les fonctions du nouveau membre expirent à l'époque où auraient cessé celles du membre qu'il a remplacé.

« Ne sont pas éligibles ou sont révoqués de plein droit les membres qui se trouveraient dans l'un des cas d'incapacité prévus par les lois électorales. »

Sans doute, dans l'état de choses actuel, ce système est encore le meilleur, et s'il donne une part prééminente à l'État, on peut dire que l'administration hospitalière doit être placée assez haut pour que les passions locales ne s'y rencontrent jamais. Toutefois, un reproche sérieux fait à ce système est de « favoriser la réélection des membres sortants, de perpétuer souvent les mêmes personnes dans leurs fonctions, et d'amener ainsi une certaine langueur dans le service. »

« Les Commissions se recrutant d'une manière permanente dans leur propre sein, finissent quelquefois par tomber dans une sorte d'apathie qui énerve leur action sans affaiblir leur esprit de charité[1]. »

Une circulaire ministérielle du 25 juin 1873 a expliqué et commenté la loi du 21 mai, et notamment l'art. 4.

---

1. Circulaire ministérielle du 5 mai 1852.

D'après cet article, il suffit, pour être membre de la
Commission, de jouir de ses droits électoraux; il faut
évidemment avoir la majorité administrative de 25 ans
et être domicilié dans la commune. (Ord. du 31 octobre
1821, art. 5.) Les conseillers de préfecture ne peuvent
être membres des Commissions. De même, des raisons
de convenance doivent en éloigner les parents du receveur, les parents d'un membre déjà nommé, les débiteurs
et fournisseurs de l'hospice [1].

Avant tout, il faut évidemment présenter des noms
d'une honorabilité inattaquable. Quelque temps après le
vote de la loi, dans un département du Midi, une Commission présenta une liste contenant des noms qui pouvaient être l'objet de certaines critiques. Le préfet demanda une nouvelle liste, on lui renvoya les mêmes
noms; alors il passa outre et nomma en dehors de la
liste. Était-il dans son droit? Non. Mais, alors, comment
pouvait finir le différend? Le droit de présentation est
réel et efficace, la Commission doit présenter une liste,
et on ne peut pas nommer en dehors. Mais ce qui est
un droit est aussi un devoir; la Commission ne doit
présenter que des noms parfaitement honorables, et, si
elle s'obstine, il n'y a qu'un moyen à employer : il faut
la dissoudre.

Les Commissions, en effet, peuvent être dissoutes et
leurs membres révoqués par le ministre de l'intérieur
(art. 5).

« En cas de dissolution ou de révocation, la Commission doit être remplacée ou complétée dans le délai d'un
mois, et les membres révoqués ne peuvent être présentés

---

[1] Circulaire ministérielle du 18 février 1818.

dans l'année qui suit leur révocation. Enfin, en cas de renouvellement total ou de création nouvelle, la Commission est nommée par le ministre de l'intérieur sur la proposition du préfet. Le renouvellement par cinquième est ensuite déterminé par le sort à la première séance d'installation. »

La Commission des hospices, ainsi formée, est chargée de régler tout ce qui regarde l'administration des hospices et hôpitaux; il n'y en a qu'une en effet, au moins dans la plupart des cas, pour tous les hospices et hôpitaux d'une même commune. Mais si elle a la haute direction, elle est secondée dans sa tâche, au point de vue de l'exécution surtout, par un personnel nombreux, composé d'éléments divers, dont il faut maintenant dire quelques mots.

IV

Immédiatement au-dessous de la Commission administrative sont placés le *secrétaire*, le *receveur* et l'*économe*.

Le premier est nommé par la Commission elle-même; il rédige les procès-verbaux des séances et prépare l'ordonnancement des dépenses.

Le receveur est un comptable, agent responsable des deniers publics. Il doit donc être choisi par une autorité responsable elle-même; c'est pour cela qu'il est nommé par le préfet, sur une liste de présentation dressée par la Commission. D'après la loi de 1831, il était même nommé par le ministre (art. 14). En cas de refus motivé par le préfet, la Commission est tenue de présenter d'autres candidats [1]. (Art. 6 de la loi du 21 mai 1873.) Si le revenu de l'hôpital n'excède pas 70,000 fr., les fonctions de receveur seront exercées par le receveur municipal. Les receveurs sont chargés de payer toutes les dépenses et de recouvrer tous les revenus. Ils sont soumis à l'hypothèque légale, jugés par la Cour des Comptes, et doivent fournir un cautionnement évalué au dixième de la recette annuelle. (Décret du 31 mai 1862, art. 29.)

Le receveur peut, sur la proposition de la Commission administrative et avec l'autorisation du préfet, cumuler ses fonctions avec celles de secrétaire de la Commission.

Les receveurs sont soumis à la surveillance de l'autorité administrative et financière; mais ils ne peuvent être révoqués que par le ministre de l'intérieur.

L'économe est nommé par la Commission elle-même. Il est préposé à la distribution des produits en nature qu'il reçoit du receveur, il effectue les menues dépenses journalières et surveille l'administration intérieure. Tous les autres employés, tels que commis aux écritures, servants, infirmiers, sont nommés et peuvent être révoqués par la Commission administrative.

Passons maintenant à une autre classe de personnel. Les *aumôniers* sont nommés par l'évêque.

Les *médecins*, *chirurgiens* et *pharmaciens* le sont par la Commission; ils ne peuvent être révoqués que par le préfet, sur la proposition de la Commission. C'est là pour eux une garantie d'indépendance. Leur traitement est

---

1. Nous étudierons l'art. 7, qui permet aux Commission ospitalières d'augmenter les sommes destinées aux secours à domicile, dan le chapitre consacré aux Bureaux de bienfaisance.

aussi fixé par la Commission, et leurs fonctions sont déterminées par le règlement sur le service intérieur de chaque
hospice, elles consistent généralement en une ou deux
visites journalières; le soin d'exécuter les prescriptions
étant laissé aux internes attachés à l'hospice et aux Sœurs.

Dans presque tous les hôpitaux, le service intérieur
est confié à des Sœurs hospitalières de différents Ordres.
Les conventions et traités passés à cet effet entre la
Commission des hospices et les congrégations religieuses
sont soumis à l'approbation préfectorale. Les Sœurs sont
chargées de tous les soins à donner aux malades ou infirmes, mais surtout elles sont chargées d'un rôle de surveillance; elles ont, en effet, sous leurs ordres les infirmiers et servants, qui forment malheureusement, on le
sait, un personnel déplorable. Lorsque par suite de leur
âge ou d'infirmités elles se trouvent hors d'état de continuer leurs fonctions, elles ont la faculté de rester dans
l'établissement à titre de *reposantes*, et elles ont droit à
une pension qui doit être liquidée comme celle des employés. Les Sœurs ne participent en rien, du reste, à
l'administration des établissements.

Tel est le personnel préposé à l'administration d'un
hôpital. Nous en avons vu les divers rouages et les différentes fonctions; il est partout formé de la même manière; toutefois, certains établissements charitables sont
organisés d'une façon spéciale, et le gouvernement peut
toujours autoriser cette organisation particulière. C'est
un droit que lui réserve encore l'art. 8 de la loi du
21 mai 1873.

Il ne faut pas oublier, en effet, que les établissements
de bienfaisance sont des *établissements publics*, qu'ils
constituent des personnes morales ayant une existence

propre, capables d'acquérir, de posséder, d'aliéner; et
par suite leur fondation, qu'elle émane des communes,
des départements ou des particuliers, doit être autorisée
par un décret rendu en assemblée générale du Conseil
d'État. (Décrets du 25 mars 1852 et du 13 avril 1861.
— Circ. du 5 mai 1852. — Décret sur le règlement
intérieur du Conseil d'État du 21 août 1872, art. 5, § 4.)

Si donc un simple particulier voulait disposer de sa
fortune en faveur des indigents et des malades, et fonder
pour eux un asile, il ne pourrait, en principe, confier
ses aumônes à telle ou telle personne, ni désigner des
administrateurs de ses volontés.

L'organisation de la bienfaisance tient, en effet, à
une règle d'ordre public, et l'État doit exercer sur ce
point sa haute surveillance; mais le disposant peut indiquer les statuts qu'il désire donner à sa fondation; et
une fois approuvés, ces statuts auront force de loi. Dans
tous les cas, le gouvernement se fait un devoir de concilier les égards que méritent les généreux donateurs, et
surtout le respect dû aux dernières volontés, avec les
exigences de l'intérêt général, qu'il doit avant tout et
toujours protéger. Toutefois, il nous sera permis d'exprimer, en passant, le désir qu'une liberté plus grande soit
laissée aux personnes charitables qui veulent secourir la
misère; et surtout qu'on diminue le nombre intermi-
nable des formalités à remplir pour créer et organiser des
fondations de bienfaisance.

Nous savons ainsi comment sont administrés les hospices et hôpitaux; nous connaissons le squelette, pour
ainsi dire, de leur organisation; il faut maintenant pénétrer plus avant, voir à l'œuvre tout ce personnel et étudier ses différentes attributions.

CHAPITRE XV.

DE L'ADMISSION DANS LES HOSPICES ET HOPITAUX ET DE L'ASSISTANCE DANS LES CAMPAGNES.

—

SOMMAIRE

I

Aux termes de l'art. 1er de la loi du 7 août 1851 : « lorsqu'un individu privé de ressources tombe malade dans une commune, aucune condition de domicile ne peut être exigée pour son admission dans l'hôpital existant dans la commune. »

Cette disposition, qui paraît aujourd'hui toute simple, ne laissa pas que de soulever, il y a vingt-cinq ans, de

longues et vives controverses. En effet, la loi du 24 vendémiaire an II avait défini le domicile de secours : « le
lieu où l'homme nécessiteux a droit aux secours publics. » D'après cette loi, le domicile de secours était
jusqu'à vingt-et-un ans au lieu de naissance, et, après
vingt-et-un ans, il s'acquérait par six mois de résidence
dans la commune de la naissance et par un an dans les
autres communes. L'art. 18 ajoutait bien que tout malade sans ressources, domicilié ou non, serait reçu dans
l'hospice le plus voisin; mais souvent les administrations hospitalières, poussées par un esprit de localité
excessif, refusaient d'ouvrir les asiles à d'autres qu'aux
habitants de la commune, ou exigeaient des conditions
de domicile véritablement exorbitantes [1].

L'art. 1er de la loi de 1851 a eu pour but de confirmer
et d'étendre l'art. 18 de la loi de l'an II, et de mettre fin
à ces exagérations qui aboutissaient quelquefois à de véritables cruautés, en laissant mourir à la porte des hôpitaux des malades dénués de toute ressource.

« Aujourd'hui, disait le rapporteur M. de Melun, non-
seulement l'étranger, mais l'ouvrier qui travaille dans la
cité, s'il n'a pas un certain temps de séjour, ou si, se
suffisant à lui-même et à sa famille par son courage et
ses habitudes d'ordre, il n'a pas eu jusque-là recours
à l'assistance publique, quand bien même une maladie
cruelle lui aurait enlevé ses dernières ressources, n'est
pas toujours sûr d'être accueilli dans le lit vacant d'un
hôpital !... Est-il juste, est-il charitable qu'une classe,
souvent bien plus intéressante que l'indigent de profes-

---

1. La commune de *Mirebeau* (Vienne) avait demandé dix années de domicile
pour être admis à l'hôpital.

sion, soit déshéritée de tout secours? Celui qui par son travail habituel apporte à la cité un tribut quotidien, ou qu'elle a appelé pour des travaux passagers dont elle profite toujours, doit-il être repoussé de son sein au moment même où il implore sa protection contre un mal contracté, pour ainsi dire, à son service?[1] »

Ainsi, aucune condition de domicile n'est exigée pour l'admission des malades; toutefois, les Commissions hospitalières peuvent fixer certaines règles à ce sujet. En général, l'admission est prononcée par l'administrateur de service, d'après l'avis du médecin, sur la présentation de deux certificats : l'un d'indigence, délivré par l'autorité locale du domicile; l'autre, s'il y a lieu, par le médecin qui a soigné la maladie, et qui atteste qu'elle est du genre de celles auxquelles l'hôpital est destiné. En cas d'urgence, l'admission a lieu sans délai sur l'avis du médecin préposé à la visite.

Sans doute les abus sont à craindre, l'administration doit veiller à ce que les hôpitaux, destinés aux maladies graves et susceptibles de guérison, ne soient pas encombrés d'incurables et de vieillards qui viendraient y prendre domicile. Aussi l'art. 2 donne-t-il à la Commission le droit de faire un règlement particulier fixant les conditions d'âge et de domicile nécessaires pour être admis dans chaque hospice destiné aux vieillards et infirmes. Et même d'après la circulaire ministérielle du 31 janvier 1840, art. 13, les malades reconnus incurables ne doivent pas être conservés dans les hôpitaux; et l'admission des vieillards septuagénaires et des indigents incurables dans les hospices ne pourra être prononcée que par délibéra-

---

1. *Moniteur* du 28 décembre 1850, p. 5743.

tion de la Commission administrative. On demande en général soixante-dix ans d'âge et cinq ans de domicile. Ces restrictions sont sages; il faut, en effet, stimuler le travail et l'épargne, et rappeler à l'ouvrier qu'il doit songer à sa vieillesse.

II

Ces règles sont très-simples, et elles suffiraient dans tous les cas si toutes les communes étaient pourvues d'asiles pour la maladie et la pauvreté; mais il est loin malheureusement d'en être ainsi. Une foule de communes, surtout dans les campagnes, ne possèdent aucune institution hospitalière. Que peuvent devenir les indigents qui y tombent malades, sans avoir aucun asile où se réfugier ni aucuns moyens de se faire soigner chez eux?

L'Assemblée Législative de 1850, qui voulait remédier à ce mal, avait deux écueils à éviter. D'un côté, elle ne pouvait pas permettre à ces malades d'entrer sans conditions dans les hôpitaux des villes. Ç'aurait été ruiner ces établissements, et l'art. 18 de la loi du 24 vendémiaire an II, d'après lequel tout malade sans ressources devait être reçu dans l'*hôpital le plus voisin*, est resté sur ce point inexécuté, parce qu'il était inexécutable.

D'un autre côté, on ne voulait pas laisser sans secours ces hommes, à qui la plus grande partie des ressources charitables des villes font défaut, et qui en sont pourtant plus dignes peut-être que tous les autres. « N'oublions pas, comme le disait éloquemment M. de Melun dans son rapport, que ces hommes, qui nourrissent les villes sans participer à leurs avantages, qui paient l'impôt du travail et du sang, car ils forment la meilleure partie de notre armée, ces hommes dont le salaire est minime et qui auraient peut-être quelques sujets de plainte, nous ne les trouvons jamais dans les émeutes, si ce n'est pour les combattre. Les villes, qui veulent bien leur ouvrir leurs portes quand ils apportent l'abondance au prix de leurs sueurs, ou l'ordre au péril de leur vie, leur refuseront-elles un asile quand ils réclament un soulagement à leurs maux, quelque pitié pour leurs douleurs? [1] »

La solution adoptée fut un terme moyen, une transaction qui, sans rendre absolument libre l'entrée de tous les hôpitaux, fit appel, ... faciliter cette admission dans une juste mesure, à la générosité des Conseils Généraux et Municipaux. D'après l'art. 3 de la loi du 7 août 1851, les malades et incurables indigents des communes privées d'établissements hospitaliers pourront être admis aux hospices et hôpitaux du département, désignés par le Conseil Général sur la proposition du préfet, suivant un prix de journée fixé par celui-ci, d'accord avec la Commission des hospices et hôpitaux.

Cette faculté était laissée à la volonté des communes elles-mêmes; en effet, les communes décidées à profiter de ce bénéfice doivent supporter la dépense nécessaire pour le traitement de leurs malades et incurables. Toutefois, le département, dans les cas et les proportions déterminés par le Conseil Général, peut venir en aide aux communes dont les ressources sont insuffisantes. Et même, si les revenus d'un hospice ou hôpital le permettaient, les Commissions administratives pourraient ad-

1. *Moniteur Universel* du 28 décembre 1850, p. 3743.

mettre dans les lits vacants les malades ou incurables des communes sans exiger d'elles le prix de journée fixé par l'art. 3 cité ci-dessus.

Enfin, ajoutons ici que l'art. 16 autorise les communes privées d'hospices et d'hôpitaux à traiter avec les *établissements privés* pour l'entretien de leurs malades et de leurs vieillards. Cet article donne ainsi un exemple trop rare de l'accord si désirable et qui devrait toujours exister entre l'assistance publique et la charité particulière.

Ainsi, on n'avait voulu imposer aucune obligation aux communes, on comptait beaucoup sur leur bonne volonté. « Comment se fait tout le bien qui émane de la charité publique ou privée dans notre pays? dit dans la discussion M. de Melun; est-ce à l'aide d'une loi obligatoire? Il n'y a aucune loi obligatoire qui force les Bureaux de bienfaisance, les Commissions hospitalières à faire le bien! La loi n'oblige que lorsqu'il s'agit des enfants trouvés et des aliénés, et cela se comprend : il y a ici une mesure d'ordre public. Mais pour toutes les autres œuvres de bienfaisance elle n'a pas ce caractère... C'est parce que nous voulons être fidèles à ce principe manifesté dans toutes nos lois d'assistance que nous n'avons pas confié l'intérêt des malades de nos campagnes à un article, qui ne serait qu'une lettre-morte, comme la loi de l'an II; c'est pour cela que nous l'avons confié à un droit bien autrement sacré, bien autrement fécond que tous les droits obligatoires et menaçants, au droit qui dans notre pays existe pour tout être souffrant à l'intérêt et à la générosité de la société française! [1] »

1. *Moniteur* du 6 avril 1851, p 1010.

Cependant ce système ne donna pas, semble-t-il, tous les fruits qu'on en attendait, et le nombre des communes qui envoyèrent leurs indigents dans les hôpitaux fut, croyons-nous, assez restreint.

III

Après 1870, trois propositions furent soumises à l'Assemblée Nationale sur l'extension à donner aux secours publics, principalement dans les campagnes. Ces propositions furent renvoyées à une Commission spéciale, qui résolut de faire, pour s'éclairer sur la question, une enquête générale auprès des corps les plus compétents de toute la France. On envoya donc aux Conseils Généraux et d'Arrondissement, aux évêques, aux Commissions administratives des institutions de bienfaisance, aux Sociétés d'Agriculture et aux associations médicales, un Questionnaire portant sur huit points principaux : l'extension à donner aux Bureaux de bienfaisance, la création de comités cantonaux, l'assistance médicale et pharmaceutique dans les campagnes, les réformes à apporter à l'assistance hospitalière, les enfants orphelins ou abandonnés, l'extinction de la mendicité, la répartition des charges de l'assistance, et enfin les mesures de prévoyance.

Les réponses à ces questions ne comprennent pas moins de trois gros volumes in-4° [1]; elles furent déposées, précédées d'un rapport de M. Eugène Tallon, se-

---

1. *Enquête parlementaire sur l'organisation de l'assistance publique dans les campagnes,* Versailles, Cerf et fils, 1873.

crétaire de la Commission, à la séance du 17 juin 1873.

L'ensemble de ces réponses, qui sont fort curieuses à consulter, et dont plusieurs forment de véritables traités sur la matière, exprime l'opinion générale du pays sur les diverses questions proposées.

Cette opinion est assez divisée sur plusieurs points, entre autres sur la réforme de l'assistance hospitalière, qu'on voudrait surtout voir étendue aux vieillards et aux infirmes des campagnes secourus à domicile; — sur l'extinction de la mendicité, à propos de laquelle vingt-cinq départements demandent le maintien des dépôts et quatorze leur suppression; mais ces derniers sont justement ceux qui en possèdent et les premiers ceux qui n'en ont pas; — enfin, sur la question difficile des enfants assistés et abandonnés, que nous avons déjà examinée.

L'institution des comités cantonaux est repoussée par la grande majorité, qui préfère avec raison l'assistance à la commune; au contraire, la majorité s'affirme avec énergie en faveur des trois réformes suivantes : l'extension du nombre des Bureaux de bienfaisance, la création de ressources spéciales pour les besoins de l'assistance, l'organisation des secours médicaux à domicile.

Sur le premier point, dont nous aurons à parler plus tard, une satisfaction qui nous semble suffisante avait été donnée aux réclamations par la loi du 24 juillet 1867.

Sur le second, il a été répondu « oui » par un très-grand nombre des corps interrogés à la trente-troisième question ainsi formulée : « Les communes et les Conseils Généraux doivent-ils voter, selon les besoins, des centimes additionnels pour l'assistance? » Cependant, s'il est possible que cet impôt ait, dans certains cas, quelques avantages, il paraît se rapprocher singulièrement de la taxe des pauvres et ne tarderait pas très-probablement à en présenter les inconvénients.

Enfin, en troisième lieu, la nécessité d'une organisation générale de l'assistance médicale, surtout dans les campagnes, a été formulée et réclamée avec instance par la presque unanimité des assemblées et des sociétés consultées. On a exprimé généralement le désir de voir assurer le service médical des indigents en utilisant le plus possible le concours de tous les médecins actuellement en exercice. On emploierait tous ceux qui voudraient participer à l'assistance; on tracerait autour de leurs résidences des circonscriptions médicales, on leur assurerait enfin une juste rémunération de leurs peines, soit par l'abonnement des communes, soit par une rétribution proportionnelle au nombre de leurs visites et aux distances parcourues.

Cette réforme, qui ne paraît pas irréalisable ni trop dispendieuse, est peut-être de toutes la plus désirable. Elle assure, en effet, l'assistance des malades à domicile, et ce mode de secours, qui fut du reste unanimement préconisé dans l'enquête, est certainement le meilleur de tous pour les malades des communes rurales. Les paysans, en effet, qui ont conservé plus vivaces les traditions et les liens de la famille, n'aiment pas à envoyer leurs parents à l'hôpital; ils font, et c'est leur honneur, les derniers sacrifices pour les conserver auprès d'eux. « L'expression de ce noble sentiment a trouvé un profond écho dans l'enquête; tous les hommes de bienfaisance éclairée en ont confirmé la vérité; tous ont fait appel à la sollicitude de l'Assemblée pour qu'elle en

inscrive la formule et en affirme la consécration dans
nos lois [1]. »

Ce rapport fut suivi d'un projet de loi déposé à la
séance du 4 août 1874, et qui fut voté en première lecture au commencement de 1875, mais ne put être définitivement examiné.

IV

La Chambre des Députés a repris la suite de ces travaux, et un rapport très-consciencieux et très-complet,
élaboré par M. Richard Waddington, a été déposé, sur
ce sujet, à la séance du 14 novembre 1876. Pour être
plus sûr d'arriver à un résultat pratique, on a laissé de
côté la question de l'établissement dans toutes les communes d'un Bureau de bienfaisance, et étudié exclusivement celle de l'assistance médicale dans les campagnes.

La première partie du rapport établit la nécessité de
cette organisation et réfute les objections qui peuvent lui
être opposées [2]. Dans la seconde, on recherche quels sont
les meilleurs moyens pratiques d'assurer les secours médicaux aux indigents malades. Plusieurs systèmes sont
en présence : le *système cantonal* consiste à confier à un
médecin, désigné dans chaque canton par le préfet, le
soin de visiter les indigents malades du canton, dont
une liste est arrêtée chaque année conjointement par ce

---

1. *Enquête parlementaire sur l'organisation de l'assistance publique dans les
campagnes*, tome I, p. 21.

2. *Journal Officiel* des 6 et 7 décembre 1876, p. 9053 à 9059 et 9086
à 9089.

médecin et le Bureau de bienfaisance, ou à défaut une Commission composée du maire, de l'adjoint et du curé, et approuvée par le Conseil Municipal.

Le *système de liberté au tarif fixe* a été adopté en 1868 par l'assemblée générale des médecins de France, et il nous paraît, quant à nous, préférable. Dans ce système, l'indigent malade peut faire appeler le médecin qui lui convient le mieux, et celui-ci se fait ensuite rembourser par la commune ses frais de visite suivant un tarif fixé d'avance. Si l'on objecte qu'il faut au médecin des pauvres une sorte d'investiture du gouvernement, il nous semble qu'elle pourrait être donnée à tous les médecins qui la demanderaient, c'est-à-dire, nous en sommes persuadé, à la grande majorité; et nous croyons que ces médecins abaisseraient autant que possible le tarif de leurs honoraires.

Dans le système de l'*abonnement*, la commune passe un contrat avec un médecin, qui s'engage à visiter les indigents; il est payé par an ou par visite.

Enfin, dans le système de la *rétribution par visite*, le prix est déterminé d'accord avec le médecin, qui reçoit le prix des visites faites; quelquefois ce prix a un taux variable et est proportionnel à la distance parcourue.

La troisième partie du rapport est consacrée aux moyens de pourvoir à la dépense, qui n'est pas évaluée à moins de 6,800,000 fr. Pour cela, on regarde comme suffisant l'établissement de 1 centime départemental et de 2 centimes communaux; le centime communal représentant pour la France entière un produit évalué, en 1877, à 3,345,000 fr.

En conséquence, d'après les dispositions mêmes du projet de loi, la liste des indigents admis aux secours

médicaux sera dressée dans chaque commune par le Conseil Municipal réuni au Bureau de bienfaisance, quand il
y en a un, et assisté du médecin ou d'un délégué des
médecins appelés à donner l'assistance. Cette liste devra
être soumise par le préfet à l'approbation de la Commission départementale du Conseil Général, qui est chargé,
du reste, d'organiser cette assistance et de faire tous les
règlements qu'elle nécessitera.

En cas d'insuffisance des ressources spéciales de l'assistance et des ressources ordinaires de leur budget, les
communes seront tenues de s'imposer jusqu'à concurrence de 2 centimes additionnels aux quatre contributions directes; en cas d'insuffisance des ressources communales et de leurs ressources ordinaires, les Conseils
Généraux devront voter 1 centime départemental addi-
tionnel aux quatre contributions. Enfin, l'État concourra
à ces dépenses par des subventions allouées aux départements dans la mesure qu'il jugera utile.

Cette proposition, votée en première lecture le 16 janvier 1877, est revenue aux séances de la Chambre des
Députés des 21 et 23 février suivants. Elle a été l'objet
d'une longue discussion, qui ne semble pas lui avoir été
très-favorable, et qui s'est terminée par le renvoi à la
Commission d'un contre-projet présenté au cours de la
séance.

De nombreuses objections peuvent, en effet, être faites
contre le projet de la Commission. La première, et la
plus grave peut-être, c'est qu'il établit à peu près la
charité légale; voie dans laquelle il est bien dangereux
d'entrer et bien difficile de s'arrêter. Ne reconnaît-il pas,
au moins implicitement, le droit à l'assistance? Ne s'ex-
pose-t-il pas à tarir les sources de la charité privée, qui

se fondera sur l'existence d'un service public, d'une assistance officielle pour abandonner les malades; enfin,
n'est-ce pas encourager à l'imprévoyance les assistés eux-
mêmes, qui pourront compter sur un secours qu'ils seront toujours sûrs de recevoir?

Et puis, ce principe de l'obligation qui est, comme on
l'a dit, le fond de la loi, est mauvais en soi. La commune est certes, parmi les personnes morales, l'une des
plus anciennes et l'une des plus respectables, il convient
d'   :e lui laisser sa liberté d'action; pas plus au point
de vue des communes que des indigents eux-mêmes, l'*assistance obligatoire* ne peut être un bien. On a dit qu'elle
existait pour les aliénés et les enfants assistés, et que
les motifs de l'établir pour les indigents des campagnes
étaient les mêmes. Cela n'est pas exact. Il y a dans ces
deux cas des raisons d'ordre public et aussi des néces-
sités de secours qui n'existent pas dans le troisième. Il
faut engager par tous les moyens les communes rurales
à organiser l'assistance, et surtout à grouper et à développer les efforts et les ressources de la charité privée;
mais il faut leur laisser la liberté; si elles reconnaissent
la *nécessité* d'un impôt, elles n'hésiteront pas à l'établir.

Non-seulement le projet enlève à la commune sa liberté, mais il la sacrifie complètement au Conseil Général; c'est le Conseil Général qui est chargé d'arrêter les
listes d'indigents, d'organiser et de réglementer tout ce
qui sera nécessaire à ce service.

A un autre point de vue non moins important, l'augmentation toujours croissante des centimes départementaux et communaux devient un véritable danger. Depuis
1838 ces centimes ont quadruplé, tandis que ceux de
l'État ont augmenté seulement d'un tiers. De sorte que

si, dans un besoin pressant, l'État voulait accroître ses ressources en ajoutant un centime à ceux qui lui reviennent, il se trouverait arrêté par le nombre excessif des centimes départementaux et communaux, qui ont, pour ainsi dire, épuisé les facultés imposables des contribuables.

C'est pour donner en partie satisfaction à ces critiques, que le contre-projet renvoyé à la Commission propose d'autoriser les communes à s'imposer de 2 centimes pour organiser l'assistance médicale dans les campagnes, en les laissant libres d'établir cet impôt et de réglementer cette assistance comme elles le jugeront convenable.

Mais d'autres objections non moins graves peuvent être adressées à ces projets. D'abord, il est fort à craindre qu'il ne manque à ce service médical qu'une chose : les médecins; il n'y a, en effet, en France que 10,366 docteurs-médecins, c'est-à-dire 1 sur 3,353 habitants, et 4,665 officiers de santé, c'est-à-dire en somme 1 médecin praticien par 2,341 habitants; et encore ces chiffres, surtout celui des officiers de santé, vont toujours en décroissant. Il y a des chefs-lieux de canton sans médecin, et naturellement, comme il arrive toujours, les pays les plus pauvres, c'est-à-dire ceux qui en auraient le plus besoin, sont ceux qui en sont le plus dépourvus. Ainsi, alors que la Seine a 1 docteur-médecin sur 1,115 habitants; l'Hérault, 1 sur 1,611; les Alpes-Maritimes, 1 sur 1,706; les Bouches-du-Rhône, 1 sur 1,988 habitants, il n'y a dans l'Ille-et-Vilaine que 1 médecin sur 7,400 habitants; dans le Finistère, 1 sur 7,557; dans les Côtes-du-Nord, 1 sur 8,720; dans le Morbihan, 1 sur 10,576 habitants! On comprend que dans ces pays il serait bien difficile d'organiser dans les campagnes l'assistance médicale.

Enfin, le Conseil Municipal est-il bien propre à organiser cette assistance et à fixer la liste des indigents? Le fera-t-il d'une manière bien impartiale? Ne vaudrait-il pas mieux faire appel à l'initiative privée, réunir les hommes dévoués qui se consacrent au soin des malheureux? On aura beau faire, la bienfaisance officielle ne vaudra jamais la charité privée, elle manquera toujours de cette spontanéité qui ennoblit et qui féconde. Enfin, la place des ministres du culte, que l'on paraît oublier complètement, n'est-elle pas marquée dans ce conseil, eux qui font de l'assistance de toutes les misères leur mission propre, et, comme on l'a dit, leur spécialité?

Nous ne savons quel sera le sort de ce projet de loi. Malgré ses imperfections, il répond certainement à un besoin. Il est malheureusement incontestable que jusqu'ici les indigents des campagnes ont été à peu près complètement déshérités au point de vue des secours; il est temps de faire cesser cette inégalité douloureuse qui concentre dans les grandes villes tous les efforts de la charité et néglige les campagnes; comme si la misère, parce qu'elle y est moins apparente, y était moins cruelle. C'est là certainement l'une des grandes causes de cette dépopulation des campagnes qui s'accuse chez nous par des chiffres si formidables et si inquiétants. L'ouvrier rural émigre vers la ville, où il est sûr de trouver des secours de toute nature et pour toutes les situations; il déserte son village, où il serait sans doute réduit à mourir seul, dans les angoisses d'un abandon sans secours et sans remèdes. Nous avons été trop souvent témoins nous-même de ces misères affreuses, sous

lesquelles succombent les pauvres et les malades de nos
campagnes, pour ne pas désirer de voir aboutir enfin
cette utile réforme que, depuis l'an II, nos Assemblées
législatives se lèguent l'une à l'autre comme une dette
héréditaire, sans la résoudre jamais.

CHAPITRE XVI.

DE L'ADMINISTRATION DES BIENS DES HOSPICES ET HOPITAUX.

—

SOMMAIRE

I

Quand le malade a franchi les portes de l'hôpital, il reçoit un numéro, est soumis au régime commun et doit suivre toutes les prescriptions du règlement sur le service intérieur.

Après avoir vu les règles générales de l'admission, il faudrait étudier celles de l'administration intérieure; mais nous ne pouvons entrer dans ces détails, qui sont en dehors du plan que nous nous sommes tracé, et varient du reste avec chaque établissement. C'est la Commission administrative qui « arrête, avec l'approbation du préfet, les règlements de service tant intérieur qu'extérieur et de santé[1]. » (Loi du 7 août 1851, art. 8, § 5.)

D'après une instruction ministérielle du 8 février 1823, rectifiée et complétée par une circulaire du 31 janvier 1840, ces règlements doivent porter notamment sur le nombre et l'ordre des séances de la Commission, la nature des maladies et infirmités traitées dans l'établissement; le nombre des lits assignés à chaque infirmité ou maladie, le régime alimentaire et les dispositions disciplinaires de la maison. La Commission est aussi chargée de diriger et de surveiller elle-même l'exécution de ce règlement (art. 7).

C'est elle, encore, qui règle toutes les questions d'approvisionnement et fixe le mode et les conditions des marchés pour fournitures et entretien.

Ces marchés, en général, se font par adjudication au rabais (loi du 16 messidor an VII, art. 8); mais il faut qu'ils ne dépassent pas la durée d'une année; car, dans ce cas, la Commission ne pourrait plus statuer seule. Ils peuvent aussi être faits par voie d'abonnement ou de gré à gré, mode qui doit même être préféré quand il s'agit d'un service où l'économie n'est désirable que si les en-

---

1. La délibération prise sur ce point par la Commission des hospices, approuvée par arrêté préfectoral, ne peut plus être annulée par le ministre de l'intérieur. (Décision du Conseil d'État du 2 mars 1877, relative aux hospices de Lille.)

trepreneurs, prenant à un rabais souvent ruineux, ne trouvent pas à s'indemniser sur la quantité et particulièrement sur la qualité des fournitures; mais, dans ce cas, il faut l'avis du Conseil Municipal et l'approbation préfectorale.

La loi de 1851 a divisé, en effet, les délibérations de la Commission en deux catégories. Celles qui sont valables par elles-mêmes, « elles sont exécutoires trente jours après la notification officielle faite au préfet, si celui-ci ne les a pas annulées, soit d'office pour violation de la loi ou d'un règlement d'administration publique, soit sur la réclamation de toute partie intéressée » (art. 8, § 4).

Sur ce texte, on peut se demander quelles sont les parties intéressées. Ce ne sont pas, croyons-nous, tous les habitants de la commune, comme dans le cas de l'art. 18 de la loi de 1837, quand il s'agit de matières sur lesquelles s'exerce le pouvoir propre des Conseils Municipaux; mais, par exemple, le Conseil Municipal et les donateurs seraient certainement parties intéressées à raison des subventions accordées ou des libéralités faites à l'hospice.

Ajoutons aussi qu'en pratique l'administration annule très-bien une délibération après les trente jours écoulés; pourtant il est certain qu'il y a excès de pouvoir à faire plus tard ce qui doit être fait dans un délai expressément fixé par la loi.

Les délibérations de la deuxième espèce, qui sont assimilées à celles des Conseils Municipaux, ne peuvent être mises à exécution qu'après approbation de l'autorité compétente, et en outre, sur l'avis du Conseil Municipal. Mais l'art. 10 de la loi de 1851 s'exprime en termes

assez vagues qui auraient besoin d'être interprétés. Il
dit, en effet, que les délibérations dont il s'agit suivent,
quant aux autorisations, les mêmes règles que les délibérations des Conseils Municipaux. Le législateur a entendu, sans doute, s'en référer à la loi du 18 juillet
1837 sur les attributions des Conseils Municipaux; depuis cette époque, la loi du 24 juillet 1867 est venue
autoriser ces Conseils à statuer souverainement dans
certains cas limitativement déterminés, mais la loi du
7 août 1851 n'en reste pas moins la règle pour les délibérations des Commissions administratives, qui doivent
toutes, sans exception, être autorisées; l'art. 10 signifiait
seulement qu'elles le seraient par le préfet, ou le ministre, ou par décret, suivant la législation alors en
vigueur. Depuis le décret du 25 mars 1852, c'est toujours le préfet qui doit donner l'autorisation.

Toutes les délibérations de la Commission rentrent
dans ces deux catégories, et il suffira d'indiquer dans
laquelle est comprise chacune des attributions que nous
allons étudier.

Avant tout, la première et la plus importante des fonctions de l'administration, est de s'assurer les ressources
nécessaires à l'entretien des indigents. C'est évidemment
la Commission qui est chargée de ce soin.

Tout d'abord elle peut toujours, en vertu de l'art. 5
de la loi du 7 août 1851, recourir, s'il y a lieu, contre
les membres de la famille du malade, du vieillard ou de
l'incurable, qui, d'après les art. 205 et 206 du Code
Civil, lui doivent fournir des aliments.

Cette faculté ne fut pas toutefois admise sans discussion. Un représentant, M. Delbecque, la critiqua avec
force. « L'administration des hospices, dit-il, se substi-

tue ainsi au droit spécial qu'a le membre d'une famille.
Or, il est de principe que ce droit ne peut être transmis
ni cédé; comment un hospice pourra-t-il s'adresser à la
famille pour lui demander le prix de la pension, ou plutôt le prix du secours que l'on doit donner à un malade
dans un hôpital? Cette disposition viole |les principes du
droit et entraînera dans la pratique des conséquences
regrettables, peut-être de graves scandales[1]. »

On répondit avec raison que cette thèse était insoute-
nable, car l'hospice qui fournit le nécessaire au membre
d'une famille dans le besoin, lorsque cette famille est
tenue de la dette alimentaire, est un gérant d'affaires,
et, à ce titre, a son recours contre le débiteur, conformément au droit commun. La créance est personnelle,
en ce sens qu'elle ne peut être cédée pour l'avenir; mais
lorsque les bénéfices en sont acquis, ils peuvent être
cédés. Il y a une cession tacite de la part de celui qui,
ayant des parents en état de le secourir, vient demander
le secours. La Constitution, disait le rapporteur, déclare
formellement que l'assistance publique ne s'exerce qu'à
défaut de la famille. Par conséquent, il ne faut pas qu'un
homme fasse appel à l'assistance sans y avoir droit et
dérobe ainsi ce qui appartient aux indigents, car c'est
aux indigents qu'il fait tort et non pas à l'hospice, qui
aurait probablement admis un autre malade à sa place.
C'est là que serait le véritable scandale.

Quoi qu'il en soit, ce recours ne peut, on le comprend
aisément, procurer à l'hospice que des ressources bien
minimes; car les familles qui laissent un de leurs membres entrer à l'hôpital ont bien rarement le moyen de

---

1. *Moniteur* du 6 avril 1851, p. 1010.

subvenir à ses besoins. Il est donc indispensable que les Commissions administratives puissent compter sur des revenus plus sérieux, plus considérables et plus assurés.

II

Les revenus des hôpitaux viennent de plusieurs sources et sont composés d'éléments de diverse nature que nous énumérerons au chapitre suivant. Mais au premier rang de ces ressources figurent les rentes provenant des biens mobiliers et immobiliers qui appartiennent aux hospices.

Les hospices et hôpitaux d'une commune, régis par une Commission administrative, forment en effet, nous le savons, une personne morale. Par suite, ils peuvent jouer tous les rôles d'une personne civile, et entre autres, être propriétaires.

Il y a ainsi en France 1,382 Commissions administratives, qui dirigent 11,557 hospices et hôpitaux contenant 141,576 lits, qui reçoivent annuellement 553,060 malades. Ces établissements sont alimentés par des revenus qui ne s'élèvent pas à moins de 61,973,950 fr., et possèdent des propriétés immobilières dont la valeur est estimée à plus de 500 millions[1]. Cet immense capital, qui est du reste fort inégalement réparti, forme proprement la fortune de ceux qui n'en ont pas, et ce qu'on a appelé, d'un mot pittoresque et touchant, le *patrimoine des pauvres.*

Il provient en grande partie des dons et legs faits aux

---

1. *Rapport de l'Inspection générale des établissements de bienfaisance au ministre de l'intérieur,* 1860.

malheureux par des personnes charitables. Avant la Révolution, il était encore beaucoup plus considérable, et certainement trop considérable. La Convention, qui trouvait plus simple de détruire les institutions que de réformer leurs abus, et qui, pour émonder l'arbre, commençait en général par l'arracher, avait confisqué les biens des établissements charitables et les avait réunis de sa pleine autorité au domaine de l'État.

La loi du 23 messidor an II ordonna la vente de tous ces biens. Mais si la Convention n'avait pas senti l'injustice de cette mesure, elle dut bientôt en comprendre les inconvénients pratiques, et dès le 9 fructidor an III elle fit surseoir à la vente de ces propriétés. La loi du 16 vendémiaire an V rendit bientôt aux établissements hospitaliers à la fois leur individualité et leurs biens. L'art. 5 de cette loi porte : « Les hospices civils sont conservés dans la jouissance de leurs biens et des rentes et redevances qui leur sont dues par le Trésor public ou par des particuliers. » Cette restitution, il faut le reconnaître, fut entendue par l'État dans le sens le plus large : tous les biens qui, par leur destination, pouvaient être regardés comme faisant partie du domaine des pauvres, furent rendus « à toutes les fondations de services de bienfaisance et de charité. » (Arrêté du 28 prairial an IX.)

Nous avons dit *restitution;* c'en était une, en effet, au sens légal du mot; d'où il suit que l'État se trouvait déchargé des dettes afférentes aux biens des hospices, et que ceux-ci redevenaient obligés. Toutefois, par une concession équitable, les débiteurs des établissements charitables qui s'étaient acquittés entre les mains de l'État pendant la main-mise nationale furent considérés comme valablement libérés.

20

Quant aux biens des hôpitaux qui avaient été vendus et dont évidemment l'aliénation était valable, la loi de vendémiaire ordonnait « qu'ils leur seraient remplacés en biens nationaux du même produit. » Cet échange devait être fait dans un délai de deux mois. Lorsque, quinze ans après, la loi du 5 décembre 1814 vint ordonner la restitution aux émigrés de tous leurs biens non vendus, elle fit au profit des hospices une exception d'après laquelle ces établissements devaient conserver tous les biens qui leur avaient été affectés par l'État définitivement et même provisoirement. (Ord. du 11 juin 1816.)

L'État, nous venons de le dire, avait rétabli les hospices dans la jouissance des rentes et redevances qui leur étaient dues par le Trésor public ou par les particuliers; il poussa même la générosité plus loin : il leur fit cadeau « de toutes rentes appartenant à la République dont la reconnaissance et le paiement se trouveraient interrompus, et de tous domaines nationaux qui auraient été usurpés par des particuliers. » Des biens et rentes sans nombre, qui se trouvaient soumis à la main-mise nationale ou à la confiscation par suite des lois révolutionnaires, avaient échappé aux recherches de la régie. Ce sont ces biens et ces rentes, connus dans le langage administratif sous le nom de *biens célés*, qui furent affectés aux besoins des hospices les plus voisins par la loi du 4 ventôse an IX. Pour cela, il suffisait qu'ils fussent découverts par des agents des hospices et réclamés auprès des commissaires du gouvernement près les tribunaux. Ces réclamations, on le comprend, firent naître une foule de contestations entre les hospices et l'administration des domaines, entre les hospices et les fabriques, entre les hospices et les particuliers; les premières furent portées devant les Conseils de préfecture, et les dernières devant les tribunaux civils. Nous n'entrerons pas, du reste, dans le détail de ces discussions, dont l'aridité n'aurait aujourd'hui d'égale que leur inutilité. Disons seulement qu'un arrêté du 7 messidor an IX décida à ce propos, posant ainsi les bases d'un principe qui a survécu, que les actions judiciaires des hôpitaux seraient préalablement soumises à l'examen d'un Comité consultatif composé de trois membres choisis parmi les jurisconsultes les plus éclairés.

Grâce à ces lois réparatrices le domaine des pauvres se trouva reconstitué, et il formait déjà au commencement du siècle un capital assez considérable. Depuis ce moment, ce fonds a continué et continue encore tous les jours de s'accroître par suite de libéralités incessantes dont nous aurons tout-à-l'heure à examiner les formes spéciales.

III

Mais il faut auparavant, supposant la propriété d'un hospice constituée, nous demander comment sont administrés et gérés ces biens.

C'est la Commission hospitalière qui règle le mode d'administration des biens et revenus des établissements charitables. (Loi du 7 août 1851, art. 8, § 1.)

Les immeubles, d'abord, doivent être affermés par elle. Pourrait-elle en diriger elle-même l'exploitation? « Les Commissions, dit M. Batbie, ont une tendance marquée à conserver la régie directe des biens, surtout lorsque les terres ne sont pas éloignées de la maison hospita-

lière. Cette tendance s'explique parce que les hospices
ont besoin de denrées en grande quantité, et qu'il paraît
au premier abord plus simple de garder les récoltes que
d'acheter des denrées, après avoir vendu celles que les
biens de l'hospice peuvent produire. Malgré cette raison,
nous pensons que, même pour les hôpitaux, le système
du bail est préférable. La régie directe pour les biens
appartenant à des établissements publics est ordinairement languissante, et il s'en faut de beaucoup que les
biens produisent entre les mains des membres des Commissions administratives ce que leur ferait rapporter l'intérêt privé du fermier[1]. »

D'ailleurs, quoique la loi de 1851 n'ait pas limité sur
ce point le pouvoir des Commissions, un avis antérieur
du Conseil d'État du 7 octobre 1809 avait réservé au
ministre le droit d'autoriser les Commissions à exploiter
elles-mêmes leurs biens, et l'ordonnance du 31 octobre
1821 ne fit que transporter aux préfets le pouvoir d'accorder cette autorisation, qui était et est encore dans
tous les cas nécessaire.

La mise en ferme doit donc être la règle générale, et
la régie directe l'exception, sauf pour les jardins et terrains contigus à l'hôpital, qui fournissent aux malades
les légumes, grains, laitages et autres menus approvi-
sionnements.

La Commission règle souverainement (sauf annula-
tion par le préfet) les conditions des baux et fermes,
lorsque leur durée n'excède pas dix-huit ans pour les
biens ruraux et neuf ans pour les autres. En cas de plus
longue durée, la délibération de la Commission rentre

---

1. A. Batbie, *Droit public et administratif*, tome V, § 13, n° 244.

dans la deuxième catégorie; elle doit être soumise à l'approbation du préfet, qui statue après les avis du Conseil Municipal et du sous-préfet et une enquête *de commodo et incommodo* destinée à faire connaître l'utilité et le préjudice qui peuvent résulter de l'opération. (Arrêté du 7 germinal an IX.)

Dans les deux cas, certaines règles générales tracées par le décret du 12 août 1807, confirmées et développées par la loi du 25 mai 1835, doivent être observées.

D'abord, le bail doit être fait *aux enchères*. Pour cela, après que le cahier des charges a été dressé par la Commission, des affiches doivent être posées et insérées au journal de l'arrondissement, prévenant le public du jour et du lieu de l'adjudication. Cette forme, qui était déjà prescrite par la Déclaration du 12 décembre 1698, est destinée à remplacer l'intérêt personnel du propriétaire qui n'existe pas. On s'accorde à reconnaître que l'un des membres de la Commission ne pourrait pas être admis à enchérir; cette prohibition existe, en effet, pour le tuteur qui est dans une situation analogue.

Ensuite, le bail doit être passé *par devant notaire*. Ces deux formalités ne sont pas également essentielles : la première est considérée comme irritante, et son absence entraînerait la nullité du contrat; la seconde, au contraire, n'a d'influence que sur le mode de constatation. Si l'acte était dressé non par un notaire, mais par un des administrateurs par exemple, le bail serait valable, mais l'acte ne serait pas authentique; par suite, il ne ferait pas foi jusqu'à inscription de faux, ne formerait point un titre exécutoire et ne pourrait pas valablement contenir une stipulation d'hypothèque. (Code Civil, art. 2127.)

Pourtant, d'après le décret du 12 août 1807, art. 1, le preneur doit consentir une hypothèque stipulée sur *tous* ces biens.

Les demandes en résiliation de bail ou en modération de prix ne peuvent être consenties que par une délibération de la Commission. Pour les baux ruraux de plus de dix-huit ans et les baux urbains de plus de neuf ans, mais seulement pour ceux-là, croyons-nous, cette délibération doit être approuvée par le préfet.

Un arrêté du 14 ventôse an XI avait demandé, il est vrai, pour tous les cas, l'autorisation préfectorale; mais cet arrêté avait pour but de diminuer le nombre des demandes en résiliation et surtout en modération de prix; ces demandes, en effet, se multipliaient de plus en plus et venaient souvent de gens qui admettaient difficilement qu'on pût ne pas s'enrichir et surtout qu'on pût s'appauvrir en gérant les biens des hôpitaux.

L'art. 8 de la loi de 1851, qui confère à la Commission le droit de régler les conditions des baux et fermes, lui donne par là même, semble-t-il, le droit de modifier ces conditions; il serait assez illogique de dire que la Commission ne peut défaire qu'avec l'approbation du préfet ce qu'elle a pu faire seule. L'arrêté du 7 germinal an IX et celui du 14 ventôse an XI, qui le rappelle et le confirme, sont abrogés sur ce point, croyons-nous, par l'art. 19 de la loi nouvelle.

Toutefois il y a certains biens appartenant aux hospices que la Commission ne peut pas administrer : ce sont les bois et forêts.

En effet, d'après l'art. 90 du Code forestier, sont soumis au régime forestier les bois taillis ou futaies appartenant aux établissements publics qui auront été reconnus susceptibles d'aménagement ou d'une exploitation régulière par l'autorité administrative, sur la proposition de l'administration forestière et d'après l'avis des administrateurs des établissements publics. Ainsi, ces bois sont régis et exploités par l'administration des forêts d'après les règles fixées aux art. 90 à 112 du Code forestier, mais tous les produits en sont remis à la Commission hospitalière, qui peut en disposer comme elle le veut.

C'est le receveur qui doit faire toutes les diligences nécessaires pour assurer la rentrée des revenus ; en cas de non paiement au terme fixé, il doit poursuivre les preneurs par la voie d'exécution ordinaire : commandement, saisie et vente. C'est lui aussi qui doit veiller au paiement de tous les arrérages de rentes dus à l'hospice, soit par l'État, soit par les particuliers. Il doit encore veiller à la conservation de tous les priviléges et hypothèques appartenant aux hôpitaux, et requérir les inscriptions nécessaires à cet effet au bureau des hypothèques.

D'après un décret du 11 thermidor an XII, réglant un point spécial et qui, par suite, n'a pas été abrogé par la loi de 1851, les radiations d'hypothèques appartenant aux hospices ne peuvent être opérées qu'après une autorisation spéciale du Conseil de préfecture rendue sur la proposition de la Commission administrative, et après avis du Comité consultatif.

IV

Les établissements charitables étant propriétaires, ont, comme tout le monde, des impôts à payer; ils acquittent la contribution foncière assise sur leurs propriétés; mais les bâtiments employés au service des hospices ne sont pas soumis à la contribution des portes et fenêtres. (Loi du 4 frimaire an VII, art. 5, § 2.) De plus, ils sont assujettis à la taxe des biens de mainmorte établie par la loi du 20 février 1849. Cet impôt, destiné à remplacer le droit de mutation, que ne paient jamais les personnes morales, puisqu'elles ne meurent pas et ne vendent que très-rarement, a été fixé à 62 cent. 1/2 pour franc du principal de la contribution foncière; la loi du 30 mars 1872 (art. 5) l'a porté à 70 cent. et soumis aux décimes auxquels sont assujettis les droits d'enregistrement.

Mais ces charges annuelles et fixes ne sont pas les seules qu'entraîne la propriété immobilière; il en est d'autres plus aléatoires, mais aussi plus lourdes, qui reviennent inévitablement de temps à autre. Tels sont, par exemple, les travaux de réparation et de construction, et les procès.

La Commission administrative doit faire faire tous les travaux nécessaires; quand ils n'excèdent pas 3,000 fr.; elle les ordonne librement; au-dessus de cette somme ils doivent être approuvés par le préfet, sur l'avis du Conseil Municipal. La Commission peut même, dans le premier cas, traiter de gré à gré avec les entrepreneurs, quoique l'adjudication publique soit préférable; elle est, d'ailleurs, indispensable pour les marchés de travaux dépassant 3,000 fr., et, comme les autres adjudications, elle doit être approuvée par le préfet. La réception des travaux est faite aussi par la Commission administrative.

A la suite de ces travaux, par exemple, ou par suite de toute autre cause relative aux immeubles ou aux créances, peuvent naître des contestations entraînant des actions judiciaires. D'après l'art. 9, § 5, de la loi de 1851, la Commission délibère sur les actions judiciaires et les transactions; cette délibération doit être soumise à l'avis du Conseil Municipal et suivre, quant aux autorisations, les mêmes règles que les délibérations de ce Conseil. La loi du 18 juillet 1837, sur les attributions des Conseils Municipaux, confirme en effet le premier point, relatif à l'avis du Conseil Municipal (art. 21-5°); quant au second, elle porte, à l'art. 49, que les communes, pour plaider valablement, soit en demandant, soit en défendant, doivent obtenir l'autorisation du conseil de préfecture. Les hospices doivent donc aussi obtenir cette autorisation et suivre en principe, pour leurs procès, les mêmes règles que les communes. Il y a toutefois quelques différences.

Ainsi, les affaires intéressant les hospices doivent d'abord être soumises à l'examen du Comité consultatif des établissements hospitaliers; ce Comité est composé, suivant l'arrêté du 7 messidor an IX, de trois membres choisis par le sous-préfet parmi les jurisconsultes les plus éclairés de l'arrondissement; il donne par écrit son avis, qui est transmis au conseil de préfecture.

Ensuite les demandeurs ne sont pas obligés, comme pour les communes, de remettre un Mémoire au préfet; Enfin, les contribuables inscrits au rôle d'une commune ne peuvent pas exercer à leurs risques et à leurs frais, à défaut et sur le refus des établissements de bienfaisance, les actions concernant ces établissements, dans le cas même où elles intéresseraient les pauvres de la commune. L'art. 49, § 3, de la loi de 1837, qui édicte cette particularité, n'est pas applicable aux hospices et hôpitaux ; c'est ce qui résulte explicitement d'un arrêt du Conseil d'État du 30 août 1847.

Le défaut d'autorisation entraînerait la nullité de la procédure entamée par l'hospice ; si, du reste, le conseil de préfecture refusait de l'accorder, l'hospice pourrait se pourvoir devant le Conseil d'État.

Elle est nécessaire non-seulement pour les actions judiciaires proprement dites, mais aussi pour l'acquiescement, le désistement et la transaction. Cette dernière opération doit même, pour être définitive et irrévocable, en plus des formalités ordinaires, être approuvée par le préfet. (Arrêté du 7 messidor an IX ; décret du 25 mars 1852, art. 1, tabl. A, n° 50.)

La juridiction compétente pour statuer sur les litiges intéressant les établissements de bienfaisance est tantôt le conseil de préfecture et tantôt le tribunal civil. Le principe de démarcation est que l'autorité administrative est compétente toutes les fois qu'il s'agit d'interpréter un acte émané d'elle, un acte administratif ; dans ce cas, l'autorisation du conseil de préfecture n'est évidemment pas nécessaire, mais l'avis du Comité consultatif doit toujours être demandé.

Au contraire, les tribunaux civils doivent statuer sur toutes les questions de propriété, de contrats et de comptabilité qui ne prennent pas leur origine ni leur solution dans les actes administratifs, et qui ne peuvent être résolues que par les règles et les moyens du droit civil.

V

Il nous reste maintenant à étudier deux actes plus importants, qui n'ont pas pour but l'entretien ordinaire des biens, mais qui modifient la composition même du patrimoine des pauvres : ce sont l'aliénation et l'acquisition.

Au premier abord, il semble qu'un établissement de bienfaisance peut avoir bien rarement l'occasion d'aliéner ses propriétés, et qu'il ne doit s'y résoudre qu'à la dernière extrémité. S'il peut, en effet, avoir besoin, à un moment donné, d'une somme importante pour la construction d'un bâtiment ou toute autre cause, il a la ressource des emprunts, qui sont autorisés par un arrêté du préfet sur l'avis conforme du Conseil Municipal, lorsque la somme à emprunter ne dépasse pas le chiffre des revenus ordinaires de l'établissement, et que le remboursement doit être effectué dans un délai de douze années. Ce sont les termes mêmes de l'art. 12 de la loi du 24 juillet 1867, qui assimile les délibérations des Commissions administratives à celles des Conseils Municipaux. — Si la somme à emprunter dépasse ce chiffre, ou si le délai de remboursement est supérieur à douze années, l'emprunt ne peut être autorisé que par décret. Ce décret doit être rendu en forme de règlement d'administration publique, si l'avis du Conseil Municipal est contraire ou s'il s'agit d'un établissement ayant plus de 100,000 fr. de revenus. — L'emprunt ne peut être autorisé que par une loi, lorsque la somme à emprunter dépasse 500,000 fr., ou lorsque cette somme, réunie au chiffre d'autres emprunts non encore remboursés, dépasse 500,000 fr.

Autrefois la vente des biens des hospices avait été entourée de restrictions extrêmes qui allaient jusqu'à demander l'autorisation par Lettres patentes enregistrées au Parlement (édit de 1606, art. 155); aussi les propriétés des établissements de bienfaisance étaient-elles considérées comme inaliénables.

Mais aujourd'hui l'aliénation n'est pas entourée de précautions aussi inabordables, elle est même devenue relativement assez fréquente, grâce à une cause qui se comprend facilement.

La propriété mobilière, qui était autrefois à peine connue, a pris de nos jours une telle extension, et pour certaines valeurs au moins, acquis une telle solidité, qu'elle a pu être presque assimilée à la propriété immobilière. De plus, elle a sur celle-ci l'avantage d'être beaucoup plus profitable et beaucoup plus facile à manier.

Aussi l'État s'est-il montré très-favorable à un mode de placement qui n'est pas sans donner satisfaction à ses propres intérêts. Un avis du Conseil d'État du 21 décembre 1808 a déclaré que l'emploi des capitaux des établissements charitables en rentes sur l'État n'avait pas besoin d'être autorisé et l'était de plein droit; l'ordonnance du 31 octobre 1821 et le décret du 25 mars 1852 l'ont seulement soumis à l'autorisation préfectorale. Une circulaire du 15 mai 1858 est allée même beaucoup plus loin. Le ministre de l'intérieur, M. Espinasse, engageait vivement les Commissions administratives à vendre leurs immeubles, qui ne leur rapportaient que 2 1/2 %, pour acheter des rentes sur l'État qui dou-

bleraient leurs revenus; il cherchait à réfuter les objections possibles, et notamment celle qui consiste à dire que
la dépréciation forcée des rentes, due aux modifications
subies par l'argent et à la toute-puissance de l'emprunteur, lequel, dans la prospérité réduit l'intérêt, et, dans
la détresse, le capital, tend à anéantir les fondations que
l'élévation progressive des propriétés foncières augmente
tous les jours. Il invitait les préfets à user de toute leur
influence et *au besoin de leur autorité* pour obtenir ce
résultat; il ajoutait que l'État refuserait ses subventions
aux établissements qui, ayant beaucoup d'immeubles, ne
voudraient pas les convertir en rentes; enfin, il employait
tous les moyens pour forcer la main, si l'on peut parler
ainsi, aux Commissions administratives.

Cette circulaire produisit un juste émoi parmi les
administrations hospitalières, et trois mois après (14 août
1858) elle était suivie d'une autre circulaire, signée par
M. Delangle, alors ministre de l'intérieur, qui cherchait
à calmer l'émotion produite par celle du 15 mai précédent. On y disait que le gouvernement n'avait jamais eu
l'intention de faire vendre en masse les propriétés immobilières des hospices, mais seulement celles qui, souvent
mal gérées, mal cultivées, ne rapportaient qu'un revenu
dérisoire, quelquefois pas plus de 1 ou 1/2 %.

Les Commissions se montrèrent, croyons-nous, assez
récalcitrantes, et malgré les avantages incontestables que
présentent sous certains rapports les revenus mobiliers,
en fait, les aliénations furent assez peu nombreuses.

Aujourd'hui, d'après l'art. 9, § 6, de la loi de 1851,
la Commission délibère sur les placements de fonds, qui
sont soumis à l'avis du Conseil Municipal et à l'autorisation préfectorale. Il en est de même pour les aliéna-

tions d'immeubles; mais, de plus, par une disposition
spéciale et fort sage de cette loi, l'aliénation des biens
immeubles, formant la dotation des hospices et hôpitaux,
ne peut avoir lieu que sur l'*avis conforme* du Conseil
Municipal. Toute vente d'immeubles appartenant aux
hospices doit être faite par adjudication publique (circulaire du 23 août 1821), et il est de beaucoup préférable, quoique cela ne soit pas prescrit expressément,
d'employer le ministère d'un notaire. Conformément
aux art. 1596 du Code Civil et 175 du Code Pénal, il
est interdit aux administrateurs de se rendre adjudica-
taires.

Si l'aliénation peut avoir de graves inconvénients, il
n'en est pas de même, semble-t-il, de l'acquisition, qui
ne peut qu'augmenter le patrimoine des pauvres, et par
suite leur être avantageuse. Pourtant, quoique les établissements de bienfaisance aient une existence légale,
ils ne peuvent, en principe, acquérir à titre onéreux sans
y être autorisés. On donne ordinairement comme raison
de cette autorisation la crainte de voir s'accumuler les
biens de mainmorte, qui sont enlevés à la circulation,
et, par suite, au paiement des droits de mutation.

Jusqu'à la loi de 1851, il fallait même une autorisation du chef de l'État; depuis, la décision de la Commission touchant l'acquisition est de celles qui rentrent
dans la deuxième catégorie, et sont soumises par conséquent à l'avis du Conseil Municipal et aux mêmes autorisations que les délibérations de ce Conseil. Or, d'après
la loi du 18 juillet 1837 (art. 46), combinée avec le
décret du 25 mars 1852 (art. 1, tab. A, n°ˢ 41 et 55),
le préfet doit approuver par un arrêté rendu en conseil
de préfecture toutes les demandes d'acquisitions de biens·

fonds faites par les administrations hospitalières, quel
que soit le chiffre du budget de l'établissement et celui
de l'acquisition projetée.

Depuis, la loi du 24 juillet 1867 a donné, il est vrai,
aux Conseils Municipaux le droit de décider définitivement les acquisitions d'immeubles dans certains cas;
mais, d'après l'opinion que nous avons adoptée et expli-
quée plus haut, les délibérations des Commissions administratives restent soumises à l'autorisation préfectorale,
qui est donnée sur le vu de la délibération de la Commission, d'un procès-verbal d'estimation des biens à acquérir, d'une soumission du propriétaire s'engageant à
vendre à un prix déterminé, et enfin d'une délibération
du Conseil Municipal. (Circ. du 8 février 1823.)

Pour les échanges, les formalités sont les mêmes, sauf
que l'expertise est contradictoire. Quant aux achats d'objets mobiliers, la Commission a un pouvoir illimité.

Mais il y a une autre branche d'acquisitions beaucoup
plus importante et qui demande un examen plus détaillé : ce sont les acquisitions à titre gratuit.

VI

Les donations faites aux malades et aux pauvres ont
été de tout temps fort nombreuses en France. C'est
l'honneur de notre pays d'avoir toujours su se maintenir au premier rang dans la grande lutte de la charité contre la misère. Outre les œuvres particulières
entretenues par la charité privée seule, qui sont au
nombre de plus de trois mille et secourent plus de
700,000 pauvres, il n'y a pas d'année où les hôpitaux

et hospices ne reçoivent des particuliers, en dons et legs, des sommes considérables [1].

Les legs surtout sont très-fréquents et sont soumis à une réglementation qu'il nous faut maintenant étudier.

Avant 1789, les hôpitaux pouvaient recevoir librement, et n'avaient besoin pour cela d'aucune autorisation; c'est ce que dit positivement la Déclaration royale du 20 juillet 1762.

L'art. 910 du Code Civil décida, au contraire, que les dispositions entre-vifs ou par testament, au profit des hospices, des pauvres d'une commune, ou d'établissements d'utilité publique, n'auraient d'effet qu'autant qu'elles auraient été autorisées par le gouvernement.

On dit qu'il était à craindre que ces libéralités ne prissent une extension exagérée, et qu'il était bon de protéger ces établissements eux-mêmes, qui sont sous la tutelle administrative, contre les erreurs ou les faiblesses de leurs agents supérieurs.

Un arrêté du 4 pluviôse an XII avait permis aux établissements charitables d'accepter seulement les dons et legs dont le capital était inférieur à 300 fr., sur une simple autorisation du sous-préfet; l'ordonnance du 10 mai 1814 confirma ces dispositions, en exigeant au contraire pour les autres libéralités l'approbation du ministre des cultes.

Puis sont venues les lois du 18 juillet 1837 et du 7 août 1851, qui régissent encore la matière.

Quand une donation entre-vifs a été faite, ou un legs laissé par testament à un hospice ou hôpital légalement reconnu, la première chose à faire est de soumettre la

---

1. Les dons et legs ont atteint, en 1871, 2,409,411 fr.

libéralité à la Commission hospitalière. Nous disons
« légalement reconnu, » car il faut nécessairement que
la déclaration d'utilité publique précède la donation ou
le décès du testateur; une reconnaissance ultérieure serait inutile. En effet, pour être capable de recevoir entre-
vifs ou par testament, il faut exister au moment de la
donation ou de la mort (C. C., art. 906). Or, un établissement non reconnu, quelque important qu'il soit,
lors même qu'il serait autorisé par l'administration comme
formant une association de plus de vingt personnes, n'a
pas d'existence juridique, de personnalité civile, et par
suite est inhabile à recevoir.

D'après une ordonnance du 2 avril 1817, tout déposi-
taire d'un testament, notamment les notaires, doivent
donner avis aux hospices des legs faits en leur faveur
(art. 5).

La Commission prend alors une délibération dans laquelle elle examine avec soin les avantages et les charges
qui peuvent résulter de la libéralité, elle discute les réclamations probables des héritiers, leur degré de parenté,
leur position de fortune et l'importance du legs relativement à l'ensemble de l'héritage. Enfin, elle formule sa
décision, qui est presque toujours une acceptation. Cette
décision est soumise à l'avis du Conseil Municipal de la
commune de l'hospice, qui se prononce pour ou contre,
et proposée à l'autorisation administrative. (Loi du 7 août
1851, art. 9 et 10.)

Mais ici il faut distinguer plusieurs hypothèses. Si les
dons et legs ne donnent lieu à aucune réclamation de la
part des familles; si, d'un autre côté, ils sont faits sans
charges, conditions ni affectation immobilière, la Commission hospitalière délibère sur leur acceptation ou leur

21

refus, et sa délibération est seulement soumise à l'avis du Conseil Municipal et à l'approbation du préfet.

Dans le cas contraire, l'autorisation doit être donnée par un décret du chef de l'État; et même, si la libéralité excède 50,000 fr., le décret doit être rendu en assemblée générale du Conseil d'État. (Décret du 21 août 1872, art. 5, § 5.) Dans les affaires mixtes ou connexes, c'est-à-dire celles dans lesquelles une libéralité est faite à la fois à un hospice ou hôpital et à un établissement religieux, pour lesquels l'autorisation du Pouvoir est toujours nécessaire, la libéralité doit être autorisée par décret, alors même qu'il n'y a ni réclamations, ni charges. Un avis du Conseil d'État du 16 février 1869 le décide formellement, et maintient ainsi la jurisprudence établie par un avis précédent du 25 décembre 1855, en spécifiant que la doctrine contraire émise en faveur des communes, au moins dans les affaires *mixtes*, par un avis du 10 mars 1868, est exclusivement applicable aux communes, et ne doit pas être admise pour les libéralités faites aux hospices ou hôpitaux et aux Bureaux de bienfaisance.

La loi du 18 juillet 1837 (art. 48) avait donné aux maires le droit d'accepter provisoirement les dons et legs faits aux communes; la loi du 7 août 1851, art. 11, a accordé le même droit aux présidents des Commissions hospitalières; ceux-ci peuvent donc accepter provisoirement, après délibération de la Commission, les libéralités faites aux établissements charitables. « Cette acceptation, qui est une mesure purement conservatoire, a pour but exclusif de prévenir soit le retrait des offres de donation entre-vifs, soit la caducité dont elles seraient frappées par la mort de leurs auteurs avant l'acte d'autorisation, et de permettre aux communes de veiller à la conservation des biens qui sont l'objet de libéralités, ou de profiter le plus tôt possible des fruits et intérêts des legs à titre universel et à titre particulier qui leur sont faits[1]. » En effet, d'après les termes mêmes de l'article 11, le décret du pouvoir exécutif ou l'arrêté du préfet qui interviendra aura effet du jour de l'acceptation provisoire.

Le principe sur lequel est fondée la nécessité de l'autorisation gouvernementale est l'intérêt de l'État, qui doit veiller à l'accroissement des biens de mainmorte; l'intérêt privé des familles dépouillées par ces dons et legs; enfin, l'intérêt des établissements charitables eux-mêmes, sur lesquels l'État exerce un droit de surveillance et de haute tutelle.

C'est sur ce principe qu'il faut s'appuyer pour résoudre les difficultés qui peuvent naître de l'interprétation pratique de la règle.

Ainsi d'abord, il est admis que l'autorité administrative peut non-seulement autoriser ou refuser d'autoriser pour le tout, mais encore qu'elle peut autoriser pour partie seulement, et par suite réduire la libéralité. Toute clause contraire serait réputée non écrite comme violant les principes d'ordre public. Toutefois, un testateur pourrait déclarer que le legs sera sans effet pour le tout si, par une cause quelconque, l'établissement charitable n'est autorisé à en accepter qu'une partie, et que dans ce cas le legs sera dévolu à un tiers. Cette opinion, qui est vivement combattue, est celle de la Cour de Cassa-

1. Th. Ducrocq, *Cours de Droit administratif*, tome II, n° 1413 (5ᵉ édition, 1877).

tion et nous paraît seule conforme au respect qui est dû aux volontés du testateur[1].

Le Conseil d'État décide aussi que les transactions qui pourraient intervenir entre les familles et les établis-sements légataires ou donataires et les engagements par lesquels ceux-ci s'obligeraient à servir une rente viagère ou à donner un secours aux héritiers peu fortunés du disposant, doivent être insérés dans les décrets du gou-vernement et approuvés formellement par lui[2]. (Avis du 24 avril 1873.)

Deux corollaires résultent du principe que nous avons posé, considéré au point de vue de l'intérêt des établis-sements charitables eux-mêmes et de la tutelle que l'État doit exercer sur eux.

Le premier consiste en ce que les décrets ou arrêtés qui autorisent l'acceptation d'une donation ou d'un legs ne peuvent être déférés au Conseil d'État par la voie contentieuse. Ce sont, en effet, seulement des actes de tutelle administrative. (Ord. C. d'État du 12 février 1823, 6 mai 1836.)

Le second est que l'autorité administrative peut auto-riser un hospice à accepter une libéralité, contrairement à l'avis du Conseil Municipal ou du conseil d'adminis-tration. L'intérêt des établissements de bienfaisance peut, en effet, être mal compris par leurs administrateurs, que le Conseil d'État doit avoir le droit de redresser. (Arrêt du Conseil d'État du 14 avril 1864.)

Deux autres conséquences découlent encore de ce prin-

1. Cass., Ch. civ., 21 mars 1863; Ch. req., 13 juillet 1863; Amiens, 24 juillet 1863; Grenoble, 5 juillet 1869. — D. P., 63, 1, 113; 69, 1, 124, 63; 2, 158; 73, 2, 226.

2. Bulletin officiel du ministère de l'intérieur, 1873.

cipe, et spécialement de l'intérêt des familles, qui ne
doivent pas être spoliées. La première est écrite dans
l'ordonnance du 10 juin 1814, dont l'application a été
rappelée dans la circulaire du 3 août 1867 sur l'interprétation de la loi du 24 juillet précédent. Cette ordonnance veut que le testament soit porté à la connaissance
des héritiers, ou au moins rendu public, si les héritiers
ne sont pas connus; l'acceptation ne peut avoir lieu sans
qu'ils aient été mis en demeure de déclarer s'ils adhèrent
ou s'opposent à l'acceptation de la libéralité.

La seconde, qui n'est inscrite dans aucun texte spécial, mais qui n'est pas moins rationnelle, consiste en ce
que, si l'établissement gratifié refusait de délibérer et de
saisir l'autorité administrative qui doit autoriser la donation, les tiers, et notamment la famille du disposant,
pourraient saisir le Conseil d'État. Celui-ci, après avoir
mis l'établissement en demeure de se prononcer dans un
délai déterminé, aurait le droit de statuer d'office et
d'accorder ou de refuser l'autorisation. Il importe, en
effet, à l'intérêt des familles, que l'autorisation a justement pour but de sauvegarder, que la question soit tran-
chée promptement; et il serait évidemment contraire à la
plus simple équité de permettre à un établissement d'attendre la trentième année, pour saisir le Conseil d'État
d'une question qui peut être l'objet d'un sérieux débat
de la part des héritiers, et avoir besoin d'éclaircissements
ou de moyens de preuve que le temps aurait pu faire
disparaître.

L'autorisation, une fois obtenue, rétroagit au jour de
l'acceptation provisoire, qui se trouvait ainsi soumise à
une sorte de condition suspensive. Toutefois, on admet
en général que la demande en délivrance qui doit être

formée par les hospices, aux termes de l'art. 1014 C. C.,
peut l'être après l'acceptation provisoire et avant l'arrêté
ou le décret d'autorisation.

Ainsi encore, si le legs est universel, la saisine légale,
qui, d'après l'art. 1006, appartient au légataire universel, se trouve suspendue et mise en question ; mais l'acte
d'autorisation a un effet rétroactif qui reporte la saisine
légale au jour du décès du testateur, et, par suite, donnerait à l'établissement gratifié droit aux fruits depuis le
décès, en l'absence d'héritiers à réserve. C'est ce qu'a
décidé la Cour de Cassation, même dans le cas où l'hospice n'aurait pas accepté provisoirement [1].

Mais le droit proportionnel de mutation ne peut être
exigé qu'après l'autorisation, parce que la transmission
est soumise jusque-là à une condition qui ne se réalise
qu'à ce moment.

Et, à ce propos, on a souvent réclamé contre le taux de
ce droit de mutation. Il a été fixé par la loi du 21 avril
1832 à 9 %, comme pour les donations entre particuliers, ce qui, les décimes compris, le fait monter à
11,25 %.

Cet énorme prélèvement a lieu quelle que soit la nature de l'objet donné ou légué, même pour les donations
de rentes sur l'État. L'art. 10 de la loi du 15 mai 1850
a, en effet, assimilé à cet égard les donations de meubles
et d'immeubles.

Il semble qu'il y aurait quelque chose de juste et de
moral à la fois dans une disposition législative qui ferait
passer de la catégorie des étrangers dans celle des en-

---

1. Arrêts Cass., Ch. req., 4 décembre 1866 ; Ch. civ., 7 juillet 1808 ; Bordeaux, 20 février 1805. — D. P., 67, 1, 107 ; 08, 1, 110 ; 05, 2, 150.

fants les pauvres, ces membres souffrants de la grande famille[1]. A cela il n'y a rien à répondre, sinon l'éternelle objection contre les demandes de réductions de crédits : à savoir qu'il n'y a pas de bon impôt, et qu'il est impossible de diminuer les ressources du budget.

Mais, il faut bien le remarquer, l'autorisation accordée ne change en rien la nature ni les conditions juridiques du legs, de sorte que les tiers intéressés peuvent parfaitement, par exemple, se pourvoir devant les tribunaux civils contre les dispositions par lesquelles ils se croiraient lésés.

Et même l'autorisation du legs pour une partie, et le refus pour une autre partie, ne changeraient pas sa nature; ainsi, un legs universel réduit par le Conseil d'État conserverait, malgré cela, sa qualité de legs universel, et en produirait pour l'établissement légataire tous les effets, à partir du jour de l'ouverture de la succession[2].

Ajoutons enfin, pour terminer sur ce point, que les libéralités qui se produisent sous la forme de fondations de lits dans les hôpitaux et hospices sont soumises, d'après un arrêté du 16 fructidor an XI, aux mêmes autorisations que les dons et legs.

1. *Annales de la Charité, Journal de la Société d'Économie charitable,* numéro du 31 janvier 1852.

2. Bordeaux, 20 février 1865. — D. P., 65, 2, 150.

CHAPITRE XVII.

DU BUDGET ET DE LA COMPTABILITÉ DES ÉTABLISSEMENTS DE BIENFAISANCE.

SOMMAIRE

I. Du budget des hospices et hôpitaux. — Des recettes ordinaires et extraordinaires.

II. Des dépenses ordinaires et extraordinaires.

III. De la comptabilité. — De l'ordonnateur et du payeur.

I

En principe, la comptabilité des établissements de bienfaisance est soumise aux mêmes règles que celle des communes. Cette idée, qui domine la matière, est exprimée dans l'art. 12 de la loi de 1831, qui est elle-même complétée par le titre V de l'Instruction générale du ministère des finances du 17 juin 1840.

L'acte le plus important de cette comptabilité, comme de toutes les autres, est évidemment la préparation et le vote du budget de chaque année.

Le budget est préparé et délibéré par la Commission administrative dans sa session annuelle du 1er au 15 avril. Cette époque a été fixée par ce motif que les Conseils Municipaux accordent ordinairement des subventions aux établissements charitables, et qu'ils se réunissent pour leur session financière du 1er au 15 mai. Le budget, voté par la Commission, est soumis à l'avis du Conseil Municipal et à l'approbation du préfet. Le budget des hospices doit être établi conformément à la règle tutélaire de la spécialité des crédits, et n'est pas susceptible de virements.

Il est facile d'énumérer les recettes des établissements de bienfaisance ; elles sont, en principe, les mêmes pour tous ; quelques asiles seulement ont des ressources avec affectation spéciale.

Les recettes se divisent naturellement en *ordinaires* et *extraordinaires ;* les premières comprennent les ressources fixes, assurées, sur lesquelles l'hospice peut toujours compter. Ce sont :

1° Le loyer des maisons et le prix de ferme des biens ruraux.

2° Le produit des coupes ordinaires de bois.

3° Les rentes sur l'État ou les particuliers, ou encore les intérêts des fonds placés au Trésor, quand les établissements de bienfaisance sont en compte-courant avec le Trésor public, qui leur alloue un intérêt.

4° Les subventions accordées par le Conseil Municipal.

5° Un tiers des amendes de police correctionnelle est attribué au service des enfants trouvés ; mais les dommages-intérêts prononcés par les tribunaux ne peuvent jamais être appliqués, même du consentement des parties, à une œuvre de bienfaisance. (C. P., art. 51.)

Certaines amendes pour contraventions aux lois sur la loterie, les postes et les maisons de prêt, sont adjugées aux hospices. (Loi du 9 vendémiaire. an VI, arr. du 20 prairial an IX, loi du 6 pluviôse an XII.)

Enfin, d'après l'art. 4 de la loi du 3 mai 1844 sur la police de la chasse, le gibier confisqué est donné aux malades eux-mêmes.

6° Le prix de journée des militaires malades admis, comme nous l'avons vu, dans les hôpitaux civils à défaut d'hôpitaux militaires. Ce prix, qui est ordinairement de 80 cent. à 1 fr. par jour, est fixé par le préfet. (Ord. du 25 novembre 1814.)

Ajoutons-y les rétributions payées par les malades non indigents.

7° Le produit du travail des indigents et des enfants admis dans les hospices; il est attribué pour deux tiers à l'hospice et un tiers à l'indigent lui-même. (Loi du 16 messidor an VII.)

8° Les revenus des biens et capitaux appartenant aux enfants admis dans les hospices, pendant leur séjour dans l'asile, à titre d'indemnité pour les frais de leur nourriture ou entretien, et jusqu'à concurrence de ces frais [1]. (Loi du 15 pluviôse an XIII, art. 7.)

9° Un droit de succession sur les biens laissés par l'enfant qui décède avant sa sortie de l'hospice, son émancipation ou sa majorité, quand aucun héritier ne se présente. (Loi du 15 pluviôse an XIII, art. 8.)

10° L'indemnité que les héritiers qui se présenteront pour recueillir la succession d'un enfant décédé avant sa sortie de l'hospice, son émancipation ou sa majorité,

---

1. Arrêt Cass., 21 mai 1840. — D. P., 49, 1, 202.

seront tenus de verser à l'hospice pour les dépenses
occasionnées par l'enfant décédé pendant son séjour à
l'asile, sauf à faire entrer en compensation, jusqu'à due
concurrence, les revenus perçus par l'hospice. (Loi du
15 pluviôse an XIII, art. 9.)

11° La part contributive de l'État, des départements
et des communes dans le service des enfants assistés.

12° Un droit de succession sur les effets mobiliers
apportés à l'hôpital par les malades qui y ont été traités gratuitement et y sont décédés. (C. C., art. 768;
loi du 22 novembre 1790; avis du Conseil d'État du
3 nov. 1809.) Cet avis du Conseil d'État semble être allé
bien loin, car il ne respecte pas les vocations légitimes
et légales. Toutefois, il est appliqué en pratique.

13° Un autre droit de succession sur la moitié des
biens des congrégations religieuses de femmes, éteintes
ou supprimées, en ce qui concerne ceux de ces biens
qui ne font pas retour aux disposants ou à leurs parents
au degré successible. (Loi du 24 mai 1825, art. 7, § 2.)

Les recettes extraordinaires ne peuvent pas évidemment être comprises dans une énumération limitative; ce
sont toutes les recettes accidentelles et anormales qui ne
reviennent pas périodiquement. Tels sont, par exemple,
les coupes extraordinaires de bois, les legs et donations,
le remboursement des capitaux, le prix d'aliénations de
biens ou de rentes sur l'État, les emprunts.

II

Les dépenses sont, comme les recettes, ordinaires et
extraordinaires; mais elles varient, on le comprend, avec

la destination de chaque établissement et ne peuvent être déterminées d'une manière uniforme.

Les dépenses ordinaires consistent principalement dans les articles suivants : frais de culte, traitement des employés, gages des domestiques, réparation et entretien des bâtiments, contributions diverses, entretien du mobilier et ustensiles, achats de grains et denrées, blanchissage, éclairage et chauffage, pensions ou rentes à la charge de l'établissement, dépense des mois de nourrice et pensions des enfants assistés, frais de layettes et vêtures de ces enfants, secours extérieurs, dépense des aliénés indigents dans la proportion déterminée par le préfet, sur la proposition du Conseil Général.

Les dépenses extraordinaires ont en général pour objet les constructions et grosses réparations, les achats de terrains ou de bâtiments.

Lorsque les crédits ouverts par le budget d'un exercice sont insuffisants, ou si l'on doit faire face à des dépenses imprévues, des crédits supplémentaires peuvent être affectés à ces dépenses, mais il faut pour cela une délibération de la Commission, et ce budget rectificatif doit être soumis aux mêmes autorisations que le budget ordinaire.

Quand le budget a été ainsi établi, équilibré et voté, les dépenses de toute nature se font régulièrement par les mains des divers agents dont nous avons déjà parlé.

III

La comptabilité des établissements de bienfaisance est fondée sur le principe général de la distinction de l'ordonnateur et du payeur.

L'*ordonnateur* est un des membres de la Commission désigné par elle-même; il est chargé d'ordonnancer toutes les dépenses, qui ne peuvent être payées que sur le vu de sa signature. Les mandats pour le paiement de fournitures ou de travaux doivent être appuyés de la facture du fournisseur. Mais l'art. 69 de l'ordonnance du 31 mai 1838 n'est pas, croyons-nous, applicable à la comptabilité hospitalière; les mêmes raisons, en effet, n'existant pas, l'ordonnateur ne pourrait, sur le refus motivé du comptable, faire passer outre au paiement, au moyen d'une réquisition écrite, par laquelle il en assumerait sur lui la responsabilité.

Les comptes d'administration de l'établissement sont dressés par l'ordonnateur et présentés chaque année aux Commissions administratives dans leur session ordinaire, du 1er au 15 avril. Ils sont ensuite soumis au Conseil Municipal, en même temps que le projet de budget pour l'année suivante, et adressés au préfet, qui les arrête.

Le *receveur* est chargé de recouvrer toutes les recettes et de payer toutes les dépenses.

D'après une disposition de la loi du 7 août 1851 (article 13), les recettes des établissements hospitaliers pour lesquels les lois et règlements n'ont pas prescrit un mode spécial de recouvrement, s'effectuent sur des états dressés par le maire sur la proposition de la Commission administrative. Ces états sont exécutoires après qu'ils ont été visés par le sous-préfet.

Les oppositions, lorsque la matière est de la compétence des tribunaux ordinaires, sont jugées comme affaires sommaires, et la Commission administrative peut y défendre sans autorisation du Conseil de préfecture.

Toutes les dépenses sont payées sur le vu du mandat

signé par l'ordonnateur, et le receveur doit en exiger un reçu, de même qu'il délivre quittance de toutes les sommes versées à sa caisse.

Le receveur tient les livres de la comptabilité de l'hospice; il doit rendre chaque année de sa gestion un compte qui est soumis à l'examen de la Commission administrative et du Conseil Municipal.

Les receveurs ne sont chargés que de la comptabilité espèces; la comptabilité en matières est confiée à un fonctionnaire spécial, l'*économe*, qui est responsable de tous les objets remis à sa garde, et qui doit tenir un état détaillé de l'entrée dans l'établissement et de l'emploi de tous les objets formant l'appropriation et l'ameublement de l'hospice. Ses comptes sont contrôlés spécialement par la Commission administrative; mais ils se confondent avec ceux du receveur pour l'apurement définitif.

Les receveurs sont, en effet, des comptables de deniers publics; leurs comptes sont jugés par les Conseils de préfecture pour les établissements dont les revenus n'excèdent pas 30,000 fr., et par la Cour des Comptes pour les autres établissements.

Après avoir été vérifiés par le Conseil Municipal et par le receveur des finances, ces comptes doivent être envoyés, avant le 1er juillet qui suit la clôture de l'exercice, au préfet, qui les transmet au Conseil de préfecture et à la Cour des Comptes. Ils sont examinés, apurés et jugés par la Cour avec la procédure ordinaire. Les arrêts sont notifiés aux receveurs dans les formes prescrites par la grande Instruction du 17 juin 1840 sur les finances, et en cas de cessation de fonctions, ceux-ci doivent obtenir de la Cour le *quitus* définitif qui les déclare quittes et libérés, et dégage complètement leur responsabilité.

Si, au contraire, cette responsabilité avait lieu d'être appliquée, elle pourrait l'être sur le cautionnement de l'agent comptable, et ensuite sur ses biens, qui sont soumis, comme nous l'avons dit, à l'hypothèque légale.

Quant aux administrateurs, qui ne sont pas dépositaires de deniers publics et qui, par suite, ne sont pas comptables, l'établissement charitable n'aurait contre eux d'autre recours qu'une action en responsabilité civile, fondée sur les art. 1382 et 1383 du Code Civil.

CHAPITRE XVIII.

DE L'ASSISTANCE A DOMICILE. — DES BUREAUX
DE BIENFAISANCE.

—

SOMMAIRE

I. Des avantages et des inconvénients de l'assistance à domicile.

II. Des secours à domicile donnés par les hôpitaux.

III. Des Bureaux de bienfaisance. — Leur création en l'an V. — Leur nombre. — Leur établissement. — Leur organisation. — Leur fonctionnement.

IV. Leurs ressources. — Droit des pauvres sur les théâtres. — Dons et legs.

V. Du maire représentant des pauvres. — Il l'est seul. — Jurisprudence du Conseil d'État.

VI. Dotation des Bureaux de bienfaisance.

I

Si l'assistance des malades dans les hospices et hôpitaux est la plus importante, elle n'est pas la seule; elle n'est même peut-être pas la meilleure. L'assistance à domicile tient, en effet, une place importante dans l'or-

ganisation des secours publics, et c'est une question
délicate et souvent discutée que celle de savoir laquelle
présente le plus d'avantages et le moins d'inconvénients.

On le comprend en effet : chacun de ces systèmes a
ses mérites et ses défauts, et ce serait s'exposer à une
discussion sans fin comme sans utilité que de vouloir,
d'une façon absolue, mettre l'un au-dessus de l'autre et
les substituer complètement l'un à l'autre dans notre
organisation actuelle de secours. Dans cette question,
comme dans beaucoup d'autres, la sagesse consiste à
reconnaître qu'aucun de ces systèmes n'est parfait, mais
que tous deux ont du bon; et la véritable solution se
trouve dans une alliance éclairée qui prend à chacun ce
qu'il a de meilleur en laissant ce qu'il a de défectueux.

L'assistance à domicile présente des avantages qu'il
est impossible de méconnaître.

Le plus important de tous et le moins contestable est
qu'il laisse le malade à sa famille. Rien ne remplace la
famille : qui ne l'a dit cent fois? Et si les soins et les
attentions d'une épouse et d'une mère sont si nécessaires
à l'homme en santé, combien ne le sont-ils pas davantage à l'homme que la maladie a couché sur un lit de
douleur?

Il est incontestable que notre époque a introduit dans
l'hôpital un bien-être que l'homme aisé ne peut pas toujours se procurer chez lui ; et pourtant comment se fait-
il que l'ouvrier, que l'indigent même éprouvent une si
grande répugnance à profiter de ces avantages? C'est que
le bien-être physique, si précieux pour le malade, n'est
pas le seul dont il éprouve le besoin. C'est que, dans sa
faiblesse et sa souffrance, l'ouvrier tout-à-l'heure ro-

buste, et qui en pleine santé paraissait insouciant de sa famille, retrouve à l'heure de l'épreuve les sentiments naturels qui se cachaient sous une écorce souvent grossière. C'est qu'en ce moment il lui faut quitter sa femme, ses enfants, pour aller demander à des étrangers des soins qu'il avait le droit d'attendre de ceux que Dieu avait associés à son sort[1].

Soyons-en persuadés : il est vrai pour toutes les classes de la société ce mot délicat et profond de l'aimable Joubert : « Les enfants ne sont bien soignés que par leurs mères et les hommes que par leurs femmes[2]. »

Ah! ne séparons pas ce que Dieu a uni, ne désorganisons pas la famille. Cette unité sainte, fondement de la société, est en butte à mille attaques; dans les grands centres ouvriers, elle n'est plus qu'une association passagère entre gens qui se connaissent à peine, ou, pour mieux dire, elle n'existe pas; n'aidons pas, dans un but de compassion et de soulagement, à cette désorganisation qu'amènent les vices des hommes et les mauvaises conditions du travail. Et quoi donc! la crèche pour l'enfant, l'atelier pour l'âge mûr, l'hôpital pour le malade, l'hospice pour le vieillard, est-ce là tout ce que notre société a trouvé de mieux pour secourir ses membres souffrants; oublie-t-elle donc que les malheureux ont aussi une âme pour sentir et un cœur pour aimer?

Tâchons de procurer au malade tous les soins qu'il trouverait dans ces asiles du malheur, sans le forcer à quitter son foyer, cette mansarde ou cette cave qui est sombre, humide, malsaine, mais enfin qui est à lui.

1. Rapport de M. de Melun, 1853, p. 7.
2. J. Joubert, Pensées, tit. VIII, 13.

C'est là le rôle de l'assistance à domicile, et c'est ce qui fait sa supériorité.

Elle a encore d'autres avantages. Quand on va voir et secourir le pauvre chez lui, on peut mieux apprécier ses besoins, mieux proportionner les secours qu'on lui donne; et ainsi en graduant, en appropriant les secours, on les rend à la fois plus efficaces et moins dispendieux pour le budget de la charité.

Ensuite, l'assistance à domicile peut seule soulager ces misères cachées qui sont doublement dures pour celui qu'elles accablent, car elles sont presque toujours aggravées par le souvenir et le contraste d'un passé plus heureux, et par cette sorte de honte qui étreint le cœur d'un honnête homme forcé de tendre la main pour la première fois.

Enfin, dernière mais non moins grave considération, les secours à domicile entraînent une dépense beaucoup moins élevée que les secours donnés à l'hôpital; on admet généralement que la journée d'un malade à l'hôpital coûte à peu près deux fois plus cher que chez lui; il est donc du plus haut intérêt de multiplier autant que possible les secours à domicile, qui permettront d'assister un plus grand nombre d'indigents et de malades.

Malheureusement ces secours à domicile, qui ont tant d'avantages, ont aussi leurs inconvénients. Ceux que nous avons signalés pour les malades : le défaut de soins intelligents et de remèdes appropriés, les mauvaises conditions hygiéniques du logement, souvent plus malsain que l'hôpital, ne sont pas les seuls.

Et d'abord, qui garantit que le secours ne sera pas détourné du but auquel il est destiné? Qu'au lieu d'être donné au malade il ne sera pas employé en dépenses inutiles ou dangereuses; qu'il n'ira pas, par exemple, alimenter l'intempérance et grossir les dépenses du caba- ret? Il faut prendre les hommes comme ils sont, avec leurs passions et leurs vices. Il est si facile et si tentant d'aller boire cette somme d'argent que le travail n'a point gagnée. Mais, dira-t-on, on donnera des secours en nature. Hélas! il est inutile de se payer d'illusions. Il existe dans toutes les grandes villes des espèces d'u- suriers, brocanteurs interlopes, fort connus des pauvres, qui exercent l'infâme métier de changer en argent les bons de pain, de viande et de vêtements. La surveil- lance la plus active exercée dans ce but serait très-pé- nible et d'ailleurs presque inutile : à quoi servent les inspecteurs et les surveillants là où la probité et l'hon- neur n'existent plus?

On dit que les secours à domicile sont moins dispen- dieux, c'est possible; mais que de pauvres viendront les réclamer sans en avoir un réel besoin. Il en est qui sont si habiles dans l'art d'intéresser à leurs peines, de ver- ser une larme à propos ou de pousser un gémissement bien senti. Il est si facile et si doux de se laisser tou- cher, surtout quand il faudrait faire une longue enquête et se livrer à un travail pénible pour rechercher la vérité.

Et puis, le pauvre une fois inscrit sur le registre y reste indéfiniment. Cet abus est d'autant plus grave qu'il est général. Il n'y a peut-être pas d'exemple d'un indi- gent secouru qui ait été remis à flot, pour ainsi dire, et qui soit venu se faire rayer des registres. Les adminis- trations passent, mais les pauvres restent. Le secours obtenu est regardé comme une sorte d'augmentation de salaire, il se transmet de génération en génération et grève ainsi le budget de la bienfaisance de sommes con-

sidérables, souvent attribuées à des gens qui les méritent
fort peu.

En somme, le mieux est de combiner dans une juste
mesure ces deux genres de secours qui ont tous deux
leurs bons et leurs mauvais côtés. C'est ce que la législation française a tâché de faire, et ces dispositions sur
ce point sont, croyons-nous, raisonnables et sages.

II

Les secours à domicile sont donnés par les Bureaux
de bienfaisance et les hôpitaux, mais ils constituent la
mission propre et la charge principale de ceux-là. Ils ne
sont, au contraire, pour ceux-ci que l'accessoire.

Les hôpitaux peuvent employer une partie de leurs
ressources à faire soigner les malades à domicile. Cette
innovation date principalement de la loi du 21 mai 1873.
D'après celle du 7 août 1851, la Commission des hospices et hôpitaux pouvait convertir une partie de ses revenus, mais seulement jusqu'à concurrence d'un cinquième, en secours à domicile annuels en faveur des
vieillards ou infirmes placés dans leurs familles. En
1864, la somme ainsi distribuée en pensions annuelles
montait à 870,167 fr. 87, et la totalité des secours extérieurs distribués par les hospices à 5,133,623 fr. 17.

Ces chiffres ont dû augmenter depuis, surtout à partir
de la loi de 1873, qui a notablement accru la faculté
de secourir les malades à domicile. D'après l'art. 7,
en effet, les Commissions administratives peuvent, de
concert avec les Bureaux de bienfaisance, assister à
domicile les malades indigents. A cet effet, elles sont

autorisées à disposer des revenus hospitaliers jusqu'à
concurrence du quart, pour les affecter au traitement
des malades à domicile et à l'allocation de secours annuels en faveur des vieillards ou infirmes placés dans
leurs familles. La portion des revenus ainsi employés
pourra même être portée au tiers avec l'assentiment du
Conseil Général. Cette autorisation est exigée en vertu
de ce droit de contrôle que le Conseil Général exerce
sur certaines parties de l'administration communale, et
aussi parce que tout s'enchaîne dans notre système
d'assistance : l'hôpital trop pauvre demande des subventions à la commune; celle-ci en demande au Conseil
Général, qui doit, par suite, avoir un certain droit de
surveillance sur l'emploi des fonds.

Cette disposition, qui étend considérablement la faculté de soigner les malades à domicile, constitue une
réforme excellente; il est seulement à craindre qu'elle
ne prenne pas en pratique toute l'extension que le législateur a semblé désirer lui donner.

III

Mais l'assistance à domicile s'exerce surtout par les
Bureaux de bienfaisance. Cette institution est de création
relativement récente. La Convention avait inventé, on se
le rappelle, un gigantesque système d'assistance; mais
ce système, qui dépassait le but, était absolument irréalisable. « Il imposait au Trésor national une charge
énorme et incalculable; il supprimait l'association si féconde et si nécessaire de l'assistance publique et de la
charité privée, et provoquait, pour ainsi dire, les classes

laborieuses à la paresse et à l'imprévoyance en leur ga-
rantissant le secours. Le Corps Législatif revint à des
idées plus pratiques, rendit aux établissements leurs
biens non aliénés, reconstitua leur dotation et décréta
la loi du 7 frimaire an V, qui institua les Bureaux de
bienfaisance et les chargea exclusivement de la distribution des secours à domicile et de là direction des travaux de charité, en leur transférant implicitement les
fonctions que remplissaient autrefois vis-à-vis des pauvres les associations de charité, les paroisses, les fabriques et les fondations. Cette loi est encore appliquée
dans ses principales dispositions [1]. »

D'après cette loi et d'après celle du 28 pluviôse an VIII,
il devait être établi un Bureau de bienfaisance par commune. C'était aller trop vite et trop loin; la même proposition s'est représentée devant l'Assemblée Nationale
de 1871; elle ne pourrait, même aujourd'hui, arriver à un
bon résultat : on peut, dit un homme compétent, engager par tous les moyens les administrations municipales
à établir des Bureaux de bienfaisance; mais aller au-delà,
vouloir créer administrativement dans chaque commune
un Bureau de bienfaisance, ce serait grossir inutilement
la liste des Bureaux qui ne peuvent fonctionner faute de
ressources, ou qui n'ont pas à délivrer de secours faute
d'indigents; ce serait décourager les efforts de la charité
privée et créer le paupérisme là où il n'existe pas [2].

D'après l'enquête très-détaillée et très-curieuse faite
en 1871 par l'Inspection générale des établissements de

1. Paul Bucquet, inspecteur général des établissements de bienfaisance, Enquête sur les Bureaux de bienfaisance, imprimerie nationale, 1871.

2. M. Paul Bucquet, loc. cit.

bienfaisance, il y avait en France, au 31 décembre 1871, 13,367 Bureaux, et le 1er juillet 1874, 13,545. Sur ce nombre, 644 ne fonctionnaient pas, faute de ressources. Sur les 35,090 communes de France, il n'y en a que 13,347 possédant un Bureau. Le nombre total des indigents secourus en 1871 était de 1,608,120, représentant 528,242 ménages.

Les dix départements dans lesquels les Bureaux de bienfaisance assistent le plus grand nombre d'indigents sont les suivants :

Nord	273,759	Bouc.-du-Rhône.	43,713
Seine.	184,560	Ille-et-Vilaine. .	40,140
Pas-de-Calais. .	90,211	Somme.	33,802
Seine-Inférieure.	52,478	Aisne.	32,089
Rhône.	44,467	Marne.	30,16

Et les Bureaux qui ont secouru le plus d'indigents, proportionnellement au nombre de la population totale, se placent dans l'ordre suivant :

Lille.	31,00	Nîmes..	19,23
Reims..	31,00	Toulouse.	13,20
Rennes.	23,00	Le Havre.	12,76
Limoges..	19,95	Rouen.	12,14
Nice..	19,90	Lyon.	10,88

Tous ces Bureaux de bienfaisance forment des personnes morales, distinctes de la commune, et jouissent de la capacité civile. Leur établissement devrait, par suite, être soumis à la règle générale de l'administration française, qui veut que le gouvernement puisse seul créer des personnes morales, leur donner l'existence et la capacité civiles. Pourtant il n'en est rien. La règle générale avait été maintenue jusqu'en ces derniers temps, notamment par le décret du 25 mars 1852, (tabl. A, lett. *y*); mais la loi du 24 juillet 1867 sur les Conseils Municipaux y a apporté une dérogation importante et qui restera probablement unique.

L'art. 14 de cette loi est ainsi conçu : « La création des Bureaux de bienfaisance est autorisée par les préfets, sur l'avis des Conseils Municipaux. »

Cette disposition constitue une exception importante aux principes de notre droit public : ce droit de créer, de faire naître une personne morale, réservé jusque-là au gouvernement, a été dévolu à un simple magistrat local, dans l'intérêt des pauvres, dans le but d'encourager la fondation des Bureaux de bienfaisance, « ces modestes mais excellentes institutions. »

· Ce sont les termes de la circulaire ministérielle du 3 août 1867 qui vint expliquer et commenter la loi du 24 juillet précédent. De plus, pour assurer aux Bureaux une viabilité à peu près certaine, cette circulaire prescrivit aux préfets d'exiger, avant de les autoriser, qu'ils fussent pourvus d'une dotation d'au moins 50 fr. en revenus d'immeubles ou en rentes sur l'État, sans compter les subventions des Conseils Municipaux, ni les recettes communales légalement attribuées aux pauvres.

Dès qu'un Bureau de bienfaisance existe, il faut qu'il ait pour le diriger une Commission administrative.

Le mode de nomination a toujours été le même pour cette Commission que pour celle des hospices et hôpitaux.

Ainsi, un décret du 17 juin 1852 avait rendu applicable aux Commissions des Bureaux de bienfaisance les dispositions du décret du 23 mars 1852, donnant aux

préfets le droit de nommer les Commissions administratives des hôpitaux.

La loi du 21 mai 1873 a assimilé à son tour ces deux
Commissions. On avait même demandé de les fondre en
une seule, mais cette réunion obligatoire fut repoussée
avec raison, car les attributions des deux Commissions
sont distinctes, et leurs intérêts peuvent être opposés;
leurs dotations proviennent de sources différentes, et
doivent dans la plupart des cas rester séparées.

Aussi la loi de 1873 a dit seulement : Les Commissions administratives des hospices et hôpitaux *et celles
des Bureaux de bienfaisance* sont composées de cinq
membres renouvelables, du maire et du plus ancien curé
de la commune.

Au-dessous de la Commission est un receveur, tréso-
rier-comptable, qui tient la caisse; dans les communes
moins importantes, les percepteurs sont chargés de ce
service. Des Sœurs de Charité sont attachées aux Bureaux des grandes villes et secondent les administrateurs. « Elles visitent les pauvres, constatent les besoins,
portent des consolations et distribuent des secours. Leur
charité douce et active, leur dévouement, continuent à
être au-dessus de tout éloge[1]. »

La mission des Bureaux de bienfaisance est de distribuer des secours à domicile; d'après l'arrêté ministériel
du 24 septembre 1831, leurs fonctions consistent 1° dans
la répartition et l'emploi de tous les fonds mis à leur
disposition par l'autorité administrative ou par les particuliers; 2° dans la surveillance et l'administration des
établissements charitables entretenus par les Bureaux.

---

1. M. Paul Bucquet, *Enquête sur les Bureaux de bienfaisance*, 1874, p. 11.

Les Bureaux doivent, autant que possible, ne donner que des secours en nature, qui consisteront principalement en pain, viande, soupe, vêtements, combustible; ils fourniront aussi en cas de maladie, à domicile, les remèdes et aliments nécessaires; mais ils doivent ne donner de l'argent que dans des cas exceptionnels, car c'est un secours dangereux et trop facile à dilapider.

Les Bureaux de bienfaisance peuvent aussi payer les mois de nourrice des enfants pauvres ou placer les jeunes gens en apprentissage chez des maîtres-ouvriers, avec lesquels ils passent des traités d'apprentissage. Enfin, ils peuvent secourir les ouvriers indigents en leur procurant du travail, en leur faisant exécuter dans des ateliers de charité des travaux pour le compte des Bureaux eux-mêmes.

Mais les Bureaux de bienfaisance doivent se limiter à ces différents genres de secours; ainsi, ils ne pourraient consacrer une partie de leur dotation à entretenir des indigents dans les hospices, parce que leur institution a pour but de distribuer *à domicile* des secours en nature.

Pour recevoir les secours du Bureau, il faut avoir au moins un an de domicile réel dans la commune. (Loi du 4 vendémiaire an II, art. 4.) De plus, il faut adresser une demande de secours au Bureau de la commune, qui décide souverainement si l'indigent est digne d'être secouru, et détermine le genre de secours qui lui convient le mieux.

IV

Les Commissions administratives, qui ont pour premières fonctions de régler les secours donnés aux in-

digents, doivent se préoccuper ensuite évidemment des
ressources nécessaires.

A ce point de vue, le rôle des Commissions administratives des Bureaux de bienfaisance est absolument le
même que celui des Commissions hospitalières; elles
sont chargées d'administrer tous les biens appartenant
aux Bureaux de bienfaisance, de veiller en général à la
rentrée de tous les revenus et de surveiller toutes les
dépenses. Aussi nous contenterons-nous de renvoyer à
ce que nous avons dit sur ce sujet des Commissions
des hospices. Il y a cependant quelques différences sur
lesquelles il est nécessaire d'appeler particulièrement
l'attention.

Ainsi, d'après le décret du 13 avril 1861, qui a notablement étendu les attributions des sous-préfets, ceux-ci
peuvent statuer directement, et sans qu'il soit besoin de
l'approbation préfectorale, sur les conditions des baux et
fermes des Bureaux de bienfaisance, lorsque la durée
n'excède pas dix-huit ans, sur le placement des fonds,
sur les acquisitions, ventes et échanges des objets mobiliers, sur le règlement du service intérieur de ces établissements. (Décret de 1861, art. 6, § 15, 16, 17 et 18.)

Les principes de la comptabilité des hospices et hôpitaux sont aussi applicables aux Bureaux de bienfaisance; la Commission administrative discute et règle le
budget de chaque exercice; il est ensuite soumis à l'avis
du Conseil Municipal et arrêté par le préfet ou par le
sous-préfet. (Décret du 13 avril 1861, art. 6, § 14.)

Le budget des Bureaux de bienfaisance se compose, en
principe, des mêmes recettes que celui des hôpitaux, et
des dépenses dont nous avons parlé plus haut. Comme
première mise de fonds, pour ainsi dire, ils reçurent

aussi une part dans les biens non aliénés des établissements charitables existant avant 1789. En effet, la loi du 20 ventôse an V déclara communes aux Bureaux de bienfaisance les dispositions de la loi du 5 vendémiaire an V qui avait rendu aux hospices leurs biens non aliénés, et ordonné qu'il leur serait délivré des biens nationaux en remplacement de ceux qui avaient été vendus. De même, l'arrêté du 9 fructidor an IX fit bénéficier les Bureaux de bienfaisance de la loi du 4 ventôse précédent, qui avait permis aux hospices de réclamer les rentes celées au domaine et les biens usurpés à l'État.

Il y a toutefois, relativement au premier point, quelques particularités assez importantes qu'il faut étudier de plus près.

D'abord, la loi a attribué aux Bureaux de bienfaisance certaines recettes spéciales.

La première consiste dans l'impôt sur les théâtres, qu'on appelle le *droit des pauvres*.

Déjà contenu dans l'arrêt du Parlement du 27 janvier 1541, ce droit fut établi de nouveau par la loi du 7 frimaire an V, qui le fixa à un dixième en sus du prix de chaque billet d'entrée ou d'abonnement dans les spectacles, bals, concerts, etc. La loi du 8 thermidor an V prorogea de nouveau pour six mois ce droit qui n'avait d'abord été établi que pour six mois, mais elle distingua entre les théâtres où l'on joue des pièces, qui restèrent soumis au droit d'un décime par franc, et les autres amusements publics, tels que bals, feux d'artifice, concerts, exercices de chevaux, etc., pour lesquels le prélèvement fut porté au quart de la recette brute.

Depuis, le droit des pauvres a toujours été maintenu

et la perception en a été rendue indéfinie par un décret
du 9 décembre 1809. Ayant été considéré à juste titre
comme un véritable impôt, il fut introduit dans la loi
du budget du 25 mars 1817, et depuis cette époque il
est autorisé par la loi de finances de chaque année.
Toutefois, d'après celle du 17 juillet 1840, les *en-
treprises de concerts quotidiens* ont été assimilées aux
théâtres et soumises à la taxe la plus faible, c'est-à-dire
à celle d'un dixième par franc.

La taxe est due pour les spectacles et réunions de
tout genre dans lesquels on n'a pour but que d'attirer
l'argent du public en lui procurant un plaisir; ainsi, elle
l'est pour les cafés-concerts, où l'on ne paie pas à la
porte, mais où le prix du spectacle est contenu dans celui de la consommation. (Arrêt du Conseil d'État du
9 décembre 1852.)

La perception a lieu par régie simple ou intéressée,
bail à ferme ou abonnement avec les redevables passé
par les administrations charitables. En cas de difficulté,
le Conseil de préfecture serait compétent pour statuer
sur toutes contestations.

Le droit des pauvres sur les spectacles, souvent combattu et condamné, mais qui paraît absolument conforme
aux principes de la justice et du droit, puisqu'il prélève
le nécessaire des indigents sur le superflu des riches, est
une des principales ressources des Bureaux de bienfaisance, bien qu'il ne leur soit pas attribué exclusivement.

En 1871, le droit des pauvres sur les spectacles et
leur part dans les concessions dans les cimetières se
sont élevés à 1,762,308 fr. 36.

En effet, le tiers du produit des concessions de terrains dans les cimetières faites par les communes doit

être attribué aux Bureaux de bienfaisance et fait partie
de leurs recettes ordinaires.

Enfin, les administrateurs de ces Bureaux peuvent
faire des quêtes et poser des troncs pour recevoir les
aumônes dans les églises, temples et dans les édifices
publics. (Arrêté du 5 prairial an XI; décret du 30 décembre 1809, art. 75.)

Les Bureaux de bienfaisance peuvent aussi, et c'est là
une de leurs principales ressources, recevoir des donations et des legs mobiliers ou immobiliers. Ils sont, en
effet, des personnes morales, et peuvent accomplir les
différents actes de la vie civile. Et par exemple, pour le
noter en passant, ils peuvent ester en justice, à condition d'y être autorisés, comme les hospices et hôpitaux, par le Conseil de préfecture après avis du Comité
consultatif. (Arr. du 7 messidor an IX; inst. min. du
8 février 1823.) Le maire, qui préside la Commission
administrative, peut, pour les Bureaux de bienfaisance
comme pour les hôpitaux, accepter provisoirement les
libéralités. Cette acceptation est ensuite soumise à l'avis
du Conseil Municipal et doit être approuvée par le préfet
ou par le Conseil d'État, selon les distinctions que nous
avons déjà vues. Pour les dons et legs d'objets mobiliers
ou de sommes d'argent, dont la valeur n'excède pas
3,000 fr., l'autorisation, quand il n'y a pas de réclamations des héritiers, peut être donnée par le sous-préfet
de l'arrondissement. (Décret du 13 avril 1861, art. 6,
§ 10.)

V

Les Bureaux de bienfaisance reçoivent ainsi les libéralités qui leur sont directement adressées; jusqu'à ces derniers temps ils avaient même des droits plus étendus. L'arrêt du Conseil d'État du 6 mars 1873 a limité leurs pouvoirs et tranché une controverse intéressante longtemps alimentée par une jurisprudence contraire.

Le maire, nous l'avons dit, est le représentant légal des pauvres de la commune, il peut être considéré comme le père de la famille communale, et avant tout il doit être celui des membres déshérités et malheureux de l'association dont il est le chef. A ce titre il peut, après avoir été dûment autorisé, accepter les libéralités qui seraient faites, sans autre indication, aux pauvres de la commune, et en général toutes les dispositions entre-vifs ou testamentaires en faveur des indigents, mais qui ne désignent pas nominativement un établissement compétent pour les recueillir et les administrer.

Ce droit du maire, qui est incontestable et incontesté, est écrit dans l'art. 937 du Code Civil et dans l'ordonnance du 2 avril 1817, art. 3. Toutefois, il avait été sensiblement restreint par la jurisprudence administrative. Dans toutes les communes où il existait un Bureau de bienfaisance, c'était le Bureau de bienfaisance qui était regardé comme le représentant légal des pauvres, et c'était à lui qu'étaient dévolues toutes les donations faites aux pauvres sans désignation particulière.

Cette doctrine avait été admise dans de nombreuses décisions du Conseil d'État. Ainsi, un avis du Comité de l'intérieur, du 12 août 1834, avait pensé que le legs fait aux pauvres, sans autre désignation, était fait aux indigents de la commune où le testateur avait écrit son testament, et par suite qu'il devait être attribué au Bureau de bienfaisance de cette commune.

Un avis du Conseil d'État du 15 janvier 1837 disait que toute libéralité en faveur des pauvres d'une commune devait être acceptée par le Bureau de bienfaisance. « Il ne peut appartenir aux donateurs de modifier cette règle administrative et de conférer soit aux consistoires, soit aux fabriques, dont les attributions se bornent à ce qui intéresse le service du culte, le droit de représenter les pauvres et d'exercer les actions qui leur appartiennent. Ainsi, les Bureaux de bienfaisance peuvent seuls être envoyés en possession des objets donnés aux pauvres, quels que soient les termes de l'acte constitutif de la libéralité. »

Enfin, un autre avis du Conseil d'État du 24 janvier 1863 avait décidé que lorsqu'un testateur avait légué à une fabrique un titre de rente pour en employer les arrérages au profit des pauvres, ce titre de rente devait être immatriculé à la fois au nom du Bureau de bienfaisance et de l'établissement institué, et que les arrérages devaient en être touchés par le Bureau de bienfaisance, à la charge de les remettre à l'établissement, qui en ferait l'emploi prescrit par le testateur.

Cette doctrine, qui étendait outre mesure les droits des Bureaux de bienfaisance, avait le sérieux désavantage de centraliser entre leurs mains toutes les libéralités faites aux pauvres de la commune, même celles qui, d'après l'intention des fondateurs, devaient être distribuées par d'autres établissements; et, par suite, elle arrêtait l'essor des fondations charitables, et mettait obstacle aux dispositions bienfaisantes de personnes qui auraient voulu attribuer librement leurs libéralités.

Elle était d'ailleurs contraire au texte même des dispositions législatives; et l'arrêté de principe du Conseil d'État, en date du 6 mars 1873, qui a contredit et renversé toute cette jurisprudence, n'a fait que revenir à la stricte application des lois, en même temps qu'à une déduction plus légitime des véritables principes de l'équité générale et du droit administratif français.

Cet arrêt, d'une importance extrême, a été suivi d'un décret conforme, rendu le 22 mars 1873, qui a autorisé l'acceptation directe des legs faits par M. de Montmorant aux fabriques des églises de Villegenon et de Santranges (Cher), pour le soulagement des pauvres; et d'une circulaire ministérielle du 25 avril 1873, qui a transmis aux préfets, en les invitant à s'y conformer, le texte de l'avis du Conseil d'État et du décret qui l'a suivi.

Cet avis porte en substance que les principes d'après lesquels les libéralités destinées à secourir les pauvres ne peuvent pas être acceptées ou exécutées sans l'intervention du Bureau de bienfaisance ou du maire de la commune, et d'après lesquels le soin de recueillir de telles libéralités n'entre pas dans les attributions légales des fabriques, ne sont écrits dans aucune disposition de loi ou de règlement. Sur le premier point, aucune disposition ne constitue les Bureaux de bienfaisance représentants légaux des pauvres; au contraire, les maires sont seuls ces représentants légaux et peuvent à ce titre accepter les libéralités faites aux pauvres sans autre désignation; ce qui n'empêche nullement qu'un autre établissement légalement reconnu ne puisse recueillir les libé-

ralités à lui adressées. Sur le second point, aucune loi ne
s'oppose à ce que les fabriques aient le droit de recueillir
les libéralités ayant une destination charitable, et être
autorisées à accepter seules, sans l'intervention du maire
ou du Bureau de bienfaisance, les sommes destinées à
être distribuées aux pauvres par les soins des membres
de la fabrique ou du curé. En conséquence, le Conseil
d'État est d'avis, sur la question de principe, qu'il convient d'adopter pour règle à l'avenir les observations qui
précèdent.

Le maire est donc aujourd'hui le seul représentant
des pauvres de la commune, et tous les établissements
légalement reconnus peuvent être autorisés à accepter
directement les libéralités qui leur sont faites; le maire
a seulement un droit de surveillance qui lui permet de
s'assurer que les fondations sont bien toujours appliquées au but auquel le donateur les a destinées.

Il faut même aller plus loin. Le maire, régulièrement
autorisé, peut accepter les dons et legs faits à des établissements publics *non autorisés*, établis dans la commune; cette doctrine, qui a pour but de sauvegarder à la
fois l'intérêt des indigents et le respect dû aux volontés
du testateur, est facile à justifier; elle avait été, du reste,
adoptée par le Conseil d'État bien avant l'arrêt du 6 mars
1873, qui rend au maire les véritables prérogatives qui
lui appartiennent.

En effet, un avis du Conseil d'État du 7 décembre
1858 avait posé les vrais principes de la matière. L'autorité municipale, disait-il, est fondée à réclamer l'autorisation d'accepter des legs faits à des établissements
non légalement reconnus, lorsque ces legs portent évidemment le caractère de dispositions faites au profit,

soit de la généralité des pauvres, soit d'une catégorie
spéciale des indigents de la commune; le donateur peut
parfaitement avoir eu l'intention de gratifier, non pas
l'établissement charitable lui-même, en sa qualité personnelle, mais uniquement la classe spéciale d'indigents
à laquelle l'établissement désigné consacre ses soins;
d'ailleurs, le respect de la volonté des testateurs et l'intérêt des pauvres doivent conduire à rechercher, autant
que possible, l'interprétation la plus favorable à l'accomplissement des legs.

Cette doctrine a été aussi appliquée dans un arrêt
remarquable de la Cour de Cassation du 6 novembre
1866. (D. P., 66, 1, 436.)

M. le curé Varin, de la paroisse de Vauxcelles, à Caen
(Calvados), avait laissé en mourant un testament qui
portait : « Je veux que ce que je possèderai à ma mort
soit donné aux pauvres : deux tiers aux Petites-Sœurs-
des-Pauvres, à Caen; l'autre tiers aux pauvres de ma
paroisse. » La congrégation hospitalière des Petites-
Sœurs-des-Pauvres a été autorisée à Rennes d'abord,
actuellement à Saint-Pern (Ille-et-Vilaine), par décrets
du 9 janvier 1856 et du 21 avril 1869, mais son établissement dans la paroisse de Vauxcelles n'était pas autorisé. Les héritiers attaquèrent le testament. La Cour
de Caen, le 20 février 1864, leur donna tort et maintint
la validité du legs; sur pourvoi, la chambre civile de la
Cour de Cassation rendit, le 6 novembre 1866, un arrêt
qui confirmait celui de la Cour de Caen. C'est la véritable solution, la seule conforme aux principes. En effet,
le legs était fait dans ce cas non pas aux Petites-Sœurs-
des-Pauvres elles-mêmes, mais aux pauvres qu'elles
soignent; or, les pauvres d'une commune ont un repré-

sentant légal, perpétuel, qui doit en toute occasion prendre en main leurs intérêts; ce représentant, c'est le
maire. Il avait donc, dans l'espèce ci-dessus, le droit
d'accepter la donation faite aux pauvres; et c'est ce droit
incontestable que la Cour de Cassation a reconnu et sanctionné.

VI

Essayons maintenant d'apprécier par quelques chiffres
l'importance des donations faites aux Bureaux de bienfaisance. Sur 13,367 Bureaux existant en 1871, 644 n'a-
vaient pas de ressources et 1,062 ne dépassaient pas
50 fr. de recettes ordinaires. Et pourtant la fortune immobilière des Bureaux de bienfaisance s'élevait à cette
époque à 3,736,231 fr. 72 de revenus. De plus, ils possédaient en rentes sur l'État un revenu de 6,006,072 fr.

Cette dotation s'accroît tous les jours, surtout en immeubles.

« Cette augmentation considérable du capital et du
revenu immobilier, due aux nouvelles lois économiques
du pays, atteste sa prospérité toujours croissante, et
vient confirmer les données des récentes enquêtes agricoles. Elle montre que les administrateurs des Bureaux
de bienfaisance ont sagement agi en conservant leurs
immeubles, et que les Commissions doivent tendre à se
constituer, outre leurs rentes, une dotation immobilière [1]. »

Dans cette somme, les libéralités de la charité privée
entrent pour une grande part. On pourra en juger si l'on

---

[1]. Paul Bucquet, *Enquête sur les Bureaux de bienfaisance*, p. 19.

sait que les donations de toute nature, faites en 1871, ont atteint en argent et en immeubles la somme totale de 2,276,251 fr. 60, et en rentes, de 133,159 fr. 67, ce qui fait en tout 2,409,411 fr. 27.

On voit que la charité privée n'est pas morte dans notre pays. On peut dire même qu'elle est plus vivace que jamais. C'est notre honneur, et c'est l'une de nos meilleures qualités. On nous compare volontiers dans ce temps aux nations voisines, et l'on trouve que nous avons beaucoup à apprendre d'elles. Cela est vrai; mais au moins au point de vue de la charité : pour la générosité des aumônes, pour cette intelligente et cordiale sympathie qui double la valeur des dons, nous n'avons de leçons à recevoir de personne; et nous pouvons dire sans orgueil, mais avec une légitime fierté, que si la charité était bannie du reste de la terre, c'est en France qu'elle trouverait un refuge.

CHAPITRE XIX.

DE L'ASSISTANCE PUBLIQUE A PARIS.

—

SOMMAIRE

I. De l'Administration générale de l'Assistance publique.
II. De son budget et de ses ressources.
III. De la charité privée à Paris.

I

L'immense agglomération parisienne devait avoir une organisation spéciale pour soulager et secourir les misères sans nombre qui pullulent dans son sein. Aussi la plupart des règles que nous avons exposées dans les chapitres précédents ne s'appliquent-elles pas à l'administration de l'assistance publique à Paris. Cette assistance a été organisée par la loi du 10 janvier 1849 et le décret réglementaire du 24 avril suivant, qui ont été confirmés par l'art. 11 de la loi du 21 mai 1873.

Nous n'avons pas l'intention d'étudier dans ses détails cette importante organisation. Elle l'a été dans des livres spéciaux et récents qui ne laissent rien à désirer[1]. Nous en présenterons seulement les dispositions fondamentales.

Jusqu'en 1849, l'administration des hospices et celle des secours à domicile étaient restées séparées. La loi de 1849 les réunit en créant l'*Administration générale de l'Assistance publique de la ville de Paris*. Elle plaça à sa tête un directeur général responsable, qui administre à la fois les hospices et hôpitaux de la ville de Paris, le service départemental des aliénés, les enfants trouvés et les secours à domicile distribués par les Bureaux de bienfaisance.

Cette administration est placée sous l'autorité du préfet de la Seine et du ministre de l'intérieur. Le directeur général est à la tête de tous les services, tant intérieurs qu'extérieurs ; il prépare les budgets, ordonnance les dépenses et présente chaque année le compte de son administration. Il peut représenter les établissements hospitaliers dans les procès où ils sont intéressés.

Il a à côté de lui un conseil de surveillance qui exerce une mission de contrôle. Ce conseil, qui a été formé par l'arrêté réglementaire du 24 avril 1849, rendu en vertu de la loi, se compose de divers membres choisis dans les grands corps de la capitale et nommés par le chef de l'État, sur la proposition du ministre de l'intérieur. Il est renouvelé tous les deux ans, par tiers ; ses attributions sont, du reste, purement consultatives ; il donne des avis sur les principaux actes de l'administra-

---

1. *Paris, ses fonctions, ses organes et sa vie*, par Maxime du Camp, tome IV. — *La Charité à Paris*, par C.-J. Lecour, chef de division à la préfecture de police.

tion, avis qui peuvent ne pas être suivis par le directeur
général.

II

On sait que d'après la loi du 24 juillet 1867 (art. 15),
les budgets des établissements de bienfaisance, ayant trois
millions au moins de revenus, sont soumis, comme ceux
des villes dont les revenus atteignent le même chiffre,
à l'approbation du chef de l'État, sur la proposition du
ministre de l'intérieur. L'Administration de l'Assistance
publique à Paris est seule dans ce cas; les établissements
de Lyon, les plus riches après ceux de Paris, n'ont que
2,000,000 fr. de revenus.

On ne se fait pas toujours une idée exacte des ressources de l'Assistance publique; les Parisiens semblent
aimer à croire que cette administration dispose de richesses invraisemblables, et se laissent même aller à dire
« que l'Assistance publique, qui encaisse des sommes
fabuleuses, achète des propriétés et s'enrichit au nom
des misères qu'elle ne soulage qu'à demi. »

La vérité est, comme l'écrivait récemment M. le baron
de Nervaux, directeur général [1], « que les recettes de
toute nature dont bénéficie le budget de l'Assistance publique sont insuffisantes pour faire face aux dépenses
occasionnées par la nombreuse population entretenue
dans les hôpitaux et hospices ou secourue par les Bureaux de bienfaisance. Ce n'est qu'à l'aide de larges subventions, prélevées sur les taxes municipales, que la
caisse de l'Assistance publique peut équilibrer ses re-

1. Lettre du 1er mars 1870, au journal le *Figaro*.

cettes avec ses dépenses et faire face à ses charges. »

Il ne faut pas oublier qu'en dehors de l'entretien des établissements de bienfaisance, l'Assistance publique secourt à domicile environ 130,000 indigents.

Ses revenus en biens-fonds et en rentes sur l'État ne montent guère qu'à 4 millions. Elle perçoit, en outre, d'autres recettes, de diverse nature, parmi lesquelles le droit des pauvres sur les théâtres figure pour 2 millions 318,419 fr. 99, en 1874.

Mais ses dépenses se sont élevées :

En 1872 à	35,253,630 fr.
En 1873 à	36,368,347
En 1874 à	30,778,154

Et en somme, son budget s'est soldé pendant ces trois années par un déficit montant :

En 1872 à	17,757,450 fr.	»»
En 1873 à	17,165,341	85
En 1874 à	20,138,551	43

Ces énormes déficits n'ont pu être comblés que par des subventions municipales, qui atteignent, comme on le voit, un chiffre fort élevé.

III

Ajoutons que la charité privée a pris à Paris des développements en rapport avec le nombre et la grandeur des misères qu'elle avait à secourir; elle a fondé et elle entretient des œuvres en nombre presque incalculable qui suivent les malheureux dans toutes les positions et dans tous les âges, depuis la première enfance jusqu'à la dernière vieillesse. Un homme compétent l'écrivait récemment[1] : « Ce dont j'ai été frappé au cours de cette espèce de recensement de la bienfaisance, c'est du grand nombre et de l'importance des institutions de bienfaisance et de charité. Contraint de les indiquer sommairement, souvent par leur titre seul, alors que chacune d'elles, même la plus humble, commande l'admiration et le respect, je me suis pris à regretter de ne pouvoir les examiner à leur origine, les suivre dans leur développement, les montrer dans leur fonctionnement, exposer les efforts et les sacrifices qu'elles représentent, et rendre à leurs auteurs, d'une manière éclatante, le témoignage de reconnaissance qu'ils méritent. »

Nous ne pouvons pas non plus, on le comprend, entrer dans l'énumération de ces œuvres diverses; cette étude serait tout à fait en dehors de notre cadre et du plan que nous nous sommes tracé. Contentons-nous de dire, pour faire apprécier approximativement l'importance de la charité privée à Paris, qu'elle distribue chaque année aux malheureux des sommes qui ne sont pas évaluées à moins de dix ou onze millions.

---

1. M. C.-J. Lecour, chef de division à la préfecture de police, *La Charité à Paris*, ch. XVI. — Voir aussi *Manuel des OEuvres charitables*, Paris, Poussielgue, 1877.

CHAPITRE XX.

CONCLUSION.

Nous terminons ici ce travail, qui aurait pu être étendu presque indéfiniment. Nous ne pouvons que répéter ce que nous avons dit en le commençant ; nul ne sait mieux que nous combien il est imparfait et incomplet.

Nous avons tâché de trouver et de dire la vérité sur des matières délicates, qui sont aujourd'hui l'objet de discussions passionnées. Soldat obscur, mais dévoué, nous marchons de loin sur la trace de ces écrivains éminents, nos maîtres et nos modèles, voués à la défense des principes sacrés que notre époque voit attaquer de toutes parts, mais qui pourtant font seuls les familles heureuses et les peuples prospères.

On dira peut-être : il n'y a rien de nouveau dans ce livre. — Hélas! La Bruyère écrivait déjà il y a deux cents ans : « Tout est dit : et l'on vient trop tard depuis plus de sept mille ans qu'il y a des hommes, et qui pensent. Sur ce qui concerne les mœurs, le plus beau et le meilleur est enlevé : l'on ne fait que glaner après les anciens et les habiles d'entre les modernes[1]. »

Et pourtant, depuis cette époque, combien d'écrits ont paru qui n'ont fait que répéter ce que l'on avait dit avant eux et quelquefois mieux qu'eux.

Au reste, en fait de bienfaisance plus qu'en toute autre matière, il faut se garder de la nouveauté : le nouveau est rarement bon, il est souvent dangereux.

Sans chercher donc à dire rien de nouveau, nous avons voulu exposer simplement, d'un côté, l'histoire succincte de la bienfaisance publique et les principes sur lesquels elle repose; de l'autre, les règles de son organisation actuelle. Peut-être ce livre pourrait-il avoir quelque utilité à la fois pour les hommes mêlés à un titre quelconque à l'administration des affaires publiques, et pour ceux qui s'adonnent spécialement à la science et à l'érudition. S'il pouvait seulement rappeler à quelques-uns l'histoire trop peu connue de nos institutions de bienfaisance et inspirer à d'autres le désir de s'occuper de plus en plus des œuvres de toute espèce destinées à secourir les pauvres, notre but serait atteint et nos désirs comblés.

1. La Bruyère, *Les Caractères*, ch. I.

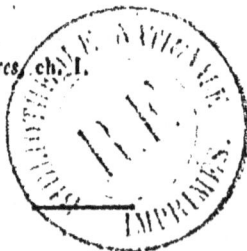

TABLE DES MATIÈRES.

—

Rennes. — Imp. Catel.

www.ingramcontent.com/pod-product-compliance
Lightning Source LLC
Chambersburg PA
CBHW072013270326
41928CB00009B/1637